标准化与品类管理视野下的图书营销分类研究

夏兴通 著

九州出版社
JIUZHOUPRESS

图书在版编目（CIP）数据

标准化与品类管理视野下的图书营销分类研究 / 夏
兴通著 . -- 北京：九州出版社，2023.9
　　ISBN 978-7-5225-2156-5

　　Ⅰ.①标… Ⅱ.①夏… Ⅲ.①市场营销—图书分类法
Ⅳ.① G235 ② G254.1

　　中国国家版本馆 CIP 数据核字（2023）第 175211 号

标准化与品类管理视野下的图书营销分类研究

作　　者　夏兴通　著
责任编辑　周红斌
出版发行　九州出版社
地　　址　北京市西城区阜外大街甲 35 号（100037）
发行电话　（010）68992190/3/5/6
网　　址　www.jiuzhoupress.com
印　　刷　北京亚吉飞数码科技有限公司
开　　本　710 毫米 ×1000 毫米　16 开
印　　张　15.75
字　　数　246 千字
版　　次　2024 年 3 月第 1 版
印　　次　2024 年 3 月第 1 次印刷
书　　号　ISBN 978-7-5225-2156-5
定　　价　89.00 元

目　录

1 引 论

1.1 研究背景与研究意义

习近平总书记在2016年致第39届国际标准化组织大会开幕式的贺信中指出，"标准是人类文明进步的成果""伴随着经济全球化深入发展，标准化在便利经贸往来、支撑产业发展、促进科技进步、规范社会治理中的作用日益凸显。标准已成为世界'通用语言'"。我国图书出版产业的发展已进入了一个新的阶段，市场化、集团化、数字化、国际化等是新闻出版产业发展的大势所趋，在这个过程中，标准化的支撑作用更加凸显，标准化工作的重要性更加突出。2003年，原新闻出版总署署长柳斌杰指出："要与国际接轨、适应市场经济的发展规律，加快我国新闻出版业的现代化、国际化步伐，必须通过制定修订、宣传贯彻和认真实施与新闻出版相关的国家标准、行业标准，来提高我国各类出版物的质量和出版业的管理水平，这是我们多年来一直紧抓不放并长期开展的重要的基础性工作。"①

营销分类是图书出版发行管理中的一项基础性的工作，直接影响着出版

---

① 新闻出版署科技发展司，新闻出版署图书出版管理司.作者编辑常用标准及规范[M].
2版.北京：中国标准出版社，2003：29.

1

发行企业的经营效益，也关系着读者的图书消费以及行业的信息流通等诸多方面，因而对图书出版发行产业也有着重要影响。我国每年出版的图书品种和数量众多，图书出版发行市场竞争十分激烈，对出版发行企业的图书营销分类管理提出了很高的要求。

我国出版发行企业图书营销分类管理长期以来存在两大问题：

一是缺乏一部体现图书出版发行行业特点的通用型营销分类法。长期以来，我国出版发行企业在图书营销分类法的使用上主要有两种模式：一是"借用"模式，即借用图书馆图书分类法（主要是《中国图书馆图书分类法》，以下简称《中图法》）；二是"自编"模式，即由出版发行企业自行编制图书营销分类法。"借用"模式存在的问题是所借用的分类法属于主要适用于图书馆图书分类工作的分类法，这些分类法本身并非为图书营销分类而设计，出版发行企业在"借用"的过程中难免存在着"削足适履"的问题；"自编"模式存在的问题是出版发行企业在设计自己的分类法时各行其是，缺乏交流和沟通，质量难以提高。更重要的是，由于没有使用统一的分类法，所以各出版发行企业的图书分类体系差异很大，这不利于行业内不同企业之间的图书营销信息沟通。

二是图书营销分类工作缺乏科学的战略管理指导。出版企业的分类标引与实体书店的分类陈列及网络书店的分类设置没有很好地对接，书店的分类工作不规范问题突出，乱归类、随意归类的现象十分突出，这种现象即使在全国著名的大书城中也不鲜见，这显然不利于读者的图书消费，最终影响的是出版发行企业的经营效益。

要解决我国图书营销分类工作中存在的上述问题，一方面必须有一部真正体现图书营销的专业特点、能够在行业内通用的图书营销分类法，然后广大出版发行企业统一使用这部通用性图书营销分类法来进行规范的图书营销分类，在行业内形成较为统一的图书营销分类体系，为读者的图书消费提供方便，为出版发行企业之间的营销信息沟通创造条件。另一方面，也要寻求运用适用于图书营销分类管理的科学战略管理的应用与指导。

新闻出版行业标准化工作的深入开展为成功编制和应用行业通用性图书营销分类法提供了机遇和创造了良好的条件。从行业标准化工作的角度来看，出版发行行业内通用的图书营销分类法可以以国家标准或行业（因为国家标准的适用范围涵盖了行业标准）的形式来制定，其应用可以通过标准的实施工作来实现。这就为我国出版发行业通用性图书营销分类法的编制与应用提供了一条新的路径，即以制定国家标准或行业标准的形式来编制行业通用性图书营销分类法，并通过标准的实施来推动行业通用性图书营销分类法的应用。

新闻出版行业主管部门和标准化工作机构对包括图书营销分类法在内的出版物营销分类法标准的编制和实施工作十分重视。负责归口协调管理我国出版物发行领域标准化工作的全国出版物发行标准化技术委员会在标准化工作指导性文件《出版物发行标准体系表》（CY/Z—2006）中，规划设立了"出版物分营销分类法标准编制"和"出版物营销分类法标准实施指南"两个标准化研究项目（优先级别均为A级，即最高级）。

2007年3月，由深圳发行集团（现为深圳出版发行集团）和武汉大学信息管理学院联合申报的"出版物营销分类法标准编制"及"出版物营销分类法标准实施指南"研究项目获新闻总署批准立项（项目编号分别为"F6—204""F6—205"），这标志着我国出版发行行业在通用性出版物营销分类法（包括图书营销分类法）编制与应用方面迈出了重要一步。经过项目课题组一年多的努力，并广泛征求出版发行企业的意见，2008年12月，《图书、音像制品、电子出版物营销分类法》行业标准（编号为 CY/T 51—2008）正式颁布，并于2009年3月由中国标准出版社正式出版，这标志着我国第一部通过比较大规模的集中出版发行业界和专家力量而编制的具有行业通用性特点的出版物营销分类法的诞生。

随后项目课题组开始了标准的实施推广研究工作，2011年《图书、音像制品、电子出版物营销分类法》由海天出版社出版。因为一部新编制的分类法总会客观上存在着许多不完善之处，而且出版发行企业从原有的分类法到适应新的分类法也还需要一个过程，所以《图书、音像制品、电子出版物营销分类法》行业标准离真正成为我国出版行业的通用性出版物营销分类法（即被大多数出版发行企业采用）还有相当长的路要走，但不可否认，该标准是我国在行业通用性出版物营销分类法编制和应用方面所取得的重要成果，随着标准实施和研究工作的继续深入，将对我国出版发行企业的出版物营销分类工作乃至整个出版发行产业产生十分重要的影响。

为解决图书营销分类管理工作缺乏科学战略管理指导的问题，著者则认为可以把眼光投向整个营销学领域，品类管理是当今非常流行的一种供应链商品管理战略与战术，"品类杀手"在各类零售业态中异军突起，风光无限。而品类管理在国外图书营销业界早就得到了重视和应用，美国零售书业大鳄鲍德斯公司就是其中的代表。2002年，首席执行官格雷戈里·约瑟夫韦茨（Gregory Josefowicz）将品类管理的理念带进了博德斯公司，经过精心挑选的出版商与博德斯公司合作经营着大约250种图书类别——烹饪用书、商业类书籍、儿童读物、计算机用书及各种工具类、运动类的书籍等——这些出版商需要决定将要在书店中摆放的书籍类别以及在不同的商店的存储量，甚至决定它们如何展示、如何分组、如何摆放及所占的空间等。品类管理经理每年花费11万美元，用于支付与最后计划相联系的市场调研初期费用。

在我国图书营销管理中，对品类管理的应用尚处于探索阶段。虽然品类管理的一些实质性内容在不同的部门得到了不同程度的应用，如我国北京、上海、深圳、广州、杭州等地著名图书大卖场的商品营销陈列、促销管理等，都带有品类管理的特点，但目前我国大多数出版发行企业还没有把品类管理作为基本的营销管理战略，缺乏应用品类管理的整体意识。品类管理往往被认为是某一个部门的工作，如在书店，品类管理往往被认为是卖场管理部门的事，这影响了品类管理作用的发挥，而且最高层次的品类管理即由图书生产商和零售商协同进行的品类管理更是凤毛麟角。

总之，从标准化和品类管理角度对图书营销分类进行研究，对提高我国图书出版发行企业营销分类工作质量，促进图书出版发行产业高质量发展具有较高的参考价值。

1.2　研究内容与思路

本书以著者所参与的《图书、音像制品、电子出版物营销分类法》行业标准的编制和实施研究工作为实践基础（著者作为核心成员参与了两个项目的申报、调研和实施工作，并独立完成图书营销分类法部分"02政治""03法律""06管理""11社会科学""16体育"五个大类的类目体系以及八个通用复分表的设计初稿，并撰写了部分标准实施指南稿），运用标准化和品类管理战略理论对我国"图书营销分类法行业标准"编制、实施的理论和实践问题进行了研究。主要研究内容包括"图书营销分类"及相关基本概念定义、我国图书营销分类的发展历程和现状、通用性图书营销分类法研究课题的提出与路径选择、"图书营销分类法行业标准"编制与实施的相关原理与方法、我国"图书营销分类法行业标准"的编制与实施过程中的基本问题等。

本书研究内容按以下基本思路展开：

第1章"引论"对研究背景进行分析。从简要分析我国图书营销分类工作长期以来面临的问题入手，提出了用标准化方法和品类管理战略研究图书营销分类的课题；并重点对国内外近三十年来关于图书营销分类法的研究现状进行综述。

第2章对"图书营销分类法"及相关的"图书""图书营销分类"概念进行定义，并深入分析了图书营销分类活动的构成、作用与特点。

第3章对我国图书营销分类的发展历程和现状进行分析。本章回溯图书分类的起源，对我国古代、近现代以及中华人民共和国成立以来的图书营销（销售、发行）分类的发展历程进行了大致的回顾；并结合项目研究过程中的实地调查活动，对我国出版发行企业当前图书营销分类的现状进行了分析，从中可以看出实施品类管理和编制、应用通用性图书营销分类法的现实必要性。

第4章探讨了品类管理战略在图书营销分类中的应用。本章详细介绍了品类管理的内容、流程和特点，并探讨了图书营销分类工作中如何应用品类管理战略。

第5章探讨"图书营销分类法行业标准"编制。本章定义了"图书营销分类法行业标准"概念并进行了标准定位分析，并深入分析标准编制过程中的原则和思路、分类大纲的制定、分类标记系统的设计、分类主表的设计、分类附表的设计、标准文本的设计问题。

第6章探讨分类法行业标准的实施与实用及实施过程中的原则和思路、

营销分类标引规则、出版社"上架建议"的规范、书店实施标准的基本模式等。

最后"结语"部分对研究工作进行总结，并展望了进一步研究的方向。

1.3 研究方法

品类管理和标准化视野下的图书营销分类研究具有鲜明的应用研究、综合研究的性质，因此在本书研究中主要运用了以下方法：

1.系统分析法

图书营销分类以及标准化活动都是一个由诸多要素构成的系统性活动，如图书营销分类就是一个由分类目的、分类主体、分类对象、分类工具（分类法）、分类表现形态等要素组成的系统性活动，因此研究"图书营销分类法行业标准"的编制与实施，要运用系统分析的方法，综合考虑各要素的特点和相互作用。在研究中既要考虑各出版发行企业的特点，也要考虑图书本身的情况，还要研究读者的心理等情况。本书对图书营销分类以及标准化活动都进行了系统分析，并将系统分析的成果应用于"图书营销分类法行业标准"编制与应用的研究之中。

2.比较借鉴法

图书营销分类是一种特殊的文献分类活动，它与一般的文献分类活动相比，既有共同点，也有自己的特色。认清图书营销分类与一般文献分类活动的联系与区别，对于图书营销分类法标准的编制与实施有很大的启示意义，因此本书将图书营销分类与图书馆图书分类进行了全面的比较，还将面向读者的图书营销分类与书业工作中其他环节要应用的分类活动进行了对比。

3.调查研究法

"图书营销分类法行业标准"要服务于我国出版发行企业的图书营销分类工作，我国图书出版发行企业数量众多，类型各异，经营的图书品种和数量繁多，图书营销分类工作各具特色。要想编制出适合我国广大图书出版发行企业使用的营销分类法行业标准，就得进行深入调查，摸清出版发行企业图书营销分类法使用的现状，了解广大出版发行企业对营销分类法标准的功能需求，掌握流通市场中的图书在结构、数量以及销售热点等方面的情况，为科学合理的类目体系设计提供第一手的依据。本书中的许多数据、案例都来自参与研究过程的调查活动，包括实地考察、访问访谈、文献调查等。

4.实践探索法

研究"图书营销分类法行业标准"，最根本的目的是要服务于营销分类的实践，因此本书重视理论和实践紧密结合的研究方法。本书不仅对"图书营销分类法行业标准"的编制与应用的原理、方法进行了理论总结与分析，还重点就"图书营销分类法行业标准"的编制和实施过程中的基本问题进行了结合实际的分析，总之，本书不仅提出了编制"图书营销分类法行业标准"的设想，而且就如何实现标准的编制和应用进行了研究。

5.学科交叉法

图书营销分类具有文献分类和商品分类的双重特征，其原理和方法涉及文献分类学和营销学两个学科领域，而"图书营销分类法行业标准"本身又具有文献分类法、营销分类管理工具、行业标准三种性质，涉及文献分类学、营销学、标准化学三个学科领域，具有典型的交叉研究的性质。因此，本书深入文献分类学、营销学、标准化学，为"图书营销分类法行业标准"的编制与实施总结相关原理，探索相关方法，如文献分类学中关于文献分类的基本原理以及文献分类法编制的基本原则与程序，营销学中产品分类的理论研究和基于分类的营销管理战略与战术——品类管理，标准化学中关于标准化的基本原理和标准化的基本方法等，对研究图书营销分类以及"图书营销分类法行业标准"都具有重要的参考价值。

1.4 研究现状综述

在参与"出版物营销分类法标准"编制与实施指南项目研究的过程中，著者就注重在国内外主要的标准化信息查询网站上进行相关的标准信息查询，[①]并搜集国内外有关图书营销分类法研究的理论研究和编制成果。在项目研究的过程中，这些关于图书营销分类法的理论研究和编制成果对著者设计相关的类目体系具有很好的借鉴和指导意义。

在本书研究选题确定后，著者对相关研究成果的文献搜集工作更加重视。考虑到"图书营销分类法行业标准"的编制与实施研究属于图书营销分类法研究的范围，而图书营销分类法研究又是图书营销分类研究的重要组成部分，因此著者以图书营销分类法研究为重点，对近三十年来我国有关图书营销分类的研究文献进行了全面查找和总结，并对国外研究界有关图书营销分类的研究文献尽力进行了查找。

有关研究现状的文献搜集的总体情况是：

首先，在标准信息查询中，没有发现以图书营销分类法为内容的国际标准、国家标准（包括我国的或外国的）和行业标准。因此本书的主要研究内容——"图书营销分类法行业标准"的编制与实施没有直接的标准化成果可以作为参考。但关于图书营销分类法标准编制的必要性和编制途径的设想，我国研究者还是有相关的文章加以了阐述。

其次，关于图书营销分类法的理论研究，以及图书营销分类法的编制成果，我国研究界有着比较丰富的研究成果，国外的研究成果限于搜集资料和分析资料的时间有限，不一定全面，但也从中可以看出国外研究界对图书营销分类的研究的部分情况。

---

① 如我国国家标准信息咨询网（http://www.gb-gov.cn）、国际标准化组织（ISO即，International Organization for Standardization）网站（http://www.iso.ch）、美国国家标准所（ANSI即，American National Standards Institute）网站（http://www.ansi.org）、英国标准研究所（BSI即，British Standards Institution）网站（http：//www.bsi.org.uk）。

1.4.1 我国图书营销分类法研究现状

我国研究界关于图书营销分类的研究成果比较丰富，著者共找到相关论著四本、论文约四十篇。在这些研究图书营销分类的论著中，关于图书营销分类法的研究是重要的内容。下面从图书营销分类法理论研究、图书营销分类法的编制成果、图书营销分类法标准编制研究三个方面对我国图书营销分类法研究现状进行综述。

需要说明的是，"图书营销分类"和"图书营销分类法"都是近几年才流行的概念，从广义上来理解，图书营销分类就是图书销售中的分类，图书营销分类法是在图书销售分类中使用的分类法，因此在相关的论著中出现的"图书分类""发行分类""书店图书分类""书店分类体系""零售分类""陈列分类"等概念，都可以看作是属于图书营销分类以及图书营销分类法研究的范围。关于"图书营销分类"和"图书营销分类法"概念的详细定义，本书在第2章中会加以阐述。

1.4.1.1 图书营销分类法理论研究

1."图书营销分类"及"图书营销分类法"的定义

目前还没有研究者专门对"图书营销分类""图书营销分类法"概念进行定义。在研究中，有学者使用的是"图书分类"和"图书分类法"概念并进行定义。如武汉大学孙冰炎教授在为图书发行学专业编著的教材《图书分类学》[①]中认为："图书分类是以图书的科学知识内容和其他某种属性为划分标准，按照一定的图书分类法，把相同属性的图书归在一起，区别于其他类

---

① 孙冰炎教授的这本著作从书名上与一般的图书分类学著作难以区分，但仔细研读就可以发现，作者所说的"图书分类"指的是图书发行领域中的分类活动。著者认为这本著作是我国第一本对图书销售（发行）分类进行系统研究的著作。2002年安徽大学出版社出版了吴昌合教授的著作《图书分类》，其性质与孙冰炎教授的《图书分类学》有相似之处。

的图书。也就是用分类的方法科学系统地组织和揭示图书。"① "图书分类法是类分图书的工具,由编制原则、主表、附表、标记符号、注释说明等部分组成。"②安徽大学吴昌合教授为图书发行管理专业编著的教材《图书分类》认为:"图书分类就是根据图书的学科内容或其他特征,分门别类地将图书系统地组织起来的一种手段。"③ "图书分类法是图书分类人员用来类分图书、组织图书的工具,它是由许多类目根据一定的原则组织起来的,通过标识符号来代表各级类目和固定其先后次序的分类体系。"④虽然两本著作都是专门研究图书发行领域中的分类,但以上"图书分类""图书分类法"的概念定义与一般图书馆学研究著作中对"图书分类""图书分类法"的定义区别不大。黄璇则提出了"零售书业营销分类"的概念,认为它"主要指传统零售书业为了促进图书销售、组织卖场图书陈列而对其所经营的图书按照一定标准进行分门别类的过程,又称陈列分类、卖场分类。"⑤这样的概念和定义比较能揭示图书营销分类的专业特色。

2.图书营销分类法的作用

孙冰炎教授从书店角度来阐述了图书分类法的作用:"研究图书分类法的目的,是为了将书店的图书商品科学地、分门别类地、系统地组织起来,使每种书能归入适当的类别。图书分类任务的完成,必须依赖指导分类的图书分类法。"⑥这已经将图书营销分类法的应用与书店的商品管理结合起来。

3.图书营销分类法的特点

图书营销分类法作为一种特殊的图书分类法,具有自己的鲜明的特点,与一般意义上理解的主要应用于图书馆的图书分类法相比具有很大的差别,对此不少研究者进行了探讨。

首先,图书营销分类法自身所表现出的特点,如吴永贵总结了书店分

---

① 孙冰炎.图书分类学[M].北京:高等教育出版社,1992:33.
② 孙冰炎.图书分类学[M].北京:高等教育出版社,1992:33.
③ 吴昌合.图书分类[M].合肥:安徽大学出版社,2002:16.
④ 吴昌合.图书分类[M].合肥:安徽大学出版社,2002:48.
⑤ 黄璇.我国传统零售书业营销分类研究[D].武汉:武汉大学,2005:1.
⑥ 孙冰炎.图书分类学[M].北京:高等教育出版社,1992:9.

类的以下特点（实际上也是书店图书分类法的特点）：①书店根据其经营特点、品种规模、读者对象、地区情况等自行确定类目层次，组织自家的分类体系；②根据销售情况调整类目的级别；③类名的设置使现代读者更加容易理解；④确立以陈列宣传为中心的分类原则；⑤结合主题进行分类；⑥图书分类在求新、求变中努力把握读者心理；⑦图书分类紧追出版热点与阅读潮流。①

其次，将图书营销分类法与一般图书分类法进行比较，以总结其特点。如吴昌合具体对比了书店和图书馆在图书分类体系方面的差异：

①从图书分类体系的繁简来看。图书馆图书分类体系类目展开十分详细，专业性类目可划分到十几级，体系结构十分复杂，为了达到详细分类的目的，还编制了大量的各种类型的复分表，采用交替、组配、参见等方法，要正确掌握和使用图书分类体系，有时还要借助于分类法的"使用手册""类目索引"等辅助工具。因此，图书馆分类工作，一般都是由较高文化水平、经过专业培训的专职人员来担任。书店图书分类体系则比较简单，一般大型书店只需分到二、三级类目，专业书店也只分到四级，使用也比较方便。

②从图书分类体系的统一性来看，图书馆在内部各个工作环节中，如采访、编目、流通、阅览、参考咨询等部门的图书分类排架与分类目录，以及各个部门的图书分类统计，都必须采用统一的图书分类体系。图书馆图书分类体系不仅在一馆实行统一，还要实行全国统一，乃至国际统一，而书店无论是在内部还是在外部都很难建立一个统一的图书分类体系。一般是根据《中图法》的学科体系，结合本店经营的特色，制定适合各店自己的图书分类表。即使在同一个书店里，由于各个环节工作性质不一样，图书分类体系也不尽相同。②

4.图书营销分类法编制、应用的理论基础

图书营销分类法的编制与应用是建立在一定的科学理论的基础之上的，

① 吴永贵.当前书店图书分类特点分析[J]. 大学出版，2001（1）：32-33.

② 吴昌合.书店与图书馆图书分类体系的差异[J]. 武汉出版科学研究，1996（6）：31-32.

孙冰炎教授在《图书分类学》中主要分析了科学分类与图书分类的关系，她认为："图书是记载人类有史以来进行实践活动所取得的知识、经验和教训，保存、传播人类科学文化知识的工具。图书的价值就在于它有科学技术知识的内容，人们阅读、查找图书，目的就是要从书中得到某方面的科学知识和技术上的启迪，在他人和前人研究成果的基础上进行新的创造分明，为人类造福。因此，图书分类必须以图书的科学知识内容为依据，以便于人们按类求书。这样，图书分类与科学分类就产生了密切的关系。它们同样都以科学知识内容划分类别，但图书分类要依赖科学分类，要以科学分类为基础，并要根据图书本身的特点编制图书分类法类分图书。所以，二者既联系密切又不能等同，各有各的特点。"[1]

除了科学分类原理之外，研究者还探讨了图书营销分类法编制和应用的其他理论基础。黄璇在其硕士论文《我国传统零售书业营销分类研究》中认为，传统零售书业营销分类体系构建的理论基础有：

①科学分类理论；

②营销心理学；

③市场细分理论。[2]

郑小燕参与了《图书、音像制品、电子出版物营销分类法》行业标准编制工作，她在硕士论文《〈图书、音像制品、电子出版物营销分类法〉编制研究》中认为，《图书、音像制品、电子出版物营销分类法》行业标准的分类体系的构建是一个系统、庞杂的工程，具体的编制和构建是建立在深厚的理论基础上的：（1）分类法基本原理（包括：①科学分类原理；②概念逻辑原理；③文献分类标准原理）；（2）用户行为理论（包括：①书业企业行为分析；②读者需求及行为分析）。[3]

著者认为，目前对图书营销分类法编制与应用应遵循的一般文献分类原理的认识和探讨较为充分，对特殊的原理即体现图书营销分类法"营销"特

---

① 孙冰炎.图书分类学[M].北京：高等教育出版社，1992：29.

② 黄璇.我国传统零售书业营销分类研究[D].武汉：武汉大学，2005：25.

③ 郑小燕.《图书、音像制品、电子出版物营销分类法》编制研究[D].武汉：武汉大学，2009：6–11.

点的原理的探讨还不充分或没有深入，特别是在如何将营销分类法使用与出版发行企业的营销管理结合起来的原理的探讨，还存在空白。

5.编制图书营销分类法应遵守的原则

孙冰炎教授认为，图书分类法的编制有三条原则：（1）以辩证唯物主义和历史唯物主义理论为指导；（2）以科学分类为基础并应体现图书分类的特点；（3）要具有好的实用功能。[①]

她对第三条原则的解释是："（1）由于使用图书分类法的书店不同，如综合性书店、专业性书店、科技标准书店、儿童书店等，它们对图书分类法的需求各异，分类法类目的设置对此应该有所考虑。（2）图书分类法的各级类目都配有一定的标记符号。（3）图书分类法的编制一经完成，就不能与时代同步发展，但如果在编制过程中能重视对学科未来的预测，在类目的安排方面留有余地，在定期修订时，再作一些局部调整，这样既能保持分类法的相对稳定性，又能保持分类法的长久生命力。（4）现在代各行各业的自动化正在蓬勃发展，图书的管理与利用也要考虑电子计算机的运用。分类法编制必须为图书的管理与检索自动化创造条件。"[②]

黄璇认为，传统零售书业营销分类类目设置应遵循以下基本原则：（1）因书列类；（2）遵从基本学科体系并反映学科发展趋势；（3）依目标读者将图书相对集中；（4）按照读者的需求层次对类目进行细分或组合；（5）体现当地的产业结构及社会热点。[③]她分析的是具体的出版发行企业所使用的分类法的原则。

有的研究者虽然没有明确阐述图书营销分类法的编制原则，但指出了书店的陈列分类的原则，对编制营销分类法也很有启示，如吴维明从解决出书难、卖书难问题出发，认为书店的陈列分类应注重思想性、突出科学

① 孙冰炎.图书分类学[M].北京：高等教育出版社，1992：33-37.

② 孙冰炎.图书分类学[M].北京：高等教育出版社，1992：36-37.

③ 郑小燕.《图书、音像制品、电子出版物营销分类法》编制研究[D].武汉：武汉大学，2009：25-27.

性、讲究实用性。①王建强在《重视门店陈列分类 提升书店经营水准》一文中提出了书店陈列分类的原则：（1）知识为主的原则；（2）服务读者的原则；（3）方便管理的原则。②

　　总的来说，研究者认为图书营销分类法的编制，除了要遵守一般图书分类法编制的基本原则之外，还要充分考虑到其应用的需要，特别是在实用性方面，要符合不同类型出版发行企业图书分类工作的特点。

　　6.关于网络书店营销分类体系的设计与应用

　　随着我国书业进入网络化时代，对网络书店使用的图书营销分类法的研究成为热点，这方面已经有一定的研究成果。

　　俞欣在《近五年我国书店分类研究进展》中总结了从2000—2005年我国关于网上书店图书分类的研究现状及网上书店分类体系的完善或构建的研究成果，认为关于完善或构建网上书店图书分类体系问题的研究内容主要集中在两个方面：一是完善或构建网上书店图书分类体系的原则；二是完善或构建网上书店图书分类体系的思路与方法。如姚维保在《网上书店分类系统设计的现状与发展趋势研究》一文中提出了"消费者至上原则""实用性原则""灵活性原则"三条原则；何虹在《网上书店营销分类分析》一文中也提出了三条原则："面向读者的原则""面向网络技术环境的原则""面向销售的原则"。许多研究者认为，完善或构建网上书店图书分类体系的思路应是以《中国图书馆图书分类法》为基础。③

　　2005年以后研究网络书店营销分类的文章不太多，著者仅找出一篇，即王丙炎、李俊的《网络书店营销分类探讨》，作者探讨了网络书店营销分类的特点，他们认为网络书店的营销分类具有以下特点：一是隐蔽性，即"隐藏"在营销分类体系中；二是被动性，需要读者选择营销分类中的类目才能显示出来；三是可扩展性，网上书店的规模不受物理空间的限制；四是灵活性，由于摆脱了物理空间的限制，网络书店的营销分类可以灵活组配，实现

① 吴维明.略论书店图书分类陈列的思想性、科学性和实用性[J].图书情报知识，1987（1）：68–72.
② 王建强.重视门店陈列分类 提升书店经营水准[J].出版发行研究，2004（1）：47.
③ 俞欣.近五年我国书店图书分类研究进展[J].图书馆论坛，2006（2）：162–163.

多重列类，甚至可以进行个性化定制。^①他们还提出了建立网络书店营销分类的原理与技术，认为网络书店营销分类是产品分类方法与文献分类方法相结合，要通过动态网页技术、数据库技术来实现。网络书店营销分类的趋势是：①个性化的营销分类体系，如卓越、当当的"我的书店"；②基于知识地图构建营销分类体系；③基于语义网的智能化检索。^②

7.关于国外图书营销分类法的研究

国外出版发行企业使用的图书营销分类法具有自己的特色，值得借鉴和研究。徐丽芳、方卿在《美国书店卖场图书分类研究》中介绍了美国著名的超级书店巴诺（Barnes & Noble）和鲍德斯书店的图书分类体系的特点，认为它们的图书分类体系是以促销为目的而构筑起来的，.它们没有完全遵循科学分类的标准，只保留了科学分类中那些有利于书店促销的内容。因此，两家书店的卖场分类体系具有以下特点：

（1）因书列类，即根据书店所经营图书的品种、数量和其他相关特征来设置卖场图书分类体系。因书列类的具体表现有：一是无书不设类，二是书少不成类，三是同类书多就对该类进行再细分。

（2）因读者列类。根据读者对象而非图书的内容与形式特征来分类，是图书分类过程中的"逆向思维"。美国的书店和出版商甚至发展出了"营销大类"（Marketing Category）概念，即把很可能被同一读者群买走的图书单独分类陈列。除了根据读者年龄特征分类这样常规的做法之外，巴诺和鲍德斯还采用其他一些标准如根据读者的阅读偏好、特殊需求（如对大字本的需求）或某类集中的读者来设类。

（3）因促销列类。就是基于促销目的有意舍弃图书的内容特征而将其形式特征具有一定促销功能的相关图书进行集中列类。常见的促销类目包括畅销书类目、推荐书类目、新书类目、名社与名品牌类目、节假日类目。^③

① 王丙炎，李俊.网络书店营销分类探讨[J].出版科学，2009（2）：85.
② 王丙炎，李俊.网络书店营销分类探讨[J].出版科学，2009（2）：86，90.
③ 徐丽芳，方卿.美国书店卖场图书分类研究[J].出版发行研究，2005（10）：69-72.

1.4.1.2　图书营销分类法编制成果

图书营销分类法在我国书业界已经得到了广泛的应用，目前我国出版发行企业使用的图书营销分类法主要是"借用"《中图法》而来，或根据自身经营需要自行编制。《中图法》的特点已经在文献分类学研究中得到充分探讨，因此本书不再详细分析，而出版发行企业自编的图书营销分类法虽然在编制思想上大多能体现图书营销分类工作的实际特点，但由于其编制出发点是为了满足本单位的需要，因此缺乏通用性，这里不再详细介绍其内容和特点。对于部分出版发行企业使用的营销分类法的内容与特点，在本书第3章分析我国出版发行企业图书营销分类的现状时会涉及。本小节分析的是具有行业通用性特点的图书营销分类法编制成果。

首次编制出具有在出版发行行业范围内通用性特点的图书营销分类法的研究者，是河南省安阳市新华书店经理王建强，他于2003年在中国书籍出版社出版了《中国实用书店陈列分类表大全》一书，书中的"陈列表"实际上相当于分类类目表，此书的"编著说明"写道："我国书店陈列分类长期以来处于粗放和随意状态，水平差别很大，在一定程度上影响了读者选购和营业员工作效率、服务水平的提高，影响了书店的整体水准和形象。编著本书的愿望就是为全国众多的出版物零售商搞好书店陈列分类提供参考。"[1]关于编制思路，作者在"编著依据"中写道："本书主要依据是'中图法'、图书在版编目数据及国家有关标准，并结合书店陈列的特点、读者选购的习惯，同时广泛汲取出版物零售业的经验。"[2]

《中国实用书店陈列分类表大全》中的陈列分类表的设计非常具有特色：

（1）根据出版物类型来分别设计分类表，分为"图书陈列分类表""音像制品、电子出版物陈列分类表""期刊陈列分类表"，这考虑到了我国书店经营的主要出版物品种。

（2）"图书陈列分类表"充分考虑书店的不同类型与规模，首先分为"综合书店"和"专业书店"。综合书店又分为"十万种图书"和"二万种图书"

---

① 王建强.中国实用书店陈列分类表大全[M].北京：中国书籍出版社，2003.

② 王建强.中国实用书店陈列分类表大全[M].北京：中国书籍出版社，2003.

两种类型，"十万种图书"类型又再分为"按知识分类"和"按出版者分类"两种；专业书店则给出了约100种不同专业书店的陈列分类表。如图1-1所示。

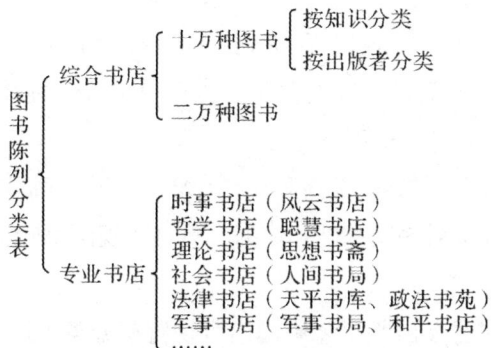

图1-1 《中国实用书店陈列分类表大全》图书分类表类型

（3）在分类表中揭示图书陈列分类类目与相关分类法以及主题词的对应关系。王建强通过表格的形式将分类表类目与《中图法》的基本大类、CIP数据中的分类主题词以及《中图法》分类号之间建立了对应关系（表1-1），这对于理解相关类目的内容范围以及与《中图法》的对应关系十分有好处。

表1-1 《中国实用书店陈列分类表大全》图书分类表[①]

基本大类	分类牌		涵盖内容 （CIP 数据Ⅲ . 主题词）	分类号 （CIP 数据Ⅳ .）
	序号	类名		
			（一）经 典	
A 马克思主义、列宁主义、毛泽东思想、邓小平理论 D 政治、法律	1	经典著作	马克思、恩格斯、列宁、斯大林、毛泽东、邓水上平、江泽民著作	A1/55 D2-0
	2	国家领导人著作	党和国家领导人著作	D2-0
	3	生平和传记	马克思、恩格斯、列宁、斯大林、毛泽东、邓小平、江泽民等党和国家领导人的生平和传记	A7 K827
	4	学习和研究	马克思主义、列宁主义、毛泽东思想，邓小平理论、"三个代表"重要思想的学习和研究	A8 D641

① 王建强.中国实用书店陈列分类表大全 [M]. 北京：中国书籍出版社，2003：3.

总之，《中国实用书店陈列分类表大全》非常贴近书店陈列分类的实际，参考意义十分明显。而它的缺点也正是因为太追求"实用"，所以在分类法设计的科学性、体系性、独立性方面做得不够：

①没有给类目进行有规律性的编码，即没有赋予分类号，只有"序号"，而从序号上很难看出类目之间的关系，因此分类表只能作为陈列分类的参考，无法使用它进行分类标引；

②分类级别最多到二级，不利于出版物内容的深度揭示；

③以《中图法》为编制基础和依据，没有体现图书营销分类法编制的独立性。

2005年，王建强又出版了《中国出版物营销分类方法》[①]一书，这一次他明确使用了"营销分类方法"一词，与"营销分类法"概念名称已经比较接近。与《中国实用书店陈列分类表大全》相比，《中国出版物营销分类方法》在科学性、系统性方面有很大进步。在设计分类体系时，作者参考了《中图法》的分类表设计方法，在"图书营销分类"部分列出了"级前分类"（实际上相当于《中图法》的基本部类）、"基本部类"（实际上相当于《中图法》的基本大类）、"简表""按级分类"（实际上相当于《中图法》的主表）。"按级分类"表中对类目都进行了统一的编码（用数字层累制）；分类级别最多达到了四级，对类目内容的细分程度比《中国实用书店陈列分类表大全》要深；还列出了各类目与《中图法》分类号的大致对应关系，其形式如图1-2所示。

《中国出版物营销分类方法》存在的缺点是：①缺乏类目注释，也没有列出类目与分类主题词的对应关系，因此对类目所涵盖范围的界定比较模糊，不利于用户理解与使用；②缺乏复分、仿分等分类技术的应用，对类目共性特点、交叉关系等的揭示不够；③类目体系较为固定，分类体系的灵活性、实用性较差。但不可否认，此书是近年我国在通用性出版物营销分类法编制，尤其是图书营销分类法编制的一个代表性成果，为研究"图书营销分类法行业标准"的编制提供了很好的参考。

---

① 王建强. 中国出版物营销分类方法[M]. 北京：中国书籍出版社，2005.

2021年，王建强又修订出版了《实用书店图书营销分类方法》①一书，书中设计的营销分类体系仍与"中图法"基本对接，涵盖范围一致，并采用了图书在版编目（CIP）数据中的主题词和"中图法"分类号，还提供了国内百家专业书店图书营销分类表作为参考，具有很强的实用性。

10　体育　G8
10.1　竞技体育　G80/84　G86/88
10.1.1　体育理论　G80
10.1.2　世界体育　G81
10.1.3　奥林匹克　G811
10.1.4　田径运动　G82
10.1.5　体操运动　G83
10.1.6　球类运动　G84
10.1.7　足球　G843
10.1.8　水上运动　G86
10.1.9　其他体育运动　G87/88
10.2　中国武术　G85
10.2.1　中国武术　G85
10.2.2　太极拳　G852.11

图1-2　《中国出版物营销分类方法》图书分类主表②

除了王建强的研究成果之外，俞欣在总结我国书店图书分类法使用状况的基础上，也提出了一种新的图书营销分类法模式——CCT模式。CCT模式就是以《中国分类主题词表》（Chinese Classified Thesaurus，CCT）中的"分类号—主题词对应表"为基础，以分类法为主，主题法为辅的模式③。CCT模式的分类表主体部分分为左右两栏，左栏为《中图法》的基本类目（1-4级类目）体系，包括分类号、类名、类目注释；右栏是与类目相对应的主题词。与同一个类对应的多个主题词按其联系密切的程度加以排列，其形式如

① 王建强.实用书店图书营销分类方法[M].北京：中国文史出版社，2021.
② 王建强. 中国出版物营销分类方法[M]. 北京：中国书籍出版社，2005：32.
③ 俞欣. 我国书店图书分类法使用现状与CCT模式的提出[J]. 出版发行研究，2007（4）：60-64.

图1-3所示。

I24中国小说	中国小说
	革命斗争小说、军事题材小说、历史小说、传记小说、自传体小说、科学幻想小说、惊险小说、推理小说、间谍小说、恐怖小说、侦探小说、言情小说、侠义小说、暴露小说、伤感小说……

图1-3　CCT模式分类表[①]

辅助部分为主题词型分类法索引，它是参考《中国分类主题词》中的"主题词—分类号对应表"编制的，其形式如图1-4所示。

	Q	
qì	气功疗法……………	R247
	气象学……………	P4
	汽车工程……………	U46
qiáo	桥梁……………	U448

图1-4　CCT模式索引[②]

CCT模式带有"分类主题一体化"的特点，与王建强在《中国实用书店陈列分类表大全》中设计的陈列分类与《中图法》、CIP主题词对应的分类表有相同之处。不过俞欣主要是对该模式进行了举例说明，没有列出完整的分类表。另外该模式仍是以《中图法》为主体进行改造的思路，没有体现图书营销分类法编制的独立性，如其类目的类号仍采用《中图法》的类号。

---

① 俞欣. 我国书店图书分类法使用现状与CCT模式的提出[J]. 出版发行研究，2007（4）：61.

② 俞欣. 我国书店图书分类法使用现状与CCT模式的提出[J]. 出版发行研究，2007（4）：61.

1.4.1.3　图书营销分类法标准编制研究

虽然国内外目前还没有以标准形式出版的图书营销分类法，但关于编制图书营销分类法标准的必要性以及编制途径，近几年还是有相关的研究的。

1.关于编制图书营销分类法标准的必要性

书业界人士和研究者从不同角度出发，对编制"图书营销分类法行业标准"的必要性进行了阐述和探讨，研究的角度可以分为以下三种：

（1）从推动出版行业标准化建设的角度

新闻出版总署科技发展司蔡京生在《新闻出版业标准化战略构想与实施》一文中指出，在建立出版行业标准化体系和制定关键标准上，新闻出版总署在"十一五"期间要达到的目标是：建立一个涵盖新闻出版各个行业范围的科学、合理的信息分类与编码体系，形成符合行业规范的新闻出版业标准化体系，完成关键标准和基础标准的制定。[①]"图书营销分类法行业标准"就标准内容的属性来说，属于信息分类与编码标准，是新闻出版行业信息分类与编码体系的组成部分。朱诠在《中国出版业标准化概况》一文中谈到提升我国出版业标准化水平的紧迫任务，他认为，我国标准制定的基本原则是"基础先行，急用先行"，这一原则在制定出版业标准的过程中，同样是适用的。目前除了出版术语标准、出版元数据标准外，《网络出版标准》《出版物营销分类法标准》《出版物物流流程规范标准》的研制工作都已经启动，新闻出版总署希望尽快完成《出版物发行标准体系》中的26项A级关键性标准的研制任务，上述标准的完成，将大幅度提升出版业对国家GDP增长的贡献率。[②]

（2）从促进出版业发展的角度

除了在"研究背景"部分所引的王建强从出版业发展角度分析统一出版物营销分类法的重要性之外，徐强平也分析了统一图书营销分类法的必要性，认为传统的图书分类法既不适合读者快速准确地查找所需要图书，也不

① 蔡京生.新闻出版业标准化战略构想与实施[J]. 出版发行研究，2006（12）：22.

② 朱诠.中国出版业标准化概况[J]. 出版发行研究，2006（12）：26.

适合书店内部经营管理。制订统一的零售书业分类法，不但可以方便读者查找所需图书，促进图书的销售，而且也能推动图书信息在流通领域的信息交换和共享，加速信息流通，降低交易成本，排除经营风险，以适应出版行业市场化、产业化、网络化和跨越式发展的需要。①

（3）从解决出版行业相关标准在实施中遇到的问题的角度

2006年，《图书流通信息交换规则》（CY/T 39—2006）（以下简称《规则》）行业标准编制成功并开始实施，作为一项实现我国图书信息流通共享的基础性标准，在实施过程中遇到了一些问题。如林晓芳在《图书分类：流通信息对接绕不过的一道坎》一文中认为，《图书流通信息交换规则》标准的出台，为图书信息流通顺畅打下基础，标准的实施对加快图书发行行业标准化、信息化建设，提升全行业的技术水平，促进全行业的经济增长的作用是显而易见的。同时，文章又认为："这个规则只是从电子技术上为实现图书信息对接做出了规定，如果不解决图书营销分类标准化问题，不解决图书的身份证即ISBN系统中的图书分类既不唯一又很混乱的现状，要实现行业上下游及销售商间的信息相互对接，依然很难。"②此外，作为《图书信息流通交换规则》标准主要起草人之一的潘明青在《书业标准化探索——〈图书信息流通交换规则〉制定、实施和思考》一文中也谈到了统一分类标准的重要性。她指出，作为行业标准，《图书信息流通交换规则》的重要制定目的是：①促进中国图书出版发行供应链之间的信息的交换；②实现供应链企业间的信息资源共享；③推进行业全程业务运行规范，以加速行业信息流通，降低交易成本，减小经营风险，提升行业技术，改变行业经济增长方式，以适应出版发行业市场化、产业化、网络化需要，加快行业发展。但在制定过程中，遗憾的是缺乏相关行业标准的配套，使得《图书信息流通交换规则》无法引用相关标准，因此一些行业通用的如图书分类、读者对象等数据在《规则》中没有采用统一代码，《规则》作为一个独立内容的标准，也无法去

---

① 徐强平.零售书业图书分类浅析[J]. 出版与印刷，2005（4）：4-7.
② 林晓芳.图书分类：流通信息对接绕不过的一道坎[J]. 出版参考，2006（3）：5.

统一目前行业各系统当中的数据代码。①

2.关于编制图书营销分类法标准的途径

徐强平不仅探讨了编制图书营销分类法标准的必要性，还提出了很好的编制途径："在分类法制订的过程中，可以在充分考虑我国零售书业实际的基础上，以《中图法》和书店的传统营销分类法为基础，由有关出版行政管理单位出面，委托高校、研究所等科研机构充分调研、科学论证，制订一部标准的通用的零售书业图书分类法，并加以推广实施；或是由某些大型书城根据自身实践需要，先制订一部适合本书城使用的零售书业图书分类法，然后在使用的过程中不断修改和完善，最后再申请国家标准，在全行业内普及推广。"②

1.4.2 国外图书营销分类法研究状况

著者通过以下两种主要方法对国外有关图书营销分类法研究的文献进行了查找：

第一种方法是从已经被翻译成中文在国内出版的国外学者出版学研究著作中查找。查找的结果是没有发现以图书营销分类或图书营销分类法为主要研究主题的研究著作，这与国内有学者出版了专门研究图书营销（发行）分类的著作状况不同。但在一些著作中，某些内容涉及图书营销分类法问题，如日本研究畅销书运作的专家井狩春男写的《这书要卖100万：畅销书经验法则100招》中提到："现在的书店都用图书馆的分类法来区分图书。也就是透过ISBN下面接在C后面的四位数字分类码，来区分人文书或实用书。从各

---

① 潘明青.书业标准化探索——《图书流通信息交换规则》的制定、实施与思考 [J]. 出版发行研究，2006（12）：26–30.

② 徐强平.零售书业图书分类浅析[J]. 出版与印刷，2005（4）：4–7.

种意义上来说，这反而阻碍书的销量。"①他举出了一个相关的实例："例如，由于《一片叶子落下来》的分类码为绘本书，若店员径直把它归到儿童书区，就会错失让上班族上前翻阅的机会。"②他建议出版社在每本书所附的订货短笺上专门写上针对书店的关于这本书摆放位置的说明。③

　　第二种方法是在Google 学术搜索、亚马逊网络书店（http://www.amazon.com）和学校图书馆提供的Elsevier Science 全文期刊、EBSCO全文数据库、Springer全文数据库等外文期刊数据库中搜索相关的外文图书与论文。著者以"book marketing classification""bookstore classification"等作为检索词进行标题、主题、全文等方式的检索。检索的结果没有发现以图书营销分类或图书营销分类法为主要研究主题的论文和著作，看来关于国外图书营销分类法的研究状况的外文文献研究成果，只能在大量阅读有关书店管理、分类法研究等研究主题的外文文献中进行分析和提炼，著者已经下载了一些这样的外文文献，但限于时间所限，著者尚未从中总结出更多有价值的研究成果，今后还要加强阅读和分析。

1.5　研究创新

　　通过对相关主题的研究现状进行整理，著者认为本书具有以下创新之处：

---

① 井狩春男. 这书要卖100万：畅销书法则100招[M]. 邱振瑞译.桂林：广西师范大学出版社，2005：137.

② 井狩春男. 这书要卖100万：畅销书法则100招[M]. 邱振瑞译.桂林：广西师范大学出版社，2005：138.

③ 井狩春男. 这书要卖100万：畅销书法则100招[M]. 邱振瑞译.桂林：广西师范大学出版社，2005：33.

（1）对"图书营销分类""图书营销分类法"概念进行了较完整的界定。虽然"图书营销分类""图书营销分类法"概念已经在不少论文中出现，但一直没有研究者对其进行完整的界定，不少研究者使用的"书店分类""图书分类""零售分类"等都不能完全地涵盖图书营销分类的实际内容和揭示图书营销分类的完整内涵。本书综合"文献分类"概念以及营销学中的"营销分类"概念，对"图书营销分类"概念进行了界定，在定义中既体现图书营销分类的文献分类特点，又突出图书营销分类的营销特征；在此基础上对"图书营销分类法"进行了概念界定。这两个基本概念的界定，有利于图书营销分类以及图书营销分类法研究的进一步深入。

（2）在图书营销分类理论研究中确立了系统分析的视角。目前关于图书营销分类的研究成果中，对图书营销分类活动缺乏系统分析的视角，仅从某一个方面或过于笼统地研究图书营销分类法的特点，分析不够深入。本书立足于对图书营销分类活动的系统分析，对构成图书营销分类活动的要素进行了解析，并分析了它们之间相互制约的关系，在此基础上，对图书营销分类的作用、特点进行了比较全面的分析，这比仅从某一个角度或笼统的分析要全面和深入。

（3）在图书营销分类法编制、应用的原理和方法探讨中引入了品类管理理论与方法。关于图书营销分类法编制、应用的原理和方法，目前研究成果中对文献分类学方面的原理与方法谈得较多，而对如何将分类法与营销活动相结合的原理与方法，探索得还很不够。本书在这方面引入了品类管理思想，品类管理是基于产品分类的营销管理战略与战术，它将产品分类与营销战略与战术相结合，具有极强的操作性，本书中创新性地引入了品类管理理论与方法，不仅对于分类法行业标准的编制具有指导价值，而且对于出版发行企业如何将"图书营销分类法行业标准"与具体的营销业务相结合，也提供了基本思路和方法。

2 图书营销分类的定义与特点

2.1 "图书"的定义

　　"图书"是出现时间很早、使用非常普遍，但同时也是非常难以准确和统一定义的概念。因为图书是人类历史最悠久的文献类型之一，在图书漫长的发展历史中，其所承载的知识内容、表达记录知识内容的信息符号以及物质载体形式、复制生产的技术、传播（发行）活动等方面都在不断地发生着变化，因此"图书"概念的内涵、外延，甚至概念的名称在不同的历史时期都在发生着变化，如在我国古代，"三坟五典""典籍""简策""籍""韦编"等都曾用作图书的称谓，[①]在目前，与"图书"的概念名称密切相关的还有"书""书籍"等。[②]

---

① 吴平.图书学新论[M].太原：山西经济出版社，1998：20–22.

② 林穗芳认为，"书""书籍"和"图书"是同义词，但不是等义词。"书"是普遍概念和个体概念，可数；"书籍"是书的总称，通常代表集合概念，可以说"一本书"，不宜说"一本书籍"。"图书"和"书籍"有时通用，但需要区分的场合，"图书"的外延要比"书籍"广泛。国家统计局批准的出版物统计办法规定：图书"指由出版社出版的书籍、课本、图片"。（林穗芳."书籍"的词源与概念[M].武汉：华中师范大学出版社，1998：39–40.）

到目前为止，各种工具书以及论著对"图书"的定义有数十种之多，下面列举几种代表性的表述：

（1）"book"图书，公开发表的文学或学术著作。联合国教科文组织为了统计的目的将图书定义为除封面外篇幅至少不下49页的、非定期的印刷出版物，但实际上还没有一条严格的定义可以令人满意地将所有这样划分的出版物都包括进去。图书的形式、内容和印刷手段在其漫长历史上有很大不同，但有些固定的特征还是可以确认的：首先，图书是用于交流的工具；其次，图书是使用书写符号或其他可见符号（如图画和乐谱）传达含义的；最后，图书是用于有形流通的。因此，可给它下这样一个定义：一本书是手写的或印刷的，有相当长度的信息，用于公开发行；信息记载在轻便而耐久的材料上，便于携带。它的主要目的是宣告、阐述、保存与传播知识与信息，因其便于携带与耐久而能达到此目的。图书在任何文明社会中都起着保存和传播知识的职能。"——《不列颠百科全书》国际中文版（中国大百科全书出版社2002年版）

（2）"书籍期刊画册等出版物的总称。"——《辞海》（上海辞书出版社1999年版）

（3）"图书包括书籍、画册、图片等出版物。书籍是用文字、图画和其他符号，在一定材料上记录各种知识，清楚地表达思想，并且制装成册的著作物，为传播各种知识和思想，积累人类文化的重要工具。它随着历史的发展，在书写方式、所使用的材料和装帧形式，以及形态方面，也在不断变化与变更。"——《中国大百科全书·新闻出版卷》（中国大百科全书出版社1990年版）

（4）"图书是以传播知识为目的，而用文字或图画记录于一定形式的材料之上的著作物。"——刘国钧《中国书史简编》（书目文献出版社1982年版）

（5）"书籍是用文字、图画、声音或其他符号按一定的主题和结构系统组成一个独立的整体，以印刷或非印刷的方式复制在供携带的载体上以向公众传播的作品。现代书籍多用纸张印制成册，不定期出版，可修订再版；除印刷版外还有用胶质、磁性、光学或其他介质制作的缩微版、录音版、录像版、多媒体版等。书籍以非印刷形式出版，通常列入非书资料，但也可认为

是书籍的新形式。"——林穗芳《"书籍"的词源和概念》(见《中外编辑出版研究》,华中师范大学出版社1998年版)

(6)"书籍是静态视觉符号的载体;是标明国际书号和定价的非定期公开出版物;是记录、保存和传播文化的非新闻媒介。"——仓理新《书籍传播与社会发展》(首都师范大学出版社2007年版)

(7)"图书是主要以印刷方式复制的,以纸介质为载体的,可以重印的非连续出版物。"——《全国出版专业职业资格考试辅导教材·出版专业基础知识(中级)》(上海辞书出版社2004年版)

本书对"图书"概念进行定义,主要目的不是对比总结各种已有的定义,以得出一个最全面、最科学的定义,而是结合研究的具体需要,在对"图书"进行基本定义的同时,还希望能够达到以下两个基本目的:

(1)通过"图书"概念的定义,把握图书的基本属性,为设计图书营销分类法明确基本思路。因为要定义一个概念,就需要明确其所指向的事物的基本和最本质的属性,而"分类是指以事物的本质属性或其他显著特征作为根据,把各种事物集合成类的过程",[1]事物的基本属性是对其进行分类的基本依据。因此,通过对"图书"概念进行定义,有助于确定对图书进行营销分类的基本依据,为图书营销分类法设计明确基本思路。

(2)由于在出版发行企业的营销分类工作中,分类对象不仅包括图书,还有其他类型的出版物,所以在研究过程中需要把"图书营销分类法"与其他类型的出版物营销分类法区分开来,以免造成认识上的混淆。因此在定义中,还要注意表达图书与其他类型出版物的区别,这同样需要对图书的基本属性进行分析。

因此,要对"图书"进行定义,并达到以上两个具体目的,共同之处是都要明确图书的基本属性,而对图书的基本属性的分析,可以从构成图书的基本要素入手。

---

① 俞君立,陈树年.文献分类学[M].武汉:武汉大学出版社,2001:3.

2.1.1 图书的构成要素与本质属性

肖东发教授认为从竹木简牍到今天的各类图书，不管其形式与内容如何变化，都具有以下几个基本要素："（1）可传播的知识信息；（2）记录知识的文字、图像及其他信息信号；（3）记载文字、图像信息的物质载体；（4）基本的生产技术与工艺；（5）必要的装帧形式。"[1]他同时认为："以上五项要素，其重要程度呈现递减趋势，又缺一不可。"[2]吴平教授认为今天人们认识的图书，必须具有下列要素："第一，以信息知识为内容；第二，以文字、图像、声频、视频、代码等作为表述方式；第三，以一定的物质载体作为存在的依据；第四，以一定的形态呈现出来；第五，以一定的生产方式制作。"[3]可以看出，两位学者的看法是比较接近的，都认为知识内容、表达知识内容的信息符号、物质载体、生产技术、表现形态（装帧形式）是构成图书的基本要素。而著者认为构成图书的基本要素，除了以上两位学者归纳的五个方面外，还应该加上第六个要素：传播活动，即以一定的方式公之于众。因为图书作为一种文献，如果没有传播活动，不公之于众，它就失去了作为图书存在的意义与价值，如某人写的一本日记，如果只是给自己看，就只能看作是著作者个人的私人物品，如果这本日记通过出版来公之于众，就成了图书，图书通过传播公之于众也是其区别于一般私人信件、作品、档案文件等的重要特征。

因此，综合肖东发教授和吴平教授的观点，著者认为，构成图书的基本要素有六个：①知识内容；②表达知识内容的信息符号；③物质载体；④表现形态；⑤生产技术；⑥传播活动。构成图书的六个要素，可以分为三个层次：（1）内容层，包括知识内容和表达知识的信息符号；（2）形式层，包括物质载体和表现形态；（3）附加层，包括生产技术和传播活动。三个层次互

---

① 肖东发.中国图书出版印刷史论[M].北京：北京大学出版社，2001：14-16.

② 肖东发.中国图书出版印刷史论[M].北京：北京大学出版社，2001：16.

③ 吴平.图书学新论[M].太原：山西经济出版社，1998：19.

相联系，缺一不可，构成了图书的整体概念。这种分析与图书营销学中对图书产品的构成分析非常类似。

在构成图书的六个要素中，最稳定、最核心的要素是其知识内容要素，这也是图书区别于一般物质产品的最主要的特点，即图书是一种记录和传播知识内容的精神文化产品。正如肖东发教授所说："判定是否为书的标准，不在于载体材料和装订形式，而在于记录的内容，内容才是第一位的。"[①]作为构成图书的最核心要素，自然也是图书的最本质属性的体现，吴平教授认为："图书的本质属性就是知识内容。"[②]多数关于"图书"概念的定义也大都认同这一点。

2.1.2　图书与其他出版物的区别

虽然有的"图书"概念定义（如《辞海》1999年版）把"图书"与"出版物"等同起来，但就实际运用而言，这样的定义使图书的外延过泛，对出版发行企业的营销分类管理工作不利，因此还是有必要将"图书"从"出版物"中区分出来。"出版物就是已出版的作品"，"现在一般认为，根据总体特征来划分的出版物种类，就是以上所说的图书、报纸、期刊、音像制品、电子出版物、互联网出版物六大类"。[③]这是我们当前对出版物的最常见的分类法，主管部门也基本上按这种分类法对出版活动进行分类管理。虽然从分类学来看，这种出版物的"六分法"并没有严格遵循分类划分逻辑，因为按照一般的分类划分逻辑，同一个分类层次只能使用一个划分标准，如以出版物的载体为划分标准，将出版物划分为"纸质出版物"与"非纸质出版物"是严格的逻辑划分结果；或按出版物的出版方式，将出版划分为"连续性出

---

① 肖东发.中国图书出版印刷史论[M].北京：北京大学出版社，2001：12.

② 吴平.图书学新论[M].太原：山西经济出版社，1998：16.

③ 全国出版专业职业资格考试办公室.出版专业基础知识（中级）[M].2版.上海：上海辞书出版社，2004：1–2.

版物"和"非连续性出版物"也严格遵循了划分逻辑。而出版物的"六分法"在同一个分类层次中使用了多个划分标准（包括形式上、内容上、技术上等），因此"六分法"属于实用性分类，是从总体特征而不是从某一种特征来划分的结果。对"六分法"中各类型出版物的区别只能从总体特征上来认识，著者认为《出版专业基础知识（中级）》一书中对"六分法"中各类型出版物区别的分析比较全面[①]：

（1）图书不同于报纸期刊的主要特点，在出版方式上是非连续出版，即不能以一个只用序号相区别的固定名称一种接一种地连续出版下去，并且篇幅和出版周期都有较大伸缩性；在内容上讲究系统性和稳定性，即一般要按照一定的主题和结构组成一个独立的整体，一般有较长的时间效用，可以一印再印。

（2）报纸不同于图书的主要特点，在出版方式是上连续出版，即以一定的出版周期，用一个稳定的名称一期接一期地出版，期与期之间仅以序号相区别；在内容上特别注意时效性，一般不再版或修订等，且均由众多作者的作品汇编而成。

（3）期刊与报纸都是连续出版物，所以它们有很多可与图书相区别的共同的特点，如：有一个稳定的名称，连续出版并有表示无限期连续出版的序号，均由众多作者的作品汇编而成，一般不再版或修订等。当然，期刊与报纸也有区别。它们的外在区别，主要在于期刊装订成册，有封面，开本一般较报纸小，出版周期通常比报纸长等；它们的内在区别，主要在于期刊的时效性比报纸弱，稳定性和系统性比报纸强。"

（4）音像制品与报纸、期刊和图书等出版物的区别，主要在于：表达内容的手段不同，大量运用声音、图像、活动影像等媒体形式；物质载体不同，采用磁、光、电等介质为载体；复制方式不同，即不是通过印刷复制，而是使用母盘、母带翻制；使用时需要一定的播放设备；形态和结构部件不同。

[①] 全国出版专业职业资格考试办公室.出版专业基础知识（中级）[M].2版.上海：上海辞书出版社，2004：4-7.

（5）电子出版物具有许多与音像制品类似的特点，因此音像制品有别于图书、报纸和期刊的特点，同样也见于电子出版物；电子出版物有别于音像制品的地方，主要是记录信息全部采用数字代码方式以及载有的信息内容不同，如许多电子出版物以计算机软件为内容。而在物质载体形式、复制方式和使用时需要的技术设备方面，则与音像制品互有交叉，异同并存。

（6）互联网出版物与其他五种出版物的最大区别，主要是在出版的方式上。其他出版物都是先复制一定数量的复本，然后才开始发行，两个阶段有明显的分界。互联网出版物的这两个阶段却没有明显的界线，是交织在一起的。同时，互联网出版物又与其他出版物有着千丝万缕的联系，在内容特点、表现形式、结构成分等诸多方面，都与其他出版物中的这一种或那一种存在许多共同点，任何种类的出版物，只要采用互联网的方式出版，都可以成为互联网出版物。

从以上分析可以看出，图书区别于其他出版物的主要特点：一是出版方式的非连续性，这主要是与报刊区别开来；二是载体上主要是以纸张为主（当然也可以使用其他载体，但目前还是以纸张为主），这主要是与音像制品和电子出版物、互联网出版物区别开来。同时，图书与其他类型的出版物（特别是电子出版物和互联网出版物）之间客观上也存在一定的交叉关系。

2.1.3 "图书"概念定义的表述

综上所述，以揭示图书的本质属性为基础，并考虑图书与其他出版物的区别，本书对"图书"概念定义的表述如下：

用文字或图画等符号记录知识于纸张等载体的非连续性出版物。

这个定义表述揭示了图书的本质属性即它记录了知识内容，也基本能将图书与其他类型的出版物区分开来。这里说"基本能"，是因为在实际的出版工作中，有些时候也确实很难严格判定一种出版物到底是属于图书还是其他出版物，如图书也可以连续出版，某些定时出版的图书（如年鉴、"以书代刊"的图书）也具有期刊的特点；再如以光盘为载体的多媒体图书，从本质上来说它也是图书，而在实际管理中又大多被归入电子出版物的范畴。各种出版物之间客观存在的交叉关系，要通过概念来区分是非常困难的，在实际的出版物营销分类工作中，出版发行企业大多会根据情况灵活地加以区分，如一些图书附带的本书的光盘版，从载体来说属于电子出版物，但一般书店还是会将其与纸质版一起归入图书而不归入电子出版物；而具有独立包装的光盘型多媒体电子图书，则一般被归入电子出版物而不归入图书；还有就是能够在网络上直接销售的数字图书，它因为在网上传播从而可归入互联出版物，同时又具有一般图书的本质特点，也属于"图书"范畴。

2.2 "图书营销分类"的定义

对"图书营销分类"概念的理解，可以先从文献分类学入手，因为文献就是"记录有知识的一切载体"，[①]无论是在营销领域还是在非营销领域中，图书作为一种文献的基本属性不会发生改变。因此，可以把图书营销分类看作是一种特殊的文献分类，即图书营销专业领域内的文献分类，"文献分类"概念对于理解"图书营销分类"概念也就具有指导意义。俞君立等对"文献分类"的定义是："文献分类是以文献分类法为工具，根据文献所反映的学科知识与其他显著属性，分门别类的、系统地组织与揭示文献的一种方法。"[②]

图书在销售活动中除了是一种文献，更是一种商品，因此仅从"文献分类"的意义来理解"图书营销分类"是不够的，还应该从"营销分类"入手来分析。与"文献分类"这个广泛使用、含义比较明确的概念相比，"营销分类"是个使用不多、含义也比较模糊的概念。著者在营销学经典教材《营

---

① 王子舟.图书馆学基础教程[M].武汉：武汉大学出版社，2003：68.
② 俞君立，陈树年.文献分类学[M].武汉：武汉大学出版社，2001：2.

销学导论》(菲利普·科特勒与加里·阿姆斯特朗著，俞利军译，华夏出版社1998年版)中，就没有找到"营销分类"概念名称及定义。在网络文献检索中，能够检索到标题中含有"营销分类"的论文也不多。但"营销分类"概念使用不普遍，并不代表分类问题在营销活动或营销学研究中不重要；相反，无论是在营销实践，还是在营销学研究中，分类都是十分重要的问题，如我们熟知的"市场细分"营销战略，实际上就是一种以对目标市场进行分类为基础的营销战略。著者认为，"营销分类"概念之所以使用不广泛，主要是因为它的指称对象比较广，作为一个整体概念来使用时所指不是很明确。它至少可以理解为具有以下两方面的含义：①"营销活动中的分类"。在营销活动中，分类行为是广泛发生的，可以作为分类对象的事物有很多，如对目标市场可以进行细分，对产品和客户可以进行分类管理，另外商店经营业态、消费者类型等，都是重要的分类对象。②"营销活动的分类"，即将营销活动本身作为分类对象。这主要是体现在营销学理论研究中，按一定的分类标准将营销活动分为很多种类，如按营销的对象分为"消费品营销""工业品营销"或"药品营销""食品营销""服装营销"等，"图书营销"是众多营销活动中的一个类型；还有一种分类方法就是按营销的方法将营销活动分为"4P营销""4C营销""绿色营销""关系营销""网络营销""直复营销"等。

本书从营销学角度对"图书营销分类"概念的理解，是从"营销活动中的分类"意义上来进行的，即指图书营销活动中的分类行为。而从具体分类对象的属性来说，"图书营销分类"属于营销活动中以商品（产品①）为分类对象的分类行为，因为图书在营销过程中的基本角色，就是商品（当然是一种特殊的文化商品，与一般的商品有区别）。再深入分析，对于营销活动的不同主体或不同环节来说，商品分类在目的、方法等方面还会存在着一定的差异，如就目的而言，生产者在产品设计阶段对产品的分类主要侧重于研究

---

① 从概念上讲，产品与商品有区别，分别对应于生产阶段与销售阶段，不过从整个营销活动的过程来看，产品与商品指的都是同一个事物，只不过它在生产过程中表现为产品，在销售过程中表现为商品，因此本书将其作为相同概念，后面将要介绍的营销学中的产品分类研究也可以看成是商品分类研究。

目标市场的需求，对产品的功能、价格等进行差异化定位，确定自己的产品开发重点类别；物流仓储部门对商品的分类，主要目的是方便物流和仓库和管理，提高仓储管理和物流工作的效率；行业主管部门或市场调查部门对商品的统计分类，主要考虑数据收集和处理的方便性，以进行产业数据统计和市场调查分析预测，等等，可以用图2-1来表示。

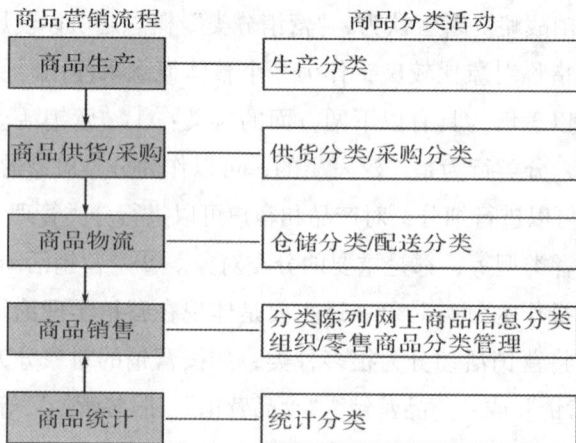

图2-1　营销流程中以商品为分类对象的分类活动

　　在众多的商品分类活动中，有一种是十分重要甚至可以说是居于核心地位的，那就是直接面向消费者，以促进产品销售为根本目的分类活动。这种分类活动的主体主要是承担商品零售任务的销售商，同时生产商也应与销售商在分类管理上进行密切合作（从现代供应链管理思想来看，从生产者到销售商，再到消费者，构成了一条供应链，生产者与销售商应该进行战略合作，共同面对消费者，提供高质量的商品和高效的服务），基本的内容包括规划商品类别组合、设计卖场布局、货架陈列管理、网络商品信息的分类组织，以及针对不同类别的商品制定相应的营销策略等。在营销学中它属于零售商品管理的范畴，"零售商品管理包括四个方面：商品采购、商品组合分类、商品陈列和库存管理。""商品组合分类是将商品有序整理提供至消费者的方法。"①这里所说的"有序整理"就是指的一种分类行为，商品陈列也与分类直接相关，因为分类陈列是商品陈列的最基本的方法。

综上所述，"图书营销分类"既属于文献分类范畴，也属于商品分类的范畴（图2-2）。本书对"图书营销分类"的定义是：

为服务读者、促进销售，在图书商品零售管理中，以图书营销分类法为工具，根据图书的知识内容和其他属性，对图书商品进行有序整理，将其组织成一定的科学体系的方法和过程。

图2-2 图书营销分类的属性

这个定义既强调图书营销分类是一种应用于图书商品零售管理的方法和过程，即对图书商品进行零售分类管理，根本目的是要服务读者、促进销售；也强调图书营销分类具有文献分类活动的特点，要使用分类法作为工具，并且分类的依据是图书的知识内容和其他属性。从以上的概念定义来看，在国内研究图书营销分类的相关论著中出现的"图书分类""书店分类""发行分类""卖场分类""门市分类"等概念名称都是从一个侧面反映了图书营销分类的内容，无法全面地涵盖图书营销分类的完整内涵。具体地说，"图书分类"能够反映图书营销分类的文献分类特征，但没有反映图书营销分类的营销特点；"书店分类"概念名称体现了书店是图书营销分类的主要承担者，但没有反映出版社在图书营销分类中也承担着重要的责任和角色；"卖场分类""门市分类"则是图书营销分类的一个部分，因为图书营销分类除了在卖场或门市中的图书商品分类活动外，还包括网络上图书营销信息的分类组织。黄璇使用了"零售书业营销分类"的概念名称和定义："主要指传统零售书业为了促进图书销售、组织卖场图书陈列而对其所经营的图

① 吴佩勋.零售管理[M].2版.上海：上海人民出版社，2009：332.

书按照一定标准进行分门别类的过程，又称陈列分类、卖场分类。"①从概念名称上来说，"零售书业营销分类"与本书定义的"图书营销分类"概念比较接近，不过这个概念定义实质上还是指的是陈列分类和卖场分类。

2.3 图书营销分类活动的构成、作用与特点

2.3.1 图书营销分类活动的构成要素

著者认为，任何分类活动都是在一定的目的指引下，分类主体根据分类工具，将分类对象组织成一定的体系（分类表现形态）的过程。图书营销分类活动也是由分类目的、分类主体、分类对象、分类工具、分类表现形态这五个要素构成的：

（1）分类目的。任何分类活动都具有一定的目的，当然很多时候分类活动是在一种本能驱使下进行的个体分类，这时分类活动目的是潜藏的，并非真正没有目的。如对食物的分类，我们区分各种食物有时是一种本能，但这种本能也是出于维持生存的需要。而复杂的分类活动，特别是那些需要专门的机构耗费时间和精力对分类对象进行有序整理的分类活动，则会有明确的目的，否则分类活动就难以长期地维持。文献分类就是一种复杂的分类活动，人们对文献进行分类，主要目的是更好地管理和利用文献信息资源。图书营销分类也有明确的目的，那就是通过分类，对图书商品进行更好的管理，使读者方便地浏览或查找自己需要的图书。简单地说，就是服务读者，

---

① 黄璇.我国传统零售书业营销分类研究[D].武汉：武汉大学，2005：1.

促进图书的销售。如果在图书营销活动中不对图书商品进行分类管理，图书商品就会混乱无章，读者浏览起来就会没有头绪，也很难查找自己需要的图书，对出版发行企业的图书营销目标的实现影响极大。

（2）分类主体。分类主体就是实施分类行为的人或机构。图书营销分类的主体是对图书进行营销分类管理的各出版发行企业，具体说则是各出版发行企业负责营销分类工作的人员。不同分类主体的分类活动的差异是客观存在的，正如对同一个事物，不同的人会有不同的分类判断，不同的类型、规模的图书出版发行企业的图书营销分类活动存在差异，不同知识背景、文化程度的分类人员对分类法的掌握和具体图书的归类判断上也会有差异。

（3）分类对象。分类对象也可以称为分类的客体，图书营销分类的对象是图书。

（4）分类工具。任何分类活动都会使用一定的分类工具，即分类法。只不过有些分类活动是非常简单的，不需要由专家去制定详细的分类表和分类规则，也不需要考虑类号的问题，个体凭"分类常识"（也是一种约定俗成的分类法）就可以完成分类活动，就如我们把人的性别分为男性和女性，把一年分为春夏秋冬四季，把一天分为白天与黑夜，等等。复杂的分类活动必须借助专门设计的分类法，才能取得好的效果，如文献分类、生物分类、学科专业分类，都必须借助专门的分类法，因为一般人很难仅凭自己的知识和能力对这些事物进行分类，有了专门的分类法，则分类工作就要容易得多；并且有了专门的分类法，也就相当于有了可以共同使用的分类标引语言，能够在此基础上进行分类信息的共享。同理，图书营销分类也是一种较为复杂的分类活动，它要以图书的知识内容属性作为分类依据，而个人很难对人类知识体系的所有构成细节都有全面、深入的掌握，图书营销分类人员要想对图书进行高质量和高效率的营销分类，需要借助专门编制的营销分类法作为工具；而且图书营销分类不是营销分类人员个人的分类行为，营销分类人员是代表出版发行企业进行分类，分类标引结果需要在出版发行企业内部及出版发行企业之间共同使用，还要让读者理解。因此，也需要设计可供出版发行企业和读者等共同使用的分类语言即专门的分类法。

（5）分类表现形态。分类表现形态不是指分类法的类目表，因为类目表的实质是一个个代表分类对象的概念的有序排列，并非分类对象本身的有序排列。分类表现形态是指具体的分类活动的结果，即分类主体采用分类法对分类对象进行有序整理的结果，如我们按颜色将一堆皮球分成不同的小堆，则这不同颜色的小堆皮球就是分类表现形态。本书在定义"图书营销分类"概念时指出，图书营销分类是"对图书商品进行有序整理，将其组织成一定的科学体系的方法和过程"，这里所说的"科学体系"不是指类目表，而是指分类表现形态，它主要有以下两个方面的基本含义：

一是通过书架陈列，将各种实体的图书商品按照营销分类法来整齐有序地摆放，这与图书馆的分类排架是一致的；

二是应用图书分类法，设计分类检索工具，建立分类检索系统。也即将每种图书商品按分类法进行归类和标引，然后将每种图书商品的分类标引信息组织起来，设计一定的分类检索工具（如图书目录或检索软件），与书架陈列系统或图书信息数据库一起，构成图书商品的分类检索系统，供读者检索使用。在网络化、数字化的今天，这种分类表现形态的重要性越来越突出。

基于以上对图书营销分类构成要素的分析，结合图书营销的一般过程，著者提出一个图书营销分类活动构成的示意图（图2-3）。

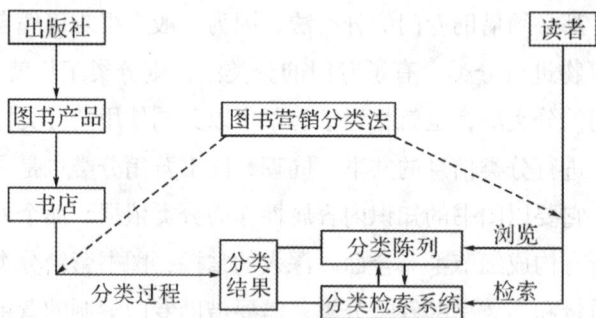

图2-3　图书营销分类活动的构成

通过以上关于图书营销分类活动构成要素的分析，可以得出对"图书营销分类法行业标准"编制与应用的两点启示：①"图书营销分类法行业标准"的实质性内容是图书营销分类法，因此它是作为图书营销分类的工具而存在的，编制"图书营销分类法行业标准"本身不是目的，而是以服务于图书营销分类工作为根本目的；②图书营销分类法在图书营销分类活动中不是孤立的存在，它的作用的发挥（即形成高质量的分类表现形态），必须使自身符合分类对象的实际情况，并由分类主体加以充分的理解与掌握；对于读者来说，也要易于理解。否则再好的分类法，也难以发挥其作用，所以我们在编制"图书营销分类法行业标准"时要充分研究与考虑分类对象和分类主体的实际情况。

2.3.2 图书营销分类的作用

图书营销分类是图书商品零售管理的重要方法和工作环节，孙冰炎教授认为："图书分类在图书发行工作中涉及各个方面，不少环节都要应用到它，如门市、进货、销货、库存、统计等。"[①]具体而言表现在：（1）给管理和组织图书提供科学方法；（2）为进货人员认识、掌握各类图书的特点和出版情况提供类别依据；（3）向读者揭示图书的类别、范围，以资选购；（4）图书统计、目录编制、发行记录卡的组织排列等，都需要运用图书分类的方法。[②]孙冰炎教授所说的是图书分类在整个图书发行环节的应用，与本书要分析的图书零售环节的图书营销分类的作用有一定区别。吴昌合教授认为，图书发行中的图书分类具有以下三个方面的作用：（1）方便读者选购图书；（2）有助于书店科学管理；（3）有利于宣传介绍图书。[③]

著者对图书营销分类作用的看法与吴昌合教授的分析比较接近。具体来说，图书营销分类主要有以下三个方面的作用：

1.服务图书商品的上架陈列和网络信息组织，方便图书零售管理

任何一家实体书店在图书商品零售中都面临着如何组织图书商品上架陈

---

① 孙冰炎.图书分类学[M].北京：高等教育出版社，1992：17.

② 孙冰炎.图书分类学[M].北京：高等教育出版社，1992：17–20.

③ 吴昌合.图书分类[M].合肥：安徽大学出版社，2002：20–22.

列的问题，即使是网络书店，也面临着如何对图书商品的信息进行有效组织的问题。在图书商品上架陈列中，分类陈列是最好的选择。因为图书商品与一般商品相比，它不像其他商品从形状、包装等外表特征就比较容易彼此区分开来，而是一种类似度较高的商品，仅从封面、开本、装帧等外表特征很难判断不同图书商品在内容特点和用途等方面的特征；而且图书商品的品种和数量众多，零售管理的任务较一般商品而言十分繁重。通过营销分类，众多品种的图书商品按类上架，按类管理（如收货、发货、退货、统计分析等），给图书商品的零售管理带来了很大的便利。在网络书店的图书商品信息组织中，分类组织也是一种基本的选择，因为它符合多数读者的思维习惯，网络书店使用图书营销分类法构建层次分明的分类体系，将自己的图书商品信息有序地呈现给读者，在服务读者的同时也有利于网站管理。

2.服务读者浏览、查找图书的需要

按读者进入实体书店或登录网络书店的目的，一般可以将读者分为两种基本类型：一种是没有什么特定的需求，只是进行图书浏览，在此过程中可能随机地产生购买需求，也可能什么都不买，就仅仅是浏览，这可以称为浏览型读者；另一种是对某一类图书或某一种图书有特定的需求，需要快速准确地找到相关的类别或特定的图书，这可以称为查找型或检索型读者。通过营销分类，图书商品主要按知识内容属性进行分类陈列或在网页上呈现，并为读者提供一定的分类检索工具（如目录、卖场导购标识或检索软件等），读者稍加熟悉书店的分类体系就可以方便地浏览或查找图书。施国良认为，分类的目的是在于信息的检索，分类实际上是在作者和读者之间架了一座桥梁。[1]可以说图书营销分类也是在出版社、书店和读者之间架起了一座桥梁。如果不对图书商品进行营销分类，则对于查找型的读者来说是最不利的，因为在一堆杂乱无章、外表很接近的图书商品中，读者很难快速准确地找出所需要的某类或某本图书；对于浏览型的读者来说，也会感觉到很不方便，因为任何读者的浏览都会带有一定的倾向性，他们总是浏览自己平时喜欢的图书类别，如果这些类别的图书与读者不感兴趣的其他图书混杂在一起，则浏

---

① 施国良.网络信息分类：原理与应用[M].北京：科学出版社，2008：44.

览型的读者会感到受到干扰，可能失去继续浏览的兴趣，更不要说产生随机的购买需求。

3.体现图书营销策略，促进图书销售

在图书营销分类中，出版发行企业不会仅从满足读者基本需要的目的来进行分类，而是会充分地发挥自己的主动性和创造性，把自己的图书营销策略融入营销分类工作中，刺激读者的购买需求，促进图书的销售。例如，①结合自己的营销重点，对重点经营的图书进行细分，对一般的图书则只分到基本大类；②在类名上结合读者需要，用贴近读者心理、时尚流行的类名吸引读者的浏览和购买；③在分类陈列中，对不同类别的图书采用不同的陈列方法（如对少儿图书陈列区进行特别设计，方便小读者的浏览和购买），或者采用关联陈列和突出重点图书的陈列位置，等等。

总之，图书营销分类的基本作用就是服务于出版发行企业的图书商品零售管理和读者的图书消费。用一句通俗的话来说，"为书找读者，为读者找书"，就是图书营销分类的最基本作用。"图书营销分类法行业标准"的编制与实施要服务于图书营销分类的这两个基本目的。

2.3.3　图书营销分类的特点

图书营销分类是图书出版发行专业领域的图书分类，与其他领域的图书分类相比，有着自身鲜明的特点。此外，由于本书所指的图书营销分类是指面向读者的销售过程中的图书商品分类，因此它与图书出版发行工作其他环节的图书分类相比，又具有自身的特点。因此，对图书营销分类特点的认识，一是应将其与其他领域的图书分类活动相比较，另一方面也应将其与图书出版发行工作其他环节的图书分类进行比较。

在第1章的研究现状部分，已经总结介绍了关于图书营销分类法特点的不少研究成果，从这些研究成果来看，存在着一定的不足：一是缺乏从构成整体分类活动的要素入手，对图书营销分类法的特点进行全面的对比分析；二是主要将图书营销分类法与图书馆分类法进行比较，对图书营销分类法与图书出版发行其他环节的图书法的对比分析较少。本小节则两种视角兼顾，并把图书分类法的特点分析置入整个图书营销分类的特点分析之中。

2.3.3.1　图书营销分类与图书馆藏分类的比较

在文献工作中，以图书为分类对象的分类活动或工作有很多种，其中最具代表性的是图书馆等文献收藏服务机构的图书分类活动，即一般意义上的"图书分类"，这里为与"图书营销分类"相区别，暂且称之为"图书馆藏分类"。与图书馆藏分类相比，图书营销分类与之既有共同点，也有自己的特色，下面就从构成分类活动的分类目的、分类主体、分类对象、分类法、分类表现形态五种要素入手，对二者进行比较分析。

1.分类目的

首先，从根本目的上来看。图书营销分类的根本目的是服务读者和促进图书的销售，体现的是社会效益与经济效益的并重。而图书馆藏分类的根本目的主要是服务读者，因为图书馆是一种公共文化机构，不具有商业企业的性质，因此，它没有促进图书销售的经济目的，而主要是社会效益第一，具体而言就是服务读者，提高知识信息储存和传播、利用的质量和效率。

其次，从直接目的上来看。图书馆学教材《图书分类学》认为："图书分类的主要目的有两个：一是按学科知识的系统性组织图书资料，二是按学科知识的系统性揭示图书资料。图书分类的这两个目的，具体表现在组织分类排架与编制分类目录两个方面。"[①]这里说的"目的"实际上就是指图书分类的直接目的即具体的应用目的，在这方面，图书营销分类与馆藏分类也有共同之处，通过分类来组织图书商品的上架和编制分类目录（或其他分类检索工具）来组织和揭示图书，这也是图书营销分类的直接目的之一，这是它服务读者的基础。同时，图书营销分类还有一个直接的目的，那就是体现出版发行企业的营销策略，也就是说，组织和揭示图书不是图书营销分类的全部直接目的，否则出版发行企业只需要复制图书馆的分类体系就可以了。因

---

① 周继良.图书分类学[M].修订版.武汉：武汉大学出版社，1992：18.

为图书营销分类还承担着促进图书销售的根本目的，因此出版发行企业不会满足于仅是组织和揭示图书，还会通过分类实现自己的营销策略，如：在类名上不一定遵守严格的学科规范，而是下足功夫翻新出巧，吸引读者眼球；在基本的知识分类体系之外，结合主题法，设置相应的类目来突出重点销售的图书；在分类排架时不一定完全根据严格的分类顺序，而是把黄金陈列位置留给重点图书，等等。这些都体现了相应的营销策略。

2.分类主体

图书馆藏分类的机构主体是图书馆，具体的分类工作由专门负责分类标引的编目部门工作人员以及负责架位管理的图书管理员来承担，编目人员负责图书的归类与标引，图书管理员负责根据分类标引的结果将图书上架排列，并进行日常维护管理。图书营销分类的机构主体是出版发行企业，具体负责分类工作的人员构成则比较复杂，因为出版发行企业一般不会专设分类标引或架位管理的岗位，而多是由其他岗位的工作人员兼任。如在出版社，一般由图书的责任编辑负责决定图书的类别归属并撰写"上架建议"，在书店，一般由负责数据录入的人员直接在信息系统中录入本企业的图书分类标引结果（数据录入员并不是专门只负责分类标引，还有其他的大量数据录入工作要做），图书的上架陈列与架位管理则由一线营业员负责，营业员同时还承担着大量其他的工作。

比较图书营销分类与图书馆藏分类的分类主体，二者存在着以下差异：

①机构主体的性质不一样。图书馆作为文献收藏和服务机构，是一种公益文化单位，它不直接追求经济效益；而在出版发行企业中，书店是纯粹的企业，这个应该没有疑问，就出版社而言，我国出版社过去长期以来实行"事业单位，企业化管理"，现在则已经明确除了少数公益性出版发行企业外，绝大多数出版社都要转化为企业，因此图书营销分类的机构主体主要是商业性质的企业，它们在确保社会效益的前提下，追求的是经济利益的最大化。

②就人员主体的特点来看。图书馆藏分类的人员构成比较稳定，编目人员文化素质较高，对图书分类比较熟悉，工作职责也很明确，分类标引和架位管理的质量较有保障；而图书营销分类的人员构成比较复杂，知识背景和文化水平参差不齐，人员的流动性也很大，给分类工作的质量管理带来很大

的困难。

　　3.分类对象

　　从概念意义上来理解，图书馆藏分类和图书营销分类的分类对象完全一样，都是图书。不过深入分析，二者还是存在很多差异，因此也造成相应的分类工作细节上的不同。

　　（1）角色上有区别。在馆藏分类中，图书作为图书馆的馆藏资源，属于图书馆的财产，不是商品而是物品，图书馆有权对自己的馆藏图书进行处置，并会长期保存；而在营销分类中，图书的基本角色是商品，出版社和书店的主要目的，不是把图书商品的所有权永久保留在自己手中，而是想尽快通过销售把图书所有权转让给读者，以获取销售利润。这种角色上的差异会造成分类工作手段的不同。在馆藏分类中，图书馆对作为自己财产的图书，可以运用很多技术手段进行加工和处理，如通过在书脊上粘贴分类标签，来清楚地记录和表现对图书的分类标引结果，有了书脊上的分类标签，图书的上架排列和管理就十分方便，读者"按类索书"也很方便；而在营销分类中，书店和出版社对图书要尽量保持其原貌，加上图书的流动性强，不太可能像图书馆那样给每本书的书脊上都粘贴分类标签，图书的分类归属大多只能通过其在信息系统、陈列区域以及在书架上的陈列位置来体现，这为分类管理和读者查找带来了很多不便。当然，如果能够在图书的出版阶段就印上营销分类标识，则将有利于改变这种状况，但出版阶段的图书营销分类标引仍无法替代图书在书店中的营销分类标引，而且限于图书书脊的厚薄不一，在所有图书的书脊上印刷营销分类标识有一定难度。

　　（2）时间属性上有区别。图书馆收藏的图书具有出版时间跨度大、库存时间长的特点。图书馆每年都会选择性地收藏最新出版的图书，并通过长期的积累，在馆内收藏了各个历史时期出版的各类图书，一些时间古老的珍本、善本图书，更是图书馆的"镇馆之宝"。图书在图书馆中的保存时间非常长，除非自然损坏或清理出馆，它在图书馆中可以说是永久收藏。而在市场流通领域，图书出版发行企业相反倒并不会愿意自己的图书在流通过程耗费的时间太长，而是希望图书能尽快地销售出去，而且市场流通流域内的图书以近几年内出版的图书为主，一些出版时间很早、又没有再版价值的图书，早已退出流通领域，除了在二手图书市场有销售外，大多不再作为营销分类的对象。图书在时间属性上的不同，给分类工作带来的影响是：图书馆中有大量的旧书，如因分类法修订或换用新分类法，需要对原有的图书进行重新分类整理（在图书馆工作中叫图书改编），工作量是巨大的。特别是藏书达百万册以上的大型图书馆。因此图书馆选择分类法十分慎重，不会轻易改变已经使用的分类法，有时宁愿新旧两种分类法并存使用；而市场流通中的图书由于其快速流动性，采用旧分类法分类的图书会很快流通到读者手中，对新出版的图书就可以直接采用新分类法，如果需要对原有的营销分类法进行修订或者换用新的营销分类法，对分类工作的影响就要小得多，比较能适应分类法修订或换用新的分类法。

4.分类法

对比分析图书馆藏分类法与图书营销分类法，是图书营销分类研究的热点。本书主要从二者在分类依据、类级、类名、类号等方面的差别入手进行分析。

（1）分类依据。分类依据（或者叫分类根据、分类标准）的选择是分类法设计的核心问题。图书馆藏分类的整体分类依据比较明确，"图书分类的根据是图书资料的学科内容属性与其他显著属性特征"。[1]而本书在定义"图书营销分类"概念时说到，图书营销分类要"根据图书知识内容和其他属性"。可以看出，就一般意义上来说，图书营销分类法和图书馆藏分类法编制时都要以图书知识内容的属性为主要分类依据，以其他方面的属性作为辅助分类依据。而在辅助分类依据使用方面，二者既有共同之处，也有区别。图书馆藏分类的"其他显著属性"主要包括："①出版物的种类。[2]如图书、期刊、科技报告、专利说明书、学位论文、技术标准、产品样本等；②参考工具书的类型。如字典、辞典、手册、百科全书、书目、索引等；③信息符号特征。如各种语言文字、图形、编码等；④体裁、形式。如小说、诗歌、多幕剧等；⑤载体特征。如缩微胶卷、录音磁带等；⑥编著者及写作或出版

---

[1] 周继良.图书分类学[M].1992年修订版.武汉：武汉大学出版社，1992：17.

[2] 这里之所以说是"出版物的种类"，是因为作者使用的是一种广义上的"图书"概念，包括了期刊、科技报告等。

日期、版本等；⑦使用对象。如盲人用书、儿童用书、注释读物等。"①

对于图书营销分类法来说，除了"出版物的种类"，上述这些图书馆藏分类中的"其他显著属性"都可以作为辅助分类依据。同时，图书营销分类法还会应用一些特有的辅助分类依据。徐建国详细总结了图书在营销管理中的分类方法（实际是指分类根据）："①根据知识门类、学科分类；②根据图书内容的主题分类；③根据读者对象也就是消费者主体分类；④根据图书的体式分类；⑤根据图书的著述性质即图书内容的创造性程度及类型分类；⑥根据图书的功用分类；⑦根据图书的物质载体形式分类；⑧根据图书的制作形式和档次分类；⑨根据图书版次、印次情况分类；⑩根据图书的市场生命力、图书内容的时效性长短、质量高低、图书保留价值大小分类；⑪根据图书出版者的商业运作动机来分类。"②

可以看出，图书营销分类法可以使用的辅助分类依据更加多元化，特别是突出了图书在营销活动中所表现出的属性，如销售状态、读者对象、图书的功用等。因此，像"礼品书""特价书""畅销书""考试用书""女性读物"等类目，在图书馆藏分类法里很难找到，而在图书营销分类法中则比较常见。

（2）分类级别。图书馆藏分类法要服务于充分揭示图书的内容的需求，而且图书分类的标引手段比较充足，所以分类级别可以很多，有的超过十级；图书营销分类法因为主要应用于指导分类陈列和营销管理，并且由于图书营销分类的标引手段有限，所以分类级别不能太多，一般不会超过四级。

（3）类名。图书馆藏分类法的类名强调科学性和规范性，一般采用比较符合学科规范的类名。图书营销分类法的类名因为体现图书营销策略和贴近读者的需要，所以要灵活得多，可以采用一些具有流行、时尚元素的类名，而且字数一般不会太多。

（4）标记符号。这里的标记符号指的是分类号，图书馆藏分类法由于用户的文化水平较高，而且类目体系较为复杂，所以使用了一些比较复杂的分

---

① 周继良.图书分类学[M].1992年修订版.武汉：武汉大学出版社，1992：17-18.
② 徐建国.图书营销管理分类[J].出版发行研究，2000（12）：117-118.

类号编码方法，如八分法、借号法、空号法。图书营销分类法因为要面对普通的出版发行企业员工，而且类目体系较为简单，所以其分类号不太适宜使用复杂的编码方法，一般采用数字顺序式编码方法，有的出版发行企业的图书营销分类法则不对类目进行编号。

5.分类表现形态

我们在上面已经明确，图书营销分类的基本表现形态包括图书的分类陈列以及分类检索系统的建立。对于图书馆藏分类来说，组织图书的分类排架和建立分类检索系统同样是分类的基本形态，不过二者在细节上还是存在差异的。

（1）分类陈列与分类排架的差异：①整体布局的思路不一样。书店卖场的整体布局要综合考虑所经营图书的品种、数量、销售比重，以及读者群的划分、相关图书销售的关联性、卖场的楼层分布等因素，而在图书馆的书库布局设计中，则较少会考虑到这些因素，尤其是销售的重点、销售的关联性等。②书架管理的侧重点不一样。在书店卖场中，图书在书架上的陈列位置和陈列方法是非常有讲究的，一般把平行于或稍高于人的视线的位置作为黄金位置，因此卖场会把这些书架的层次作为重点陈列的位置，把一些重点书陈列于此，而不会完全根据图书的分类归属来考虑它的陈列位置。而且由于书架上的图书陈列一般只能看到书脊，不利于展示图书的封面，因此书店卖场还会采用封面展示陈列的方法和造型码堆的陈列方法。在图书馆的书架管理中则一般都是只展示图书的书脊，而且对所有图书"一视同仁"，不会重点突出陈列某一本图书，也很少会采用封面展示、码堆等特殊陈列方法。③稳定性不同。在卖场里，书架上的图书处于不断的流动过程，图书一旦销售出去，除非是补货，否则不会再有它的位置，而卖场也会根据销售的状况和营销战略的调整，经常改变图书的陈列位置。而在图书馆的书架上，图书是非常稳定的，一本书即使被借阅出去，它在架上的位置还是保留着，以便于图书归还时及时归位。

（2）分类检索系统的差异。图书营销分类中的检索系统与图书馆的检索系统的差异主要表现在建立检索系统的手段不一样，尤其是实体卖场和实体图书馆之间。在前面已经分析过，图书在营销分类和馆藏分类中的角色是不一样的，图书在图书馆中属于图书馆的财产，因此，实体图书馆有充足的手段来对图书进行分类标引，给每本书标上分类号、种次号，还可以有著者号，书架上也可以设计分类标记，然后设计分类检索工具，建立分类检索系统，这样读者根所需要图书的分类号或索书号，可以很方便地在书架上找到自己的图书。除此之外，图书馆还大多建立了电脑书目检索系统，而且电脑书目检索系统与书库架位也建立了对应关系，读者只要检索到自己所需图书的分类号或索书号，就能在书库中找到图书。而图书在卖场中属于流通商品，除了图书上已经由出版社印刷上的分类标记之外，书店一般不会在图书上做任何标记。这样，读者只能根据卖场的书架分布情况，通过图书封面或书脊上的相关文字信息来寻找自己需要的图书，这样的检索系统是相当原始的。另外，卖场也可以通过平面导购图、吊牌、架位牌等标签来建立卖场分类导购系统，也具有一定的分类检索功能，但比起图书馆的精细的架位标示与图书分类标签，其检索功能仍然较差。随着计算机技术的广泛应用，现在不少卖场还设立了电脑检索终端，但如果电脑检索终端没有与卖场架位系统建立一对一的关联，这样的检索系统功能仍是非常有限的。在网络书店和数字图书馆的检索系统中，这种差异就比较小，网络书店完全可以建立和数字图书馆一样强大的检索系统。这也是目前网上书店能够吸引较多读者的原因，特别是那些需要查找某本特定图书的读者。这些读者为找一本书，在传统图书卖场可能要来回折腾，而在网上书店只需要轻点鼠标，先搜索找到自己需要的图书，然后下订单，就可以等着送货上门，这种检索找书的服务与在图书馆中通过书目检索系统来找书是一样的。

综合以上分析，图书营销分类与图书馆藏分类相比，既有共同的基础和特点，也体现了极大的实用性、灵活性。我们在编制与实施"图书营销分类法行业标准"时，一方面要借鉴图书馆藏分类的相关原理与方法、技术，同时也要从图书营销分类的实际出发，体现图书营销分类的专业特色。

2.3.3.2 图书营销分类与图书出版发行其他工作环节的图书分类的比较

在图书出版发行工作中，除了本书所指的图书零售环节面向读者的图书营销分类活动之外，在其他书业工作环节中也要应用图书分类，如图书出版统计、图书市场调查、图书供货与采购业务、图书物流等。

1.出版统计中的图书分类

这里所说的出版统计是指国家出版行政主管部门即新闻出版总署为掌握全国出版业的基本情况而进行的统计工作，它能为出版行业的宏观管理和政策制定提供科学依据，具有严肃性、权威性、全面性的特点。在图书出版统计工作中，为了便于对统计数据的收集、分析与处理，规定了详细的分类方法。图书出版统计又可以分为图书出版统计[①]、图书发行统计、图书印刷统计等。其中与图书营销分类关系较大的是图书发行统计。1990年10月颁布的《图书发行统计报表制度》中规定了10大类[②]：

（1）哲学、社会科学类：包括出版门类中的马列主义、毛泽东思想、哲学、社会科学、社会科学总论、政治、法律、军事、经济。

（2）文化、教育类：包括出版门类中的文化、科学、教育、体育、语言、文字、历史、地理、综合参考以及中小学寒暑假作业和练习册。

（3）文学、艺术类：包括出版门类中的文学、艺术。

（4）自然科学、技术类：包括出版门类中的自然科学总论、数理科学和化学、天文学、地球科学、生物科学、医药卫生、农业科学、工业技术、交通运输、航空、航天、环境科学。

（5）少儿读物类：指出版门类中的少年儿童读物。

（6）大中专教材：包括出版门类中的大专课本、中专课本、技校课本。

（7）课本类：包括出版门类中的中学课本、小学课本、业余教育课本、扫盲课本、教学用书。

（8）图片类：指出版门类中的图片（包括年画、年历、挂历、其他图片等）。

（9）其他出版物类：指除以上各类外，由出版社出版的国家标准、部颁标准等标准类文件印品、活页文选、活页歌篇、年历卡、贺年卡、日历、台

---

① 这里所说的图书出版统计，是指狭义上的"出版"，即不包括发行和印刷，仅针对出版社出版的图书的数量、种类等各种情况进行统计。

② 孙冰炎.图书分类学[M].北京：高等教育出版社，1992：162.

历，以及作教学用的"有声教材——录音带、录像带"（非出版社出版的不统计在此类）。

（10）非图书商品类：指多种经营中的一切出版物（包括非出版社出版的录音、录像带等）。

可以看出，图书发行统计中使用的分类法比较能反映图书商品在销售中的实际分类，所以它对书店的图书营销分类工作有一定的参考价值，不少中小型书店的陈列分类法就与发行统计中的分类法比较接近。

2.图书市场调查中的图书分类

随着我国图书出版业的发展，对图书市场调查信息的需求越来越旺盛，因此一些为广大出版发行企业提供书业信息调查服务的公司应运而生，这些书业调查公司主要收集流通环节中的图书信息，进行分析后提供给出版发行企业。与出版统计相比，这些市场调查具有及时性（我国的图书发行统计数据实行年报制度，而市场调查可以做到实时发布数据）、贴近性等特点。在市场数据的收集和发布中，也规定和使用了相应的图书分类方法。以著名的开卷公司为例，它的图书调查数据总的分类是："人文社科""教材教辅""经济管理""文学""工业技术""计算机""少儿""艺术""医学""外语""家居生活""法律""自然科学""建筑""心理自助""农林牧渔""体育""旅游""科普"。[①]同时，开卷调查公司针对不同类型的出版社，还提供某一大类图书的详细的市场调查报告，在报告中对该大类又进行详细分类，以少儿图书为例，开卷提供的市场报告将其分为"低幼启蒙""卡片挂图""少儿古典读物""少儿卡通""少儿科普""少儿文学""少儿艺术""少儿英语""游戏益智"以及"幼儿园教师用书"十个小类。

3.图书供货、采购业务中的图书分类

这里所指的图书的供货、采购业务，是指出版社和书店（或图书馆等机构用户）之间的供货与采购业务，为使供采双方更好地沟通与交流，也需要将图书信息进行分类，表现在供货目录或订购目录中的分类。这些图书供货、采购业务中的图书分类目前尚没有统一的分类法，多由出版发行企业根

---

① 分类索引[EB/OL].[2009-03-28].http：//www.openbookdata.com.cn/.

据自身特点和双方的沟通需要来制定。

4.图书物流中的图书分类

图书在仓储、运输、配送等物流过程中，为了便于对图书商品的管理，也需要将图书进行分类。图书物流管理中的图书分类法主要由各出版发行企业自行制定。

上述这些图书出版发行工作环节中要应用的图书分类与图书营销分类相比，既有共同点，也有区别。

（1）分类目的。图书营销分类直接面向读者，为读者服务，促进图书的销售，直接影响图书营销。其他工作环节的图书分类都不直接面向读者，对图书营销的影响也不是直接的。具体地说，图书出版统计和图书市场调查中的图书分类主要目的是在分类的基础上进行数据的收集、处理和分析，图书供货与采购中的图书分类目的是便于供订双方的沟通与交流，图书物流中的图书分类目的是方便内部管理，提高物流工作的效率。

（2）分类主体。图书营销分类的主体是出版发行企业，具体的人员主要来自书店的卖场管理部门和出版社的编辑发行部门。其他工作环节的分类主体有的是出版管理部门（出版统计分类）、市场调查机构（市场调查分类）。同时以出版发行企业为分类主体的供货采购分类的分类人员主要来自出版社发行部门和书店的采购部门，图书物流分类的分类人员主要来自物流部门。

（3）分类对象。在分类对象上是一样的，都是图书商品。

（4）分类工具。在分类工具上都要使用图书分类法，不过由于分类目的不一样，在分类法的特征方面还是有一定差异，如出版统计使用的图书分类法只有一个分类级别，而且出版统计中的分类法具有高度的稳定性，一般不允许随意改变；市场调查中的图书分类法跟图书营销分类法比较接近，图书营销分类法也可以用作市场调查中的图书分类法，因为它反映了图书在市场流通中的营销定位。供货采购分类以及物流分类中的图书分类法则非常灵活，大多根据自身的需要来灵活制定分类法，如有的根据出版社进行分类，有的根据客户等级进行分类，有的根据出版时间进行分类。

（5）分类表现形态。图书营销分类的分类表现形态是图书的分类上架陈列与建立分类检索系统。在其他书业工作环节的图书分类中，图书统计和图书市场调查、供货采购业务中的图书分类均不涉及这两个方面，图书物流中的仓储环节也涉及将实体图书进行分类摆放的问题，不过这种分类摆放完全是适应内部管理的需要，不是面向读者的陈列。

总之，面向读者的图书营销分类与出版发行其他工作环节的图书分类相比，最大的特点就是它直接面向读者，服务于销售，要组织图书的上架陈列和建立分类检索系统。其他环节的图书分类则主要是面向行业内部或企业内部，间接影响销售。其他环节的图书分类法可以图书营销分类法为基础，也可以从内部管理出发，采用多样的分类法。这就启示我们，"图书营销分类法行业标准"以服务图书营销分类工作为根本目的和核心功能，同时也可以服务于出版统计、市场调查、供订货目录制作等，这可以看作是"图书营销分类法行业标准"的延伸功能。

3 我国图书营销分类的历史与现状

3.1 分类活动的起源与文献分类的出现

图书营销分类在本质上属于一种文献分类，而文献分类并不是从人类诞生开始就出现的，它是人类分类活动的高级发展阶段。

3.1.1 起源：实物分类

分类是人类的一种普遍性活动，它在人类的各种实践活动和各门学科发展中都有着广泛的应用，但是人类的分类能力并不是天生就具备的，它有一个起源的过程。

法国社会学大师涂尔干（Emile Durkheim，1858—1917，中文译名又为杜尔凯姆）以及另一位社会学家莫斯对人类的原始分类活动进行了考察，他们合著的《原始分类》一书虽然存在着研究方法和逻辑上的缺点，不算是一部很成熟的著作，但确实开创了研究人类原始分类思维的先河，对后来的研究影响巨大。他们认为："所谓分类，是指人们把事物、事件以及有关世界的事实划分成类和种，使之各有归属，并确定它们的包含关系或排斥关系的过程。"①

关于分类的起源，涂尔干和莫斯认为："我们现今的分类观念不仅是一部历史，而且这一切历史本身还隐含着一部值得重视的史前史。实际上，我们可以毫不夸张地说，人类心灵是从不加分别的状态中发展而来的。直到今天，我们的大众文化、我们的神话以及我们的宗教中的相当一部分仍然是建立在所有意象和观念基本上相互混同的基础上的。"②他们认为，尽管每个社会都有分类，但人类的心灵天生并不具备建构这种复杂分类的能力，这种分类在自然中是找不到的，它们是文化的产物。

追溯人类分类活动与分类能力的获得，可以从人类生存和发展的需要入手，当人类还在万物杂处的时候，要想生存与发展，就必须辨别动物与植物之间、植物与植物之间以及动物与动物之间的差别与联系，才能趋利避害；还必须学会辨别不同自然材料的特点，以利用材料来制作各种工具；另外，对不同气候、季节特点的认识也是从事原始农业生产所必需的。人们正是在生产和生活实践中学会了辨别万物，认识到了自己与其他动物的不同，掌握了认识世界和改造世界的工具，人类的分类思维和分类能力就是在对这些与自己最密切相关的事物的辨别中而不断进步的。在《原始分类》一书，涂尔干和莫斯举出了大量的人类学考察材料，证明早期的人类分类思维和分类活动具有早期实物分类的那种情感性和具体性，如他们举出中国文化中有代表性的对于方位的划分，"在这四个区域中，每个区都有一种动物主管，并且以这种动物的名字来命名。更确切地说，这种动物和它所在的区域已经被认同为一：青龙为东，朱雀为南，白虎为西，玄武为北。每个区域都各有该方动物的那种颜色。"③

---

① 爱弥尔·涂尔干，马塞尔·莫斯.原始分类[M].汲喆，译.上海：上海人民出版社,2005：2.

② 爱弥尔·涂尔干，马塞尔·莫斯.原始分类[M].汲喆，译.上海：上海人民出版社，2005：87.

③ 爱弥尔·涂尔干，马塞尔·莫斯.原始分类[M].汲喆，译.上海：上海人民出版社，2005：72.

3.1.2 发展：知识分类

人类初期的分类活动是出自生存的需求，是一种自发的行为，但人类具有比一般动物的优越的地方，就是具有思维的能力，能够从以往的活动中进行总结与反思，并能将思维的成果传承给后人。人类知道积累经验和教训，逐渐使智慧得到成长，自发的分类活动开始升华为一种自觉的意识。人类便开始使用自己的思维与判断能力，对已有的实物分类系统进行分析研究，以期从中找到最基本、最可靠的东西，这也是知识的生成过程。如我国古代人民在长期的农业生产实践中，发展出了对二十四节气的划分；哲学家从对天和地的区分中形成了"阴"和"阳"的哲学认识。当人类的知识积累达到一定程度后，对知识的分类就成为掌握知识的必要条件。知识分类的重要性，不仅体现在对整个知识体系的把握方面，而且对于某一门具体学科的形成来说，也十分重要。由此形成了关于知识分类的两类研究成果:一是对人类整个知识体系的划分，这是自古以来一个重要的哲学命题，有无数哲学家、科学家对此有精彩的阐述；另一个是具体学科领域的知识分类学的产生与发展，如动植物分类学、文献分类学，等等。

3.1.3 文献分类：知识分类与实物分类的结合

文献是人类知识的载体（当然不是唯一的载体，如人脑也是知识的载体），知识分类的表现之一，就是文献分类，或者说，文献分类就代表了一种知识分类。在我国先秦时期，就把典籍分类作为知识分类的重要形式，如"六艺"既指孔子教授门徒使用的《诗》《书》《礼》《易》《乐》《春秋》这六种典籍即"六经"，也是当时在教育活动中规定要掌握的六门知识与技能。而后来发展起来的图书"四部分类法"则既是对中国古代图书的一个总的分类，也是对中国古代知识体系的一个总的划分。这部分类法实质上也是一种知识分类法，要想了解与研究中国古代知识体系，必须掌握这部分类法。

但文献分类并不能完全等同于知识分类，这首先是因为文献不是知识的唯一载体，对文献的分类不能涵盖所有的知识成果；其次，是因为文献除了知识内容外，还具有实实在在的"物"的特点，文献本身"物"的属性，如材料、外观、用途等，都可以构成分类的依据，因此它不可避免地具有实物分类的性质。可以说，文献分类综合了知识分类与实物分类的特点。著名目录学家姚名达说过："分类之应用，始于事物，中于学术，终于图书。"[①]著者认为这句话也可以用来解释文献分类是知识分类与实物分类的结合。

文献分类的这种特点在图书营销分类中表现得非常明显，因为图书在营销过程中，商品属性与知识文化属性同样重要。作为商品，图书与其他商品一样要上架陈列，一样要考虑消费者的心理和购买决策特点，一样要考虑其包装、材料、用途、价格，这都体现了图书的"物"的特点。

3.2 我国古代图书销售中的图书分类

图书分类在我国具有悠久的历史，我国古代很早就产生了图书分类的思想和形成了较为成熟的图书分类法（汉代刘向、刘歆父子的《七略》被看作是我国第一部综合性的图书分类法[②]）。图书分类思想和图书分类法的诞生，为在图书销售中应用分类法提供了基础，尤其是"四部分类法"作为我国古代最为成熟、最具代表性的图书分类法，对图书销售中的分类影响深远。

吴昌合认为，古代书店已经开始使用图书分类。在唐代书肆，经营的品种已经不少，据史书记载有人在成都"阅书于重城之东南"，发现书肆中的书"多阴阳、杂记、占梦、相宅、九宫、五纬之流，又有字书、小学"（柳

---

① 姚名达.中国目录学史[M].上海：上海古籍出版社，2002：49.
② 周继良.图书分类学[M].修订本.武汉：武汉大学出版社，1998：24.

批《柳氏家训》)。这段文字在一定程度上反映了当时书店销售雕版书的分类情况。宋代，建阳县学有一次到市上为学中士子买书，"自六经下及训传史记子集凡若干卷"，这反映了宋代书肆进行四部分类的情况。明代，汲古阁"招延海内名士校书，十三人任经部，十七人任史部……"(《履园丛话》)。清代，公私藏书目录中也包括一部分书店的销售目录，也多用"经、史、子、集"四部分类法进行分类。由此可见，我国古代书店多用"四部分类法"进行图书分类。①

著者通过阅读一些研究古代出版史的著作，发现我国古代图书销售中使用的图书分类法除了总体上与"四部分类法"密不可分之外，一些很有经营特色的古代书坊在图书销售中也根据销售需要有针对性地设置了一些体现图书销售特色的类目。如明代著名的书坊福建建阳书坊余象斗双峰堂的刻本《新锓朱状元芸窗汇辑百大家评注史记品萃》十卷，卷首有一书目，上面的内容是②：

　　辛卯（1591）之秋，不佞斗始辍儒家业，家世书坊，锓笈（籍）为事。遂广聘缙绅诸先生，凡讲说、文笈之禅举业者，悉付之梓。因具书目于后：

　　讲说类　　计开

《四书拙学素言》（配五经）　　　　《四书披方新说》（配五经）

《四书梦关醒意》（配五经）　　　　《四书萃谈正发》（配五经）

《四书兜要妙解》（配五经）

　　以上书目俱系梓行，乃者又弊（币）得《晋江二解元编辑十二讲官四书天台御览》及《乙未会元藿林汤先生考订四书目录定义》，又指日刻出矣。

　　文籍类　　计开

《诸子品粹》（系申、江、钱三方家注释）

《历子品粹》（系汤会元选集）

---

① 吴昌合.图书分类[M].合肥：安徽大学出版社，2002：12.

② 林应麟. 福建书业史：建本发展轨迹考[M]. 厦门：鹭江出版社，2004：368-369.

《史记品粹》（此正部也，系朱殿元补注）

以上书目俱系梓行，近又弊（币）得：

《皇明国朝群英品粹》（字字句句注释分明）

《二续诸文品粹》（凡名家文籍已载在前部者，不复再录，俱系精选，一字不苟）

《再广历子品粹》：

前历子氏

老子	庄子	列子	子华子	鹖冠子
管子	晏子	墨子	孔丛子	尹文子
屈子	高子	韩子	鬼谷子	孙武子
吕子	荀子	陆子	贾谊子	淮南子
杨子	刘子	相如子	文中子	

后再广历子姓氏

尚父子	吴起子	尉缭子	韩婴子
王符子	马融子	鹿门子	关尹子
亢仓子	孔昭子	抱朴子	天隐子
玄真子	济丘子	无能子	邓析子
公孙子	鬻熊子	王充子	仲长子
孙明子	宣公子	宾王子	郁离子

《汉书评林品粹》（依史记汇编）

一切各色书样，业已次第命锓，以为寓（宇）内名士公矣，因备揭之于此。余重刻金陵等版及诸书杂传，无关于举业者，不敢赘录。

双峰堂　　余象斗谨识

以上书目反映了该书坊专门针对参加科举考试的读者所设置的"讲说类""文籍类"等，很有特色。实际我国古代许多书坊在图书销售中都非常注重针对科举考试用书和儿童启蒙读物类目设置。

需要提及的是，"四部分类法"对我国图书销售的影响一直延续到今天，在如今的图书营销中，专业性的古籍书店及一些大型的古籍整理丛书用"四部分类法"来进行营销分类仍有其价值，因为一些专业的读者仍会用"四部分类法"来查找古籍图书，如卓越亚马逊网络书店的特色书店"古籍书店"把古籍图书分为："经部""史部""子部""集部""国学研究""四库全书""书目辞典""古籍善本影印本""综合"。[①]

3.3 我国近现代图书销售中的图书分类

鸦片战争以后，我国从封建社会向半殖民地半封建社会转型，随着西学东渐，图书销售中的图书分类已经开始突破传统的"四部分类法"，逐渐开始应用带有近现代科学分类特点的图书分类法。1902年，开明书店的主人夏颂莱（名清贻，笔名公奴，生平事迹不详）在《金陵卖书记》中，把所售图书分为历史、地理、政法、经济、教育、科学、报章、文编、科举辅导书等基本大类，在这些大类的下面还进行了细分，如历史类包括通史、近代史、纪事、史论等；地理类包括世界地理、地志、地图；科学类包括生理、物理、地质、动物学，并逐一做了销售情况的统计与分析。[②]文章还对读者的购书心理进行了分析[③]：

> 内地人购书，第一先择版式，洋装大字，朗若列星，则书之善否不暇问也。其次问价值，版即不良，价在一元内而衰然三四册，则其他亦不问矣。其稍有辨别力者，则视译笔，明白了解，无所留难，则其说之果当与否，亦所不计矣。若夫有用无用，盖视科场为衡。苟科场所不需，则虽佳亦从缓。能越此范围，殆百不及一。

"五四"前后，我国现代出版事业出现了繁荣的局面，在现代中国的出

---

① 古籍书店书籍分类[EB/OL].[2010-01-18]. http://www.amazon.cn/store/ancient.

② 徐雁.金陵书肆记[EB/OL].[2009-12-21].http：//qkzz.net/article/62ac18c3-cfd5-420c-ac4e-978e5c4a0af4_3.htm.

③ 转引自：徐雁.金陵书肆记[EB/OL].[2009-12-21].http：//qkzz.net/article/62ac18c3-cfd5-420c-ac4e-978e5c4a0af4_3.htm.

版中心上海，一些著名的大型书店和出版社，十分重视在图书销售中对图书进行分类。商务印书馆的门市部把经营的商品分为本版书、外版书、杂志期刊、西书（进口外文图书）、文具仪器等柜组；该馆编辑部下设国文、史地、哲学、教育、法制、经济、数学、博物、生理、化学、英文等部。中华书局在广告中宣称它经营的图书有教科书、杂志通报、教育、文学、法政用书、中文字典辞典、童话及尺牍类书等（《中华书局三年》）。十年后，中华书局经营的图书品种有教科用书、儿童读物、各种新书、精印古书、杂志字典、西文书报、碑帖书画、屏联堂幅等类（《中华书局十三年概况·营业要目》）。[①]

可以看出，近现代图书销售中的图书分类法不仅反映了现代科学和社会的发展对图书销售分类的影响，还反映了书店和出版社从销售管理的实际出发设置相关分类类目，重视教材、考试用书、儿童读物等类型图书的销售，在图书销售分类方面积累了宝贵的经验。同时，在这一时期我国文献分类研究与文献分类法编制的热潮中（据统计，20世纪上半叶，我国共编制文献分类法九十余种，其中综合性文献分类法五十九种，专业分类法十三种，儿童图书馆分类法十一种[②]），多是以图书馆分类法为主，尚未有资料显示有研究者专门为图书销售编制通用性分类法的情况，多是各书店和出版社在经营中灵活地运用适应于自身需要的分类法。

---

① 吴昌合.图书分类[M].合肥：安徽大学出版社，2002：13.
② 俞君立，陈树年.文献分类学[M].武汉：武汉大学出版社，2001：219-224.

3.4　中华人民共和国成立以来的图书营销（发行）分类

中华人民共和国成立后，图书营销（发行）工作的发展大致可以分为三个阶段。

3.4.1　新旧交替阶段（1949年10月—1956年）

1949年9月29日，中国人民政治协商会议第一届全体会议通过了《中国人民政治协商会议共同纲领》，其中第49条中规定："发展人民出版事业，并注重出版有益于人民的通俗书报。"1949年10月1日，中华人民共和国宣告成立，这标志着我国出版业进入崭新的历史时期，新中国的出版事业，是以原来在解放区建立的新华书店和国民党统治区以生活·读书·新知三联书店为代表的进步出版业为基本力量而建立起来的。同时在中华人民共和国成立初期，我国仍然存在着大量的私营图书出版发行企业，其中包括著名的中华书局、商务印书馆等。国家在加强国营出版发行事业管理的同时，开始对私营出版业进行社会主义改造。这一时期的图书出版事业和图书分类工作的大体特点是：

（1）图书出版事业逐步从战争废墟中恢复，国营出版事业得到迅速发展并开始占主导地位，私营出版逐渐消亡。

（2）出版管理部门对图书出版发行中使用的分类法没有相关的统一规定，各出版发行单位主要是沿用过去使用的旧图书分类法，同时不少书店在图书分类中注重于政治，配合政治需要设置相关类目，如"政策文件""时事政治""社会群众运动"等类目，还根据图书形态、用途、读者对象等设

立类目，如"连环图画""活页文选""干部必读""少儿读物"等。^①

需要补充的是，这一时期图书馆界开始编制体现新中国特色的综合性图书分类法，即《中国人民大学图书馆图书分类法》（简称《人大法》）。《人大法》于1952年由张照、程德清主持编制完成初稿，1954年出版第1版，1955年出版第2版。这部分类法虽然主要是为图书馆的图书分类而编制的，但对我国图书出版发行领域的图书分类影响深远。

3.4.2　统一分类阶段（1956年—1978年）

到1956年6月，对全国私营出版业的社会主义改造基本完成，我国出版业进入新的历史阶段^②，从1956年到1978年，我国出版事业以及图书分类工作的总体特点如下所述。

（1）图书出版发行事业实行高度统一的计划管理体制。在这种计划管理体制下，国家对出版发行实行严格控制，出版社和书店分工明确，"各出版社只管出版，不管发行，图书出版后，由新华书店统一征订，实行包销制，书款一次结清，出版社不用承担经营上的责任和风险，只需集中精力按计划完成出书任务即可，一般不自办发行。"^③

（2）开始实行图书统一编号和在日常管理中应用统一的分类法。我国是较早对图书实行统一编号的国家，1956年4月，文化部出版事业管理局颁布了全国统一书号方案，要求在全国出版系统中实行。1972年11月，国务院出版领导部门对这一方案进行了修订，并于同年12月7日通知全国出版发行单位执行。统一书号主要由三部分号码组成，即分类号、出版社的代号、图书的种次号。其中分类号即采用《人大法》的大类号。不仅如此，"1956年新

---

① 吴昌合.图书分类[M].合肥：安徽大学出版社，2002：14.

② 方厚枢.中国当代出版史料文丛[M].北京：中国书籍出版社，2007：64.

③ 罗紫初.图书发行教程[M].沈阳：辽宁教育出版社，1995：17-18.

华书店总店通知：统一书号应作为书店门市部陈列、进货、发货、调剂、盘存等工作的依据"，[1] 这说明我国自1956年起，就开始统一用《人大法》来规范图书发行中的分类。

（3）出版发行单位不重视运用体现图书销售特点的图书分类法。在计划经济管理体制下，虽然图书也有定价，读者也需要通过购买才能得到图书，但图书主要被认为是一种文化宣传品，其商品属性不被承认，因此图书销售不受重视。不重视图书销售，出版发行单位就不会重视根据自己的经营特点来运用图书销售特点的图书分类法，而主要是配合政治宣传的需要进行分类，或者照搬图书馆分类法，这也是长期以来我国图书发行中的图书分类法长期依赖《人大法》等图书馆分类法的根本原因。

3.4.3　多元分类阶段（1978年至今）

1978年党的十一届三中全会召开后，我国开始了改革开放的伟大历史新进程，图书出版发行事业也随着改革开放的进程而进入新的发展阶段。陈昕先生把1978年后的中国图书出版产业的发展划分为三个阶段，即1978—1985年的超常规增长阶段，1986—1994年的调整与徘徊阶段，以及1995年至今的新的增长阶段。[2] 著者认为，在这三十多年的时间里，中国图书出版业发展的主要脉络是：①在管理体制上突破高度集中的计划管理体制，适应社会主义市场经济建设的需要，由计划管理体制向市场化管理体制转变；②在资源配置上，由行政指令、条块分割式的计划配置向优胜劣汰的市场化配置方式转变，图书出版发行已经成为独立的产业；③在组织结构上由分散的原子型结构向集中的规模化、集团化结构转变；④在技术应用上由传统的手工或机

---

① 孙冰炎.图书分类学[M].北京：高等教育出版社，1992：100.

② 陈昕.中国图书出版产业发展阶段研究[EB/OL].[2009-10-21]. http：//www.ewen.cc/books/zt/zt151.asp.

械生产方式向电子化、网络化、数字化方向发展，等等。与图书出版业的整体发展方向相对应，出版发行领域内的图书分类工作出现了新的特点，这一时期我国图书营销分类工作的特点包括以下几个方面。

（1）图书的商品属性逐渐得到承认，图书营销分类工作的重要性受到重视。随着图书管理体制和资源配置方式的市场化，图书的商品属性逐渐得到承认，"营销"概念开始进入图书出版发行业界，并且逐渐取代带有计划色彩的"发行"。过去的计划体制下的图书出版发行中的分类主要集中在图书的出版环节，销售环节的分类工作没有受到重视，而在市场化环境下，实行开架售书，为应对激烈的市场竞争，必然要在图书销售中直接面对读者进行分类，根据读者的需要来组织图书商品的分类陈列。特别是从20世纪末开始，我国兴起图书大卖场建设热潮，由于图书大卖场面积动辄上万平方米，品种普遍超过十万，服务的读者对象十分广泛，因此在图书大卖场的管理中，图书商品的零售分类管理成为核心内容之一，受到了书店的高度重视。

（2）《中国图书馆分类法》（简称《中图法》）取代《人大法》成为影响我国图书出版发行领域图书分类工作的最重要的图书分类法。《中图法》最早可追溯到1957年文化部文化事业管理局主持编制的《中小型图书馆图书分类法》，为解决大型图书馆的图书分类问题，1959年文化部、教育部联合召开会议，决定成立以北京图书馆为首的《大型图书馆图书分类法》编委会，1965—1966年印行了初稿，后因"文革"开始而中断，1971年北京图书馆向全国发出编制《中图法》的倡议，得到图书情报界的积极响应，组成了由三十六个单位参加的编辑组，1975年《中图法》正式出版第1版，1980年出版第2版，1990年出版第3版，1999年出版第4版。《中图法》是在政府部门的支持下，集中全国的分类专家而编制的，它问世后迅速在全国推广应用，成为我国应用最广泛的图书分类法，有90%以上的图书馆采用它来进行图书分类。1986年我国实行与国际接轨的标准书号制度（在标准等特殊出版物中仍保留了统一书号）后，就在标准书号中加入了《中图法》的分类号（2004年书号升为13位后，取消了分类号，但在图书的CIP数据中仍有图书的《中图法》分类号），所以图书出版发行界开始熟悉《中图法》，出版社和书店在图书营销分类业务中应用的分类法也逐渐以《中图法》为基础，有的出版社和书店就是直接采用《中图法》作为自己的图书营销分类法，或在此基础上作少量改动。从目前情况来看,《中图法》仍然是影响我国图书营销分类的最重要的图书分类法(具体情况参见下节对我国出版发行企业营销分类法使用现状的分析)。

(3)图书营销分类向多元化方向发展。在图书品种和数量巨大以及激烈的市场竞争环境下,简单地照搬图书馆图书分类管理模式和分类法已经不能适应图书商品管理的需要,各出版发行企业纷纷探索适合自己需要的图书分类管理模式和图书分类法。除了大书城和综合性大型出版社的图书分类法仍具有综合性分类法的特点,各中小型出版发行企业也根据自身需要,应用体现专业特色的图书营销分类法。再加上进入20世纪以来,网络技术的广泛运用给图书营销分类带来了重大的影响。因此,图书营销分类不再是过去的统一化的局面,而是呈现出多元化的发展。

①分类对象由实体图书扩展到数字图书。随着数字出版的发展,数字图书的数量大大增加,一方面,传统图书数字化后产生了大量的对应的数字化版本的图书;另一方面,没有对应的实体版本的纯数字图书数量也大量出现。因此,图书营销分类的分类对象由实体图书扩展到数字图书,而且数字图书营销分类的重要性将越来越突出。数字图书的营销分类与实体图书的营销分类相比有共同的基础,如一般都要以知识分类为基础,但因为数字图书本身的特点,因此它的营销分类与实体图书的营销分类存在着许多区别,如它可以完全不受实体图书陈列数量和陈列位置的限制,体现图书之间的交叉互见关系十分方便,交叉分类、互见分类、多重列类十分常见,而这是传统实体书店的实体图书营销分类难以完全做到的;再如受上架陈列系统的限制,实体图书的营销分类体系的级别不能太多,太多则不利于上架陈列和读者查找,数字图书分类则不存在上架陈列的问题,读者在数字图书数据库的入口界面或数字图书销售网站的页面中可以很方便地逐级浏览或随时跳跃式切换,因此分类级别可以更多,也可以多处列类。

②分类主体由传统出版发行企业扩展到网络书店和作者、读者等,社会化趋势明显。传统图书营销分类的主体是各类型的出版社以及实体书店,而随着网络书店的兴起,网络书店成为图书营销分类的重要主体,网络书店的图书营销分类不涉及实体图书的上架陈列问题,因而具有更强的灵活性。而且在网络化时代,作者和读者都可以更多地参与到图书营销分类中来,这

主要是通过社会分类法（Folksonomy）来实现，即作者可以通过给自己的数字化图书加上标签（Tag）来进行分类，而有的网站也允许读者通过分类标签来推荐自己阅读过的图书。如豆瓣网，它不仅是读者之间交流读书心得的网站，还具有一定的网上书店功能，如它对读者推荐的图书，不少都给出了网上书店的购买路径，还提供了读者之间交换二手书的功能，豆瓣网的图书分类的特点之一就是十分重视读者为图书所加的分类标签，在该网站"常见问题"中说："豆瓣没有编辑写手，没有特约文章，没有六百行的首页和跳动的最新专题。豆瓣的藏书甚至没有强加给你的'标准分类'。这里所有的内容、分类、筛选、排序都由和你一样的成员产生和决定。给评论一个'有用'，它的排位会自动上升；贴'我女儿的最爱'给一本书，它会在整个网站的标签分类中出现。豆瓣相信大众的力量，多数人的判断，和数字的智慧。通过网站幕后不断完善之中的算法，有序和有益的结构会从无数特异而可爱的个性中产生。"[1]

③分类法类型向多元化方向发展。就分类法类型而言，体系式分类法在传统图书营销（发行）分类中占有绝对的优势，《中图法》就是典型的体系式分类法。而随着网络时代的来临，分面分类法、社会分类法（Folksonomy）在图书营销分类中也会有一定的应用空间。

从以上对中华人民共和国成立以来我国图书营销（发行）分类的发展历程回顾中不难看出，中华人民共和国成立以来我国图书营销（发行）分类经历了由分到统，再由统到分的螺旋式发展过程。同时，著者认为图书营销分类的多元化发展方向与编制、实施"图书营销分类法行业标准"化之间并不矛盾，多元化是指图书营销分类的分类对象、分类主体和分类法的类型的多元化，编制、实施"图书营销分类法行业标准"是为了统一某一层次和某一领域内使用的图书营销分类法和实现图书分类的规范化，而且"图书营销分类法行业标准"要实现的统一目标是有度的统一，并非意味着所有的图书营销分类工作都只能使用标准中规定的分类法。

---

① 关于豆瓣[EB/OL].[2009-12-22]. http：//www.douban.com/about.

3.5　当前我国出版发行企业图书营销分类的现状调查

上一小节简要回顾了中华人民共和国成立以来我国图书营销（发行）分类的发展历程，而要真正掌握我国当前图书营销分类的现状，尤其是出版发行企业图书营销分类法的使用现状，需要深入进行实地调查，获取第一手的调查资料。本小节的分析以2007年3—5月著者与"出版物营销分类法标准编制"课题组成员一起参与的项目前期调查工作为基础。在此次调查中，课题组采用现场考察、访问座谈等方法对深圳、广州、佛山、武汉等地的十六家出版社和十四家新华书店的营销分类法使用状况进行了实地调查，还利用文献资料调查方法对数十家网上书店及其他书店、出版社进行了调查，对读者也进行了一定范围的访谈调查，本小节先分出版社、书店和读者三个方面对调查情况进行总结分析，最后结合相关文献研究资料，对我国出版发行企业图书营销分类的现状进行分析。

3.5.1　出版发行企业图书营销分类法使用的基本情况

3.5.1.1　出版社图书营销分类法使用情况

此次实地调查的出版社有十六个，其中既有综合性出版社，也有专业出版社，各类型出版社的数量分布如表3-1所示。

表3-1　实地调查的出版社类型与数量

出版社类型	综合	教育	科技	文艺	少儿	大学	经济	旅游	美术
数量（家）	5	3	2	1	1	1	1	1	1

调查主要采用访问座谈和实地考察、收集资料的方式。

调查显示，出版社的工作人员对营销分类的重要性非常认同。很多编辑都同意，一本书在书店摆放的位置，很大程度上影响着图书的销量。不少出版社明确要求发行员到各书店查看本社图书的上架情况，如发现本社图书在书店中明显归类不当，要求发行员及时向书店提出意见。

在谈到营销分类法时，出版社的工作人员对"营销分类法"的名称不太熟悉，大多数人最熟悉的是广泛使用的《中国图书馆分类法》，因为按管理规定，申报书号时，必须填写上报CIP数据，其中就有分类号和分类主题词两项，图书的版权页一般也会印上这两项。出版社工作人员对《中图法》在准确反映图书内容的学科属性和分类的严谨性、权威性等方面比较认同。

但不少出版社工作人员也指出，《中图法》毕竟属于为图书馆制定的分类法，除了在专门给图书馆供书时比较适用外（不少图书馆要求出版社提供图书的《中图法》分类机读数据），在一般图书市场营销中它并不能完全满足出版社的需求。他们反映的《中图法》不适宜用于图书营销分类的地方主要有：(1)《中图法》的不少类名过于学术化，不利于一般读者理解，如"社会科学总论"这样的类名，一般读者很难想到它下面其实又包括了"社会学""管理学""民族学"等下位类，如把一本具体的管理类图书标上"社会科学总论"就不利于那些直接想要管理学图书的读者的购买；再如图书市场上的"励志类"，对应的《中图法》里的名称叫一般叫"成功心理学"，类名不够通俗，对读者吸引力不够；相比"成功心理学"，出版社对"励志"的名称更为认同；（2）《中图法》的分类体系缺乏灵活性，有些图书在营销中是可以灵活归类的，如某本关于经济学理论的随笔作品，按《中图法》应该归入文学类，但在实际销售分类中，出版社又希望它归入经济类，因为这本书在文学作品类中并不突出，在经济类中反而更能吸引读者，这在《中图法》中不好处理；（3）《中图法》的分类有些跟不上时代发展的需要，《中图法》第四版制定于2000年，而近十年来，社会各领域出现了一些新事物、新现象,如"人力资源管理""市场营销""青春文学""卡通动漫"等,在《中图法》里很难找到直接相对应的类目,只能尽量往相关类目上靠;(4)《中图法》的类目级别过多,类目结构过于复杂,一般人很难完全掌握,普通编辑在填报CIP数据单时,在中图分类号和分类主题词一栏基本上是空白,而由负责书号发放和CIP数据制作、审核的新闻总署信息中心来标引,如果信息中心反馈回来的CIP数据中的分类号与分类主题词与编辑所想的不一致,不少出版社的编辑还会根据自己的理解进行修改(这不符合在版编目的规定,但确实在不少出版社中存在)。

以上是通过与出版社工作人员座谈收集到的意见与信息,另外调查中还收集了大量出版社的供货目录(包括网上的供货目录)并进行分析。资料分析显示,没有一家出版社完全按照《中图法》来组织自己的供货信息,而都是根据自己的营销需要来灵活组织,也就是说,出版社在供货目录中自编分类法的比例较大。如湖北科技出版社供货目录的一级类目中仅有"医药卫生类""农业类""工业类"对应于《中图法》的一级类目,其他都是自设的类目;再如中国人民大学出版社网站上的"常用分类"中一级类目为:"规划教材""学术专著""经管教材""法律教材""文史教材""两课用书""考试用书""学术期刊""引进精品""音像制品",这样的分类法与《中图法》的差距较大。

在调查中还发现了一个值得重视的现象,就是已经有不少出版社开始重视与书店在营销分类法上的对接,表现为在图书的封底印上了"上架建议"之类的文字。虽然在实地调查的出版社中只有两家在图书的封底上印上"上架建议",但在书店卖场的调查中发现,有"上架建议"的图书数量不少,特别是在社科、经济、文艺等图书销售区,一些由知名出版社如中信出版社、机械工业出版社、广西师范大学出版社等出版的图书不少都有"上架建议"。

被调查的出版社(特别是社科、经济、文艺、生活服务等品种较多的出版社)工作人员对这种在图书上明确标示给书店的"陈列分类"建议的做法比较感兴趣,认为这将大大降低自己的图书被书店归错类的可能,而之所以没有在本社图书上标示陈列分类建议,主要原因是认为缺少一个可供参照的得到书店和出版社共同认可的分类标准,担心就是自己写了"上架建议",

书店也未必采纳。

3.5.1.2　书店图书营销分类法使用情况

书店营销分类工作的特点直接是面对读者、服务读者，特别是图书的零售卖场，更是直接通过陈列分类来引导读者购买、促进出版物销售，在图书营销过程中有着举足轻重的地位，因此本次调查重点调查了书店的营销分类法使用情况。

调查中一共实地调查了深圳、广州、武汉、佛山等地的十四家书店的大卖场及信息管理、物流、营销管理等部门；另外，还调查了一些中小型实体书店和网络书店的营销分类情况。下面按规模大小、专业性或综合性、实体书店还是网络书店，现将调查的各类型书店的数量分布列于表3-2。

表3-2　调查的书店类型与数量

书店类型	综合性大卖场	综合性中小实体书店	专业性实体书店	大型网络书店	专业性网络书店
数量（家）	7	4	10	6	4

1.图书大卖场和大型网络书店的分类法使用情况

综合性的图书大卖场（营业面积超过一万平方米的大书城）和大型网络书店（如当当、卓越）由于经营品种一般超过十万，因此均十分重视卖场分类布局和分类体系的设计，并有详细的营销分类表作为分类工作的指导，调查中研究了这些分类表，详细考察了卖场的分类法使用情况，发现其存在着以下共同特点。

（1）总体上以《中图法》为基础。调查发现，目前各大书城和大型网络书店在设计分类时，参考最多的是《中图法》。《中图法》的基础性作用的表现之一，就是在各大书城和大型网络书店的分类体系中，直接来源于《中图法》的类目在其各级类目中所占的比例最高，如武汉市新华书店光谷书城卖场分类中的十三个图书一级类目中，与《中图法》有联系的就有十二个；卓越亚马逊网络书店的图书分类的九个基本大类中有六个与《中图法》有联系，如表3-3和表3-4所示。

表3-3 武汉光谷书城卖场分类基本大类与《中图法》的联系

类目	与《中图法》的联系
社科	五大部类之一"社会科学"
经济	一级类目"F经济"
法律	拆分自一级类目"D政治、法律"
文学	一级类目"I文学"
美术	合并二级类目"J2绘画""J5工艺美术"
音乐	二级类目"J6音乐"
科技	五大部类之一"自然科学"
计算机	三级类目"TP3计算技术、计算机技术"
医药	一级类目"R医药、卫生"
生活	扩充三级类目"TS97生活服务技术"
教育	拆分自一级类目"G文化、教育、科学、体育"
外语	合并二级类目"H3常用外国语""H4/95其他常用外国语"
儿童	无

表3-4 卓越亚马逊网络书店图书分类基本大类与《中图法》的联系

类目	与《中图法》的联系
文学	一级类目"I文学"
经济管理	综合一级类目"F经济"与二级类目"C93管理学"
生活	扩充三级类目"TS97生活服务技术"
人文社科	五大部类之一"社会科学"及"哲学"
计算机与网络	三级类目"TP3计算技术、计算机技术"
教育/科技	一级类目"G文化、教育、科学、体育"及五大部类之一"自然科学"
少儿	无
特色类别	无
进口原版	无

在各大书城及网上书店分类体系中的二级及二级以下细分类目中，源于《中图法》的类目所占的比例也很高，如博库网上书城营销分类表"政治"类下的二级类目："政治理论""国际共运""中国共产党""工农青妇运

73

动""世界政治""中国政治""外交、国际关系"。这与《中图法》中的相关的二级类目基本一致。

（2）在《中图法》基础上，均根据自身需要进行调整和改造。在调查的大书城和大型网上书店中，没有一家会像图书馆那样完全遵照《中图法》来设计自己的分类体系，而是在《中图法》的基础之上，根据出版物营销的需要和方便管理的考虑，在分类依据、类目结构、类名等方面对《中图法》进行调整和改造。

①在分类依据上，较之《中图法》严格以图书的学科知识属性为分类依据，各大书店在分类时采用的依据灵活得多。在以图书的学科知识属性为分类的基本依据之外，还广泛采用其他分类依据：以载体为分类依据（如音像销售区划分"CD""VCD""DVD"）；以读者对象为分类依据（如设"少儿读物""女性阅读"）；以销售状态为分类依据（如设"畅销书专区""特价书专区"）；以促销主题为分类依据（如为各种节假日、重大活动设的分类及"本店推荐"）；以出版者为分类依据（如为商务、三联、中信等知名出版社设的专柜）。

②对《中图法》一级类目的改造。《中图法》的一级类目有二十二个，这些类目主要是从学科知识体系的角度设立的，而书店从出版物数量、营销重点等考虑，一般对这些一级类目进行了改造。最常见的方法有：一是拆分。《中图法》中有几个合并类目，如"D政治、法律""K历史、地理""G文化、教育、科学、体育"，这些合并类目中的子类目在书店经营中实际上具有相当的独立性，因此，不少大书店将其拆分，最常见的是将"法律""历史""教育""体育"从其合并类目中分离出来，独立设类。二是合并。与拆分《中图法》中的合并类目的原因相反，一些大书店将《中图法》中一些实际经营中出版物数量不多、性质相近的一级类目集中合并，实际上是把《中图法》的基本部类当作一级类目使用，常见的如设"人文社科"（或叫"社会科学"）和"科学技术"一级类目，将原中图法中的"A马克思主义、列宁主义、毛泽东思想""B哲学""C社会科学总论""G文化、教育、科学、体育"等并入"人文社科"，将"N自然科学总论""O数理科学和化学""P天文学、地球科学""Q生物科学""S农业科学""T工业技术"等并入"科学技术"。三是增加。就是在《中图法》的一级类目体系之外增加一

级类目，第一个办法是把《中图法》的二三级甚至更低一级类目中直接提升为一级类目，如各书店普遍把"计算机""生活娱乐"等设为一级大类。第二个是就不需要遵照《中图法》的分类体系增加一级类目，如各书店普遍增加的"少儿读物""考试用书""励志"类目，以及各书店自设的特色分类，如深圳出版发行集团中心书城专设"音乐时空"一类，将所有有关音乐的图书、音像制品集中陈列，实现不同类型出版物的关联销售，很有特色。四是调整。这主要涉及类目顺序问题，《中图法》的一级类目按五大部类及类目的英文代码顺序排列，各书店在营销分类体系中，则普遍重新按楼层布局、读者对象等重新排列，不遵循严格的类目顺序。

③对《中图法》类目级别的调整。《中图法》是适应图书馆分类而编制的，分类较细，因此类目级别较多，最多达到九级，而调查的书店分类体系一般不会超过三级；当然网上书店由于不受物理陈列的限制，分类级别可以多一点，不过一般也不会超过四级，不然也不利于读者浏览寻找，如当当网的分类体系的分类级别就以三级为主。

④对《中图法》类目名称的改造。《中图法》的类名是从学科知识角度出发取的，因此比较学术化。而书店的读者构成比图书馆要复杂得多，各个年龄、各种职业、各种文化水平的读者均是服务对象，因此各书店在类名上都比较追求通俗化，有时为了追求吸引眼球的营销效果，在类名上还追求时尚化，如"对外汉语教学"本来是《中图法》中的类名，有的书店就将其改为"外国人学汉语"，一目了然；某书店将"生活娱乐"大类中的一些关于女性如何通过饮食、运动保持健康体态的书归成一类，取名"美丽秘笈"，等等。

2.综合性中小实体书店

中小型的综合性实体书店由于经营面积和经营品种的有限，其营销分类法比之大书城（网络书店），主要区别在于分类的详细程度，一般只分到一级或二级，其对《中图法》参照采用则是一致的。

3.专业性实体书店或网络书店

在众多的书店中，专业性的实体书店或网络书店使用的营销分类法独具特色，因为它们专攻一类，因此其营销分类法的特点是分类的细化程度要高于综合性的书店，某一类图书的分类的级别可以更多，有的则采用独立于《中图法》之外的分类法。如号称"全国最大的广告设计图书专卖店"的龙之媒广告设计书店关于广告类的图书就细分为"大师著作""著名公司""媒介计划""广告创意""广告作品""广告策划""广告文案""广告历史""广告学术""公司运营""广告法规""心理效果""广告英语""广告新知""广告通论""年鉴名录""影视广播广告"十七个子类目，一般综合性书店关于广告的图书不会分得这么细，这种分类法与《中图法》的对应关系也不明显。

4.书店访谈调查情况

在调查中与不少书店的工作人员进行了座谈，在谈到如何进一步提高书店的营销分类工作质量时，书店工作人员提出的建议主要有两个：一个是希望有一部适应大多数书店经营需要的营销分类法标准，免去参照《中图法》时"削足适履"的麻烦；另一个是希望出版社尽量在出版物上标明营销分类建议，特别是一些分类难度较大的书，如丛书、套书、多主题交叉图书，因为出版社对出版物内容的把握毕竟比书店要准确些，当然标明营销分类应该在营销分类标准的基础上进行，否则书店表示还是要慎重考虑后才能采用，比如有的图书的"上架建议"用的是书店没有的类，有的图书的"上架建议"则明显不恰当。

3.5.2 读者对当前图书营销分类的看法

服务读者是图书营销分类的根本目的之一，因此调查中对读者也进行了一定范围的访谈调查。

从访谈结果来看，多数读者对书店营销分类工作持肯定意见，不少读者认为如今书店尤其是大的图书卖场越来越"超市化"，普遍重视卖场布局及书架、分类牌、导购图的设计，有的书店还在卖场设置电脑检索终端，大大方便了找书购书。同时不少读者也反映了当前图书营销分类工作中存在的不少问题。

（1）不同书店的分类体系差异太大，找书购书很不方便。有不少读者反映，在不同的书店，同样的一类或一本图书的陈列分类往往相差很大，给自己找书购书带来了很大麻烦。比如关于出版研究方面的图书，有的书店将其归入"文化"类，有的书店将其归入"图书馆学"类，有的书店则将其归入"新闻传播类"，还有的书店把某一出版社出版的出版学图书归入该出版社的专柜。不同分类体系的差异过大给读者在不同的书店选购同类图书带来了不便，因为每到一个新的书店都要花时间熟悉其分类体系。

（2）不少书店的上架分类管理不到位。有读者反映，有的书店装修十分漂亮，分类设计也十分完善，但具体到书架的陈列管理，则情况不那么令人满意，归错类、陈列混乱的情况随处可见，希望书店加强架上的分类管理，这样分类才有实际意义。

（3）实体书店卖场中检索系统与上架陈列的关联性差，检索找书的功能不强。读者普遍反映，目前还没有一家实体书店能建立像图书馆书目检索系统那样精确的检索找书系统，多数书店的电脑检索终端只能通过书名、作者名、出版社等作为检索入口，无法直接通过分类号或类名检索某类图书或限定检索的范围，而且检索结果只包括图书的库存等情况，不包括陈列位置（架位号）。也就是说，即使是通过电脑检索到了自己所要的图书，但要在架上顺利地拿到这本书仍很困难，这也是部分读者反映在需要购买某本特定图书时首选网络书店的原因，因为网络书店可以省去读者自己去架上找书的麻烦。

3.6　我国出版发行企业图书营销分类现状分析

上一小节所介绍的调查活动的调查对象以出版社和实体书店为主，调查的重点也侧重于实体图书的营销分类法，在调查的全面性和深入性上还存在一定不足。因此下面对我国出版发行企业图书营销分类现状的分析，以调查中所获得的资料为基础，同时也结合相关的研究成果资料。

（1）出版发行企业使用的图书营销分类法可分为"借用"模式和"自编"模式，尚未出现得到广大出版发行企业广泛认可和使用的通用性图书营销分类法。俞欣通过文献调研、网上查询和实地考察三者相合的方法，对我国85家出版发行企业使用的图书分类法进行了调查，得到的调查结果如表3-5所示。

表3-5　我国部分书店与出版社使用的图书分类法情况[①]

书店类型及其数量		《中图法》或基本上使用《中图法》	自编分类法	主题陈列（主题浏览）或辅以分类法	以《中图法》为主辅以主题陈列	分类细分层次
书店类型	数量					
新华书店	24	1	6	0	17	2.42
大型书城	24	1	4	2	17	2.25
民营书店	9	2	5	0	2	1.67
网上书店	8	0	4	1	3	3.1
出版社（含自办书店）	20	5	11	0	4	1.4
数量及其百分比	85	9	30	3	43	平均值2.168
	100%	10.6%	35.3%	3.5	50.6%	

从俞欣的调查结果可以看出，当前出版发行企业尤其是书店的图书分类法与《中图法》的关系有着最为密切的关系，在其调查的65家书店中，自编分类法或以主题陈列为主的只有21家，占32.3%，其他67.7%的书店的图书分类都以《中图法》为基础，相比之下，出版社自编分类法的比例高一些，占55%。

结合俞欣的调查结果和著者参与的项目调查资料，可以将我国目前出版发行企业使用的图书分类法分为"借用"模式和"自编"模式：①借用模式的主要特点是照搬《中图法》，或以《中图法》为基础并根据自身需要进行改造。②自编模式的特点是完全根据自身的经营需要自行设计分类法。总的来看，"借用"模式的比例要高于"自编"模式。著者认为，我国出版发行

---

① 俞欣. 我国书店图书分类法使用现状与CCT模式的提出[J]. 出版发行研究，2007（4）：60.

企业在分类法使用上之所以以"借用"模式和"自编"模式为主,其原因包括以下两个方面:①《中图法》作为我国应用最广泛的图书分类法,在知识分类的完整性和科学性方面已经达到很高的水平,图书营销分类以图书的知识内容属性为基本依据的原理决定了《中图法》在图书营销分类中的应用价值与深刻影响。②另一个重要原因就是我国目前尚未出现一部能够得到出版发行企业广泛认可和使用的通用性图书营销分类法。目前我国也有一些研究者(如王建强和俞欣)致力于编制具有行业通用性特点的图书营销分类法,但目前还主要处于个人研究的阶段,其编制的分类法还存在一定的不完善之处,缺乏在行业内广泛应用的价值,因此广大出版发行企业在分类法的使用上只有采用"借用"模式或"自编"模式。

(2)出版社和书店在营销分类对接上有初步的意识和行动,但缺乏共同的分类法作为基础。出版社在图书上明确标示"上架建议",是近几年才出现的事情(2004年化工出版社在新出版和重印的科技图书封底下方标上"销售分类建议",属于较早在图书标示"上架建议"的出版社[①]);而在书店管理中,邀请来自出版社的工作人员参与分类规划和架位管理(或者把某架位管理权让给出版社,让出版社自行决定架位陈列,如武汉崇文书城设立中信出版社专柜,由该社自行决定专柜图书的分类摆放)也是近几年的事,这说明近几年我国出版社和书店在协同进行营销分类管理即实现营销分类对接方面迈出了重要的一步。但营销分类对接的基础是要有共同的语言——行业内通用的营销分类法,而目前我国恰恰没有这样一部图书营销分类法,所以造成出版社和书店在沟通上的困难,出版社担心"上架建议"成为没用的摆设,书店抱怨出版社不了解书店营销分类,社店的营销信息分类对接更是困难重重。因此,尽快编出一部体现图书营销分类行业特点,图书出版发行企业可以共同使用的通用性图书营销分类法,成为不少出版发行企业的共同呼声。

(3)实体书店在分类陈列的管理上存在着粗放的问题,读者满意度有待提高;网络书店也有分类不当的问题。分类陈列是图书营销分类法的重要应用领域,也是出版发行企业服务读者的重要方式,在实体书店的商品管理中

---

① 黎秀芬.化工版科技图书有了分类上架导向标[J].出版参考,2004(1):22.

处于重要地位。如果不把图书营销分类法规范地用于图书分类陈列管理中去，再好的图书营销分类法也无法发挥出它的基本作用。著者通过实地考察和收集读者意见，确实发现目前实体书店在图书陈列分类方面存在着很多管理上的细节问题，乱归类、乱上架、乱摆放的现象十分突出，受到不少读者的诟病。王建强也认为当前书店门市陈列分类基本上处于自由任意、没有标准参考、没有检查审核的状态，在读者中造成的普遍印象是可信度不高，经不起推敲、仅供参考而已。①实体书店分类陈列管理粗放的另一个表现是在卖场中没有建立检索系统与架位系统的对应关系，读者通过检索系统一般只能知道有没有某本书，而这本书具体放在哪个架位的位置上，则很难确定，给寻找某一本特定图书的读者带来了很大的不便，著者就曾经在某家书店的检索系统中找到所需要的图书，但就是无法在架位系统中找到这本书，营业员也不知道这本书放在哪里，最后只能放弃。如果说在网络书店还没有兴起的时候，这种粗放式的分类陈列管理还勉强能够维持的话。在网络书店迅猛发展，并提供功能强大的检索服务的今天，实体书店如果还是维持这种分类管理上的粗放现状，则确确实实是在流失着顾客和生意，因为网络书店不需要读者去架位上找书，只要检索到所需要的图书，就肯定拿得到。相反，如果实体书店在分类陈列管理中借鉴图书馆的图书分类管理方法，通过功能全面的检索系统与精细的架位管理（目前浙江图书大厦和广州购书中心都建立了与架位号精确对应的卖场图书检索系统，读者查询到所需的图书，就可以根据检索结果中的图书架位信息找到自己所需要的图书），则仍旧可以在实体图书的销售中保持自己的优势，毕竟网络书店在销售实体图书方面仍然离不开传统的物流。当然在网络书店中，分类不当的问题同样存在，郝宏丽在《一位编辑眼中的图书分类》一文中举出了相关的例子，如搜狐读书频道把老村的自述随笔《吾命如此》归在动漫类，博库书城把半夏的散文随笔集《中药铺子》归在医药卫生类，当当把寓言小说《动物庄园》归在科普类。②

---

① 王建强.重视门店陈列分类 提升书店经营水准[J].出版发行研究，2004（1）：46.
② 郝宏丽.一位编辑眼中的图书分类[J].出版参考，2006（3）：6.

4 品类管理：图书营销分类管理的新战略

图书营销分类要服务于图书营销，根本目的是要服务读者、促进销售，这是图书营销分类管理的基本思路，当前我国出版发行企业尤其是图书销售企业还比较缺乏一种应用于图书分类管理的战略管理思路，品类管理战略则正好弥补这一不足。

4.1 品类管理：商品分类在营销管理实践中的应用

品类管理是20世纪八九十年代首先出现于美国，目前已经十分成熟的一种供应链商品管理战略与战术，目前在国内外超市商品管理等领域已经得到了广泛应用。

品类管理研究者认为，品类（category）是以消费者为导向对商品的分类的结果，"品类是指消费者心目中在满足需要时，相互关联、可相互取代的一组独一无二、可管理的商品或服务"。①

著者认为"品类"概念与图书分类中的"类目"概念有相似性，图书分类学认为："类目是构成图书分类体系的基本单元，一个类目就表示具有某种共同属性的一组图书。"②图书分类中的"类目"代表了一组图书，这些图书具有共同的属性，因此也是相互关联和可相互取代的，只是在"类目"概念中，没有强调"消费者心目中在满足需要时"。而在图书营销分类中，它的分类体系中的"类目"则也是图书消费者所需求的（因为图书营销就是满足读者的图书消费需求的一种活动），并且也是相互关联、可相互取代的（同属一个类目的图书商品具有共同属性）。因此可以把图书营销分类中的"类目"直接看成是营销学意义上的图书"品类"，一个类目就是一个图书品类，如"少儿图书"类目就是"少儿图书"品类。

"品类管理（Category Management，CM）"概念是由美国食品营销协会首先提出的，它在《品类管理报告》中认为："品类管理是这样一个过程，在该过程中，分销商／供应商把品类作为战略性经营单位进行管理，通过集中精力创造消费者价值以取得更好的商业效果。"③也有研究者将它定义为"消费品生产商、零售商的一种合作方式，是以品类为战略业务单元，以数据为基础，对一个品类进行数据化的、不断的、以消费者为中心的决策思维过程。"④

品类管理在市场营销中涉及的领域如图4-1所示，可以看出品类管理较好地将零售商、供应商和消费者三者有机地联系起来。

---

① 夏维朝.现代商业的品类管理与品类核算[J].商业研究，2005（18）：45.

② 周继良.图书分类学[M].修订本.武汉：武汉大学出版社，1998：15.

③ 张红霞，张松洁.品类管理：零售业成功的零售管理方式[J].江苏商论，1999（7）：17-18.

④ 程莉，郑越.品类管理实战[M].修订版.北京：电子工业出版社，2008：1.

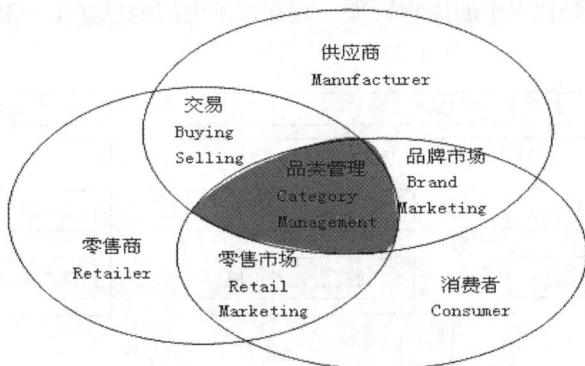

图4-1 品类管理在市场营销中涉及的领域①

　　程莉、郑越认为品类管理是现代流通行业核心技术与战略ECR（Efficent Consumer Response，高效消费者回应）（图4-2）的核心组成部分之一。ECR 是流通行业的核心技术和战略之一，是流通供应链上的各个企业以业务伙伴 方式合作，建立一个以消费者需求为基础的、具有快速反应能力的系统，从 而提高客户价值、整个供应链的运作效率、竞争能力，以及降低整个系统的 成本。

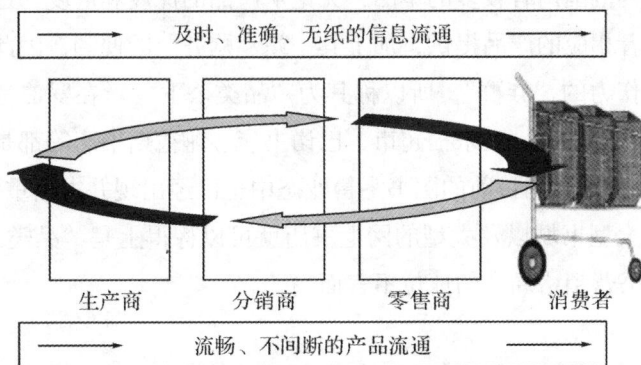

图4-2 ECR战略与技术②

---

① 品类管理定义[EB/OL].[2009-12-13]. http：//www.ecrchina.org/Content/EcrGo/jj-plgl.htm
② 程莉，郑越.品类管理实战[M].修订版.北京：电子工业出版社，2008：2.

品类管理是ECR中的需求管理，它在ECR中的地位如图4-3所示。

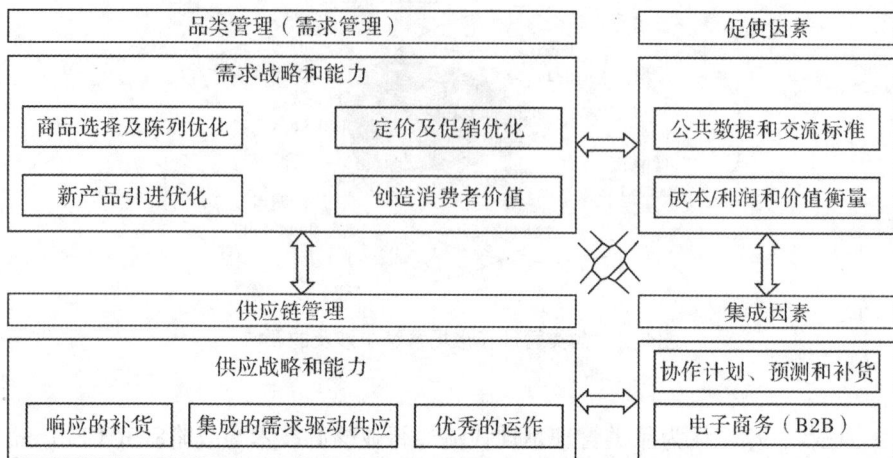

图4-3　品类管理在ECR中的地位[①]

最后，罗伯特·斯佩克特创造了一个有关品类管理的概念即"品类杀手"（category killers），它是指面积较大的商店，但经营较专业的商品品类，由于它具有连锁经营的组织优势和在专业品类商品上深广组合的优势，在同样的商品品类范围内有较多的单品，无论从产品的深度和广度，还是产品的档次，都有着相应的产品提供，加上其一站"购齐"的便利，因此属于大卖场中极具杀伤力的"族群"，所以称其为"品类杀手"。[②]在罗伯特·斯佩克特看来，沃尔玛超市、家乐福超市、巴诺书店、鲍德斯书店等都是"品类杀手"。品类杀手在我国目前的图书零售业态中也已经出现并占据重要的地位，几家著名的大型书城以及大型的网上书店就可以称得上是"品类杀手"，它们在我国图书营销格局中的地位不言而喻。

---

① 程莉，郑越.品类管理实战[M].修订版.北京：电子工业出版社，2008：2.

② 罗伯特·斯佩克特.品类杀手：零售革命及其对消费文化的影响[M].吕一林，高鸿雁，等，译.北京：商务印书馆，2006：1.

4.2　品类管理的特点

品类管理是以消费者为中心的现代零售商品管理战略与战术，综合各研究者关于品类管理的研究，可以看出与传统的商品管理相比，它具有以下特点：

（1）以消费者为中心。传统的商品管理是以产品为中心的，品类管理则强调以消费者的需求为出发点，品类定义的出发点、品类角色的评估、品类策略的确定、品类战术的采取，都是以消费者为中心的。在实施品类管理的过程中，消费者研究成为供应商和零售商的共同课题，通过双方的合作，供应商可以更多地了解自己的顾客，同时学习先进的市场调研方法。而零售商也更清楚地知道购物者的喜好，从而提供客户化的支持，如产品选择和货架陈列等。

（2）建立供应商与零售商之间的战略性同盟。品类管理首次从供应链的角度来看待零售商和供应商的关系。只有生产商和零售商相互信任、共同合作才能更好地满足双方的共同客户——消费者的需求。从供应链的角度可以清楚地看到，供应商和零售商只是其中的某个环节，只有做到这两个环节的顺畅，才能确保供应链末端的消费者的满意度。战略性同盟帮助双方降低成本，发挥双方各自的优势，使零售商能更好地满足客户需求，使供应商差异化，从简单的产品供应商提升到服务提供商，从而提升供应商在零售商经营中的地位。

（3）差异化营销。品类管理以零售商自身销售的数据为基础，结合消费者调查数据以及市场数据和零售商发展策略，进行客户化营销，从而实现零售商之间的差异化，客户化营销能最大限度地减少价格战。

（4）基于实时数据的决策。品类管理零售商与供应商以销售为核心，以消费者为导向，建立战略合作关系。而彼此信任、共享双方数据是品类管理的基石。品类管理使零售商和供应商之间的合作从经验型管理变为以数据为基础的科学型管理。

（5）改善供应链。品类管理所提出的公平货架原则（按销售贡献分配货架）可以很大程度上缓解缺货现象，同时减少库存时间，加快周转，从而减轻供应链的压力。

可以用表格的形式将传统零售商品管理与现代品类管理进行对比，如表4-1所示。

表4-1　传统零售商品管理与现代品类管理的对比

	传统零售商品管理	现代品类管理
核心观念	以产品为主	以消费者为主
关系	零售商与供应商协商	双方成为合作伙伴
营销战略	将产品推入商店	消费者将产品卖出
利润来源	厂商提供利润	消费者产生利润
决策基础	以进货数量为报表依据	以实际销售为依据

4.3　品类管理的流程

品类管理是精细化的商品营销管理战略与战术，需要按一定的步骤有序地实施，品类管理的一般流程可以用图4-4来表示。

由图4-4可以看出，品类管理流程主要由品类定义、品类角色、品类评估、品类评分表、品类策略、品类战术、品类计划实施、品类回顾八个主要步骤构成，而"高层达成一致""定期评估、监督整改"则是品类管理成功实施的保障性要素。下面结合图书营销分类实践，对品类管理流程中的主要步骤进行详细介绍。

4.3.1　高层达成一致

高层达成一致不属于品类管理的八步流程，但它却是决定品类管理能否成功的重要步骤。因为品类管理不仅是一次改革，更是一场变革，它打破了目前零售业的运作方式，打破了各方的平衡关系。既然是一场变革，就不能只依赖于中层干部的力量，只有企业高层的参与，才能使品类管理获得成功。所以，供应商和零售商的高层领导达成合作意向，建立策略性合作伙伴关系、投资信息技术、设立以品类管理为基础的考核体系，是确保品类管理成功的保障性要素。

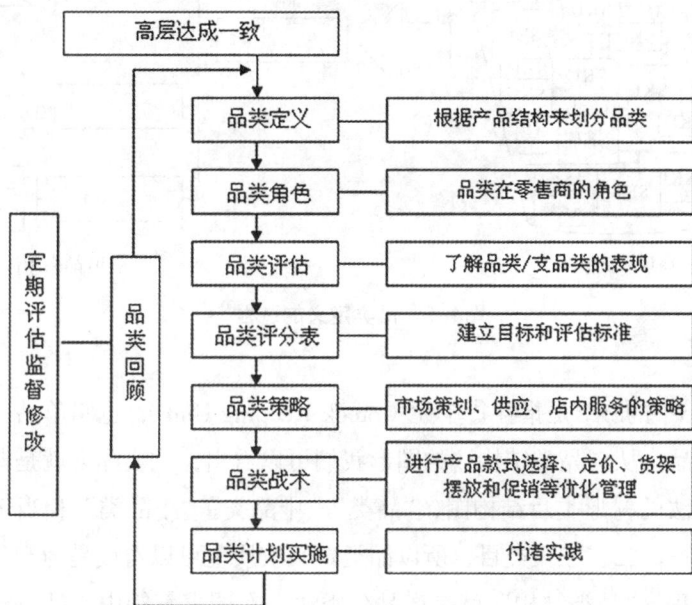

图4-4　品类管理流程①

4.3.2　品类定义

品类定义是品类管理的基础，也是品类管理的开始。品类定义是建立品类的过程，包括品类描述与品类结构两个方面的内容，品类描述是用文字说明该品类的特点、其涵盖范围以及不包括的产品。品类结构是将品类进一步

---

① 品类管理定义[EB/OL].[2009–12–13]. http：//www.ecrchina.org/Content/EcrGo/jj–plgl.htm.

划分不同级别的中品类（也叫"次品类"）、小品类（也叫"分类"）等。品类定义的过程如图4-5所示。

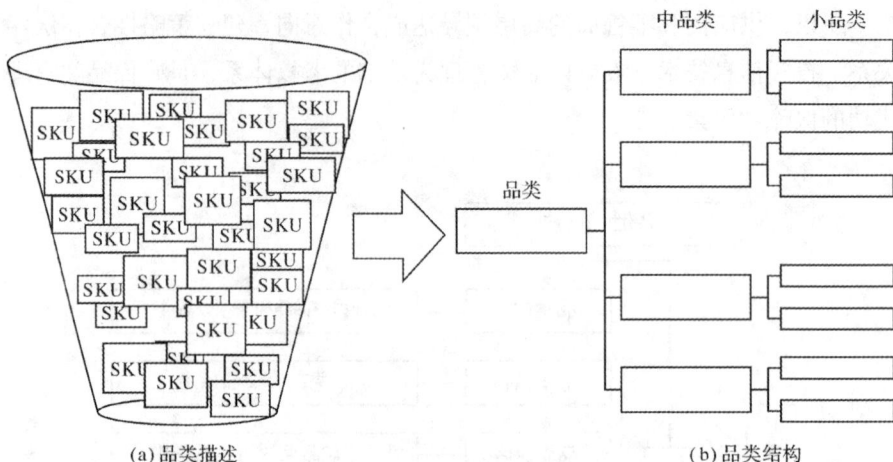

(a)品类描述　　　　　　　　　　　　　　　　(b)品类结构

图4-5　品类定义的过程[①]

图4-5中的SKU是指存货单元（Stock Keeping Unit），也叫单品，即一个单独的产品。从"品类结构"的图形我们可以看出，它实际上就是典型的体系式分类法的树形类目结构图，"品类""中品类""小品类"相当于体系式分类法的一、二、三级类目，所以品类定义实质上可以看成是为产品设计分类法的过程，"品类结构"就是产品分类法。在图书营销中，品类定义就是为所经营的图书商品设计图书营销分类法的过程。

郑莉、郑越认为品类定义要考虑以下几个因素[②]：

（1）消费者的需求。消费者对产品的需求是多方面的，随着生活水平的提高，需求也越来越细化。要准确地定义品类，并确保品类的多样性，必须首先清晰地了解消费者的需求以及这些需求的重要程度，才能使该类产品能较好地满足目标客户群的需求。

---

① 程莉，郑越.品类管理实战[M].修订版.北京：电子工业出版社，2008：34.

② 程莉，郑越.品类管理实战[M].修订版.北京：电子工业出版社，2008：33-37.

　　（2）零售商的定位。市场上的产品数量很多，能满足消费者同样的需求的产品成千上万，作为零售商，不可能同时销售市场上的所有产品。首先要考虑业态的定位，如对于大卖场而言，由于其一站式购齐的服务目标以及经营空间的允许，因此可以经营较全面的产品，成为"品类杀手"，而对于便利店来说，由经营空间的有限以及满足即时性需求的服务目标，所以只需选择满足消费者基本需求的产品品类。其次要考虑的是目标购物群的定位，如百货商店中的超市，其目标购买群收入较高且讲究时尚，可以考虑销售较多高档和时尚的产品品类。

　　（3）购物者的购买决策树。在购买产品的过程中，购物者的决策思维过程是有一个序列的，这就是购买决策树。如购买洗发水时，购物者会考虑品牌、价格、功能、发质等因素。调查表明，74%的消费者购买洗发水时会先考虑品牌，后考虑功能，再考虑价格和包装，如图4-6所示。

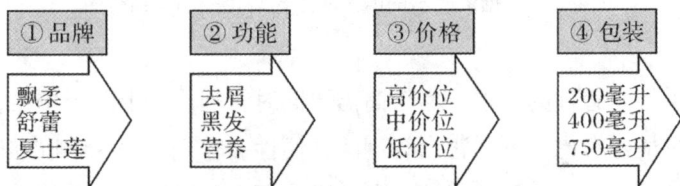

图4-6　洗发水的购买决策树

　　购物者对不同品类产品会有不同的购买决策树，必须通过市场调查准确地把握目标消费者的购买决策树。为确保品类定义能更好地满足目标购物群的需求，可以将所选择的产品品类按购买决策树的内容进行细分类。如根据上述品类决策树，可以制定一个关于洗发用品的品类结构。购买决策树不仅影响品类定义，其各种需求的排列顺序还会影响到产品陈列。

　　（4）品类趋势。市场的发展是瞬息万变的，成功的企业必须高瞻远瞩，某些品类产品可能目前市场表现不太好，但其增长迅速，未来几年会有很好的发展前景。如果能在早期能够给予其较多的支持，不但能为企业带来利润，更重要的是能提高顾客的忠诚度。

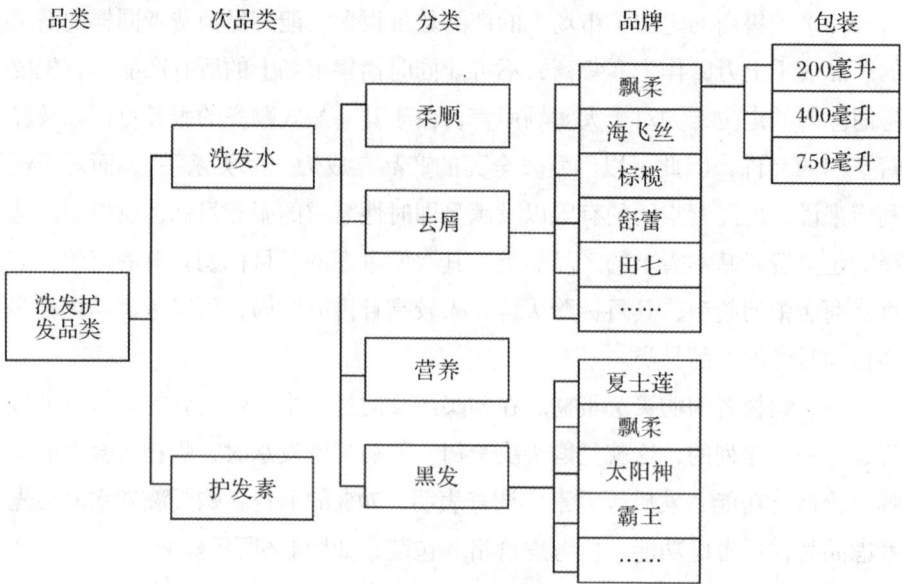

图4-7　根据洗发水的购买决策树制定的品类结构图

（5）零售商管理的需求。零售商需要同时管理成千上万个单品，所以在定义产品时最好考虑一下零售商管理的方便性。首先是一些难以准确归入某个现有品类的新产品，如果对消费者的影响不大，可以先放在与之相关的管理方便的品类之中，然后观察消费者的反应，再做出方便消费者的选择。如2000年初，宝洁公司推出一种可以消除沙发、窗帘等不方便换洗的织物上的异味的产品，由于以前没有该功能的产品，消费者对该产品没有任何认识，所以零售商根据方便管理的原则，有的把它归入空气清新剂，有的把它归入家居用品，有的则两个地方都陈列。其次，品类定义必须与信息系统相联系才能发挥其巨大的作用，如有脱节则意味着管理理念的脱节。例如，不少零售商都清楚品类的结构，但在信息系统中没有进行相应的维护，所以当需要知道次品类、细分类的销售情况时，系统只能打出所有单品的信息，而员工必须手工计算分类销售数据。这将使品类定义流于形式，极大地制约品类管理的实施。

品类定义要考虑的上述要素对"图书营销分类法行业标准"的编制、应用具有重要的启示：①消费者购买决策树实际上就是读者的购买心理和购买习惯，我们构建"图书营销分类法行业标准"的类目体系时要认真研究每类图书消费者的购买决策树，力求使分类法的类目结构符合目标读者的购买心理和购买习惯的特点；②品类定义的过程中要保持品类定义与信息系统中的联系，这也启示出版发行企业在应用"图书营销分类法行业标准"时，要注意把卖场中的陈列分类与信息系统中的信息分类联系起来，只有这样，才能使信息系统中的数据能及时反映实际的销售状况。

4.3.3   品类角色

零售商经营的品种成千上万，划分出的品类也可能有几百个，不同品类商品在企业中的地位不同，为公司带来的利润不同，在市场中的发展前景也是不一样的。因此，企业对不同品类的经营战略也会不一样，有的品类商品能为企业产生盈利、有的品类商品能够增加客流量、有的品类商品则有助于提升企业形象。品类角色就是为每个品类确定其要扮演的角色，从而有助于帮助零售商了解每种品类对整体业务的重要性与优先次序，以作为管理（场地、人员、资金等）资源分配的根据。

品类角色在图书营销中也表现得较为明显，如对于考试书店来说，考试类图书是重点经营的品类，文学类图书就是次要的品类；即使是同属于综合性大书城，由于其所处地理位置的不同，相同的图书品类在卖场中的品类角色也会有差异，如周边科技企业较多的书城，工业技术类的图书就是比较重要的品类，而地处繁华商圈的书城，生活类图书的品类角色就比较重要，工业技术和农业类的图书的重要性则比不上前者。

程莉、郑越总结介绍了确定品类角色的三种具体方法[1]。

（1）零售商导向的品类角色。就是根据品类对零售商销售额和利润的贡献来确认它的角色，具体的方法之一是利用品类矩阵。它根据零售商的毛利率，将毛利率划分为高和低，同时将销售额构成的前50%、接下来30%和最后20%作为标准分为高、中、低三个层次，以此划分为六种类型。品类矩阵

---

[1] 程莉，郑越.品类管理实战[M].修订版.北京：电子工业出版社，2008：40-44.

如图4-8所示。

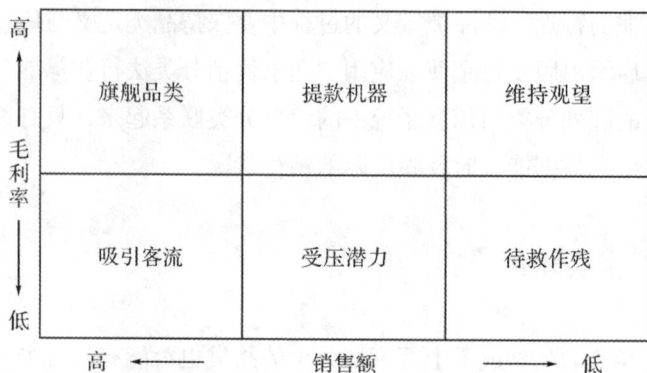

图4-8　零售商导向的品类角色矩阵

（2）顾客导向的品类角色。这是一种利用商品的普及程度和购买频率对品类角色进行分配的方法。普及程度是指在一年内购买某品类商品的家庭的百分比，频率是指某品类商品每年被购买的平均次数。利用比例和频率分为4种角色，如图4-9所示。

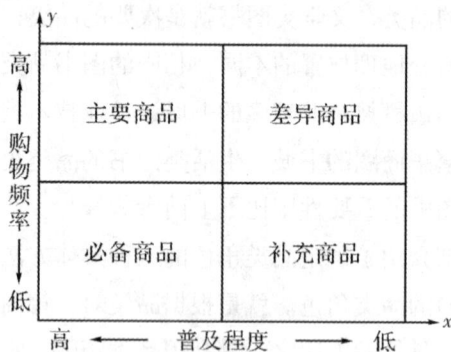

图4-9　顾客导向的品类角色矩阵

（3）跨品类分析法。这是一种应用最为广泛的、较为全面的划分品类角色的方法，它综合考虑了品类对消费者、零售商、市场和竞争对手的重要性。将品类划分为四个单元，即目标性品类、常规性品类、季节性（偶然性）品类、便利性品类。四种品类角色的基本特点可以用表4-2来表示。

表4-2　4种主要的品类角色

角　色	特　点
目标性品类	对消费者而言，是该品类的主要提供者；代表商店形象；为目标顾客提供更好的价值；目标顾客有时会不顾成本前来购物；占所有品类的5%~10%
常规性品类	该品类的普通提供者；为目标顾客提供持久的、有竞争力的价值；平衡销售量与毛利等指标；店内资源占比接近生意占比；占所有品类的50%~70%
季节性（偶然性）品类	在某个时期处于领导地位；在某个时期是该品类的主要提供者；在完成销售额、利润、资金周转、投资回报等指标方面处于次要地位；占所有品类的10%~15%
便利性品类	满足一站式购物的需求；满足补充性购物需求；提高利润与毛利；占所有品类的10%~15%

著者认为，以上品类角色确定方法在图书营销中都是可行的，如利用跨品类分析法，书店所经营的产品也可以划分为：①目标性品类。即代表书店经营特色的图书类别，畅销书在其中所占的比例较大。②常规性品类。即各种销售比较稳定的图书类别，常销书在其中所占的比例较大。③季节性（偶然性）品类。即书店在不同的季节、节假日、重大活动与事件期间设立的促销性图书类别。④便利性品类。书店经营的各种文化用品或一般不通过零售渠道销售的图书类别（如中小学课本）可归入此类。

4.3.4　品类评估

品类评估是对品类现状的大检阅，是对品类机会的挖掘。品类评估的目的是全面、深入地分析零售商目前的状况，以及与市场、竞争对手的差距，从而找出自己的强项与弱项，为品类评分表和品类策略提供数据支持。品类评估是一个以数据分析为基础的过程。品类评估一般涵盖以下几个方面：品类发展趋势评估、零售商零售表现评估、市场和竞争对手表现评估以及供应商财务、配送能力评估等。

4.3.5　品类评分表

品类评分表是对品类角色和品类评估的提炼与总结，是为不同的品类角色确定评估指标体系，并在公司内部相关部门之间以及与供应商沟通的基础上制定指标，如销售额、利润增长等以确保大家共同的努力方向和需要的支持。表4-3是一个较为简单的品类评分表的实例。

表4-3　品类评分表实例[1]

评估指标	目前水平	目　标	目标对目前指数
品类销售额增长率			
可比店品类销售额增长率			
次品类A销售额增长率			
次品类B销售额增长率			
客户服务水平			
库存天数			

4.3.6　品类策略

品类评分表为零售商指出了努力方向，品类策略便是零售商为了达到既定方向所要采取的方式方法。程莉、郑越认为，品类策略主要包括营销策略与供应链策略，常见的品类策略如表4-4所示[2]。

表4-4　营销品类策略

营销策略	描　述
增加人流量	增加品类的购物人数
提高客单价	提高购物者每次的购买量

---

① 程莉，郑越.品类管理实战[M].修订版.北京：电子工业出版社，2008：62.

② 程莉，郑越.品类管理实战[M].修订版.北京：电子工业出版社，2008：65-66.

续　表

营销策略	描　述
产生利润	引导购物者购买利润高的产品
自我保护	不计成本地保护/强化品类的现有市场地位
刺激购买	制造紧迫感、机遇感、戏剧化效果等以激发购买行为
维护形象	在价格、服务、选品、氛围等方面建立、强化并传递零售商想获得的企业形象
教育和知名度	帮助购物者了解品类特征
渗透/试用	激发初次购买
忠诚度/持久性	刺激持续的重复性的购买行为
增加现金流量	加快品类的周转速率，汇集现金流
提高消费量	刺激额外的、新的使用方法

表4-5　供应链品类策略

供应链策略	描　述
成本领先	通过改进采购环节的运作
提高工作效率	通过EDI（电子数据交换）与VMI（供应商管理库存）等项目合作，提高订单、补货、收货、付款等的精度和速度
优化库存管理	通过提高库存管理水平，降低整个供应链的库存量及相应的成本
提高客户服务水平	通过与供应商的合作，提高订单满足率，降低缺货率

可以看出，品类策略涉及零售商内部不同部门的协作以及与供应商之间的合作，它对零售商内部各部门的协调以及供应链的战略合作提出了很高的要求。

4.3.7　品类战术

品类战术是指为了实现品类策略以达到目标所采用的具体操作方法，如产品选择、产品陈列、产品定价、产品促销等。表4-6是针对4种基本的品类角色所确定的品类战术的一种组合方式。

表4-6　针对基本品类角色的品类战术[①]

品类角色	品项（产品）选择	货架安排	定　价	促　销
目标性的	所有的规格；品类的细分；所有的全国品牌	固定的、主要的货架；保证足够的货架库存	领导性的价格	高频率（每周）、长时间、多种方式
一般性（常规）的	主要的品牌和规格；品类的细分	好的货架位置，足够的货架库存	与竞争对手一样	一般频率、一般时间长度、多种方式
季节性的/偶然性的	季节性品牌；品类的细分	适当的货架空间，足够的货架库存	与竞争对手价格接近或略高于竞争对手	按季节、时间需要，多种方式
便利性的	主要的品牌和规格	适当的货架空间，足够的货架库存	非煽动性价格	较少促销

　　具体到某个产品品类的管理来说，可采用的品类战术则是千变万化的。因为图书营销分类工作的主要内容之一就是组织图书产品的上架陈列，所以品类管理中的产品陈列战术对于图书营销分类来说具有重要的指导意义，这里就重点探讨品类管理的产品陈列战术在图书营销分类中的应用。

　　程莉、郑越认为货架是商店的基本资源，其基本功能是陈列产品，使顾客可以自助购物，好的货架规划与陈列能够引导消费者看到他们需要的品类，并站到该品类货架前，从而成为该品类的购物者。具体来说有以下作用：帮助顾客了解产品；方便顾客购买；引导顾客购买；刺激顾客购买；突出品类的角色；代表商店的形象。[②]他们认为陈列商品时要考虑以下因素[③]。

　　（1）品类角色。品类角色与陈列位置有着密切关系（见表4-7）。例如，目标性的品类代表着商店的形象，起着吸引客流的作用，所以需要有最高的立方空间分配，并且陈列在最显眼的地方。

-----

① 吴佩勋.零售管理[M].2版.上海：上海人民出版社，2009：352.

② 程莉，郑越.品类管理实战[M].修订版.北京：电子工业出版社，2008：93-94.

③ 程莉，郑越.品类管理实战[M].修订版.北京：电子工业出版社，2008：95-101.

表4-7 不同品类角色的陈列位置

品类角色	陈列位置
目标性品类	最高立方空间分配
常规性品类	高立方空间，高客流的地方
季节性（偶然性）品类	一般立方空间，一般客流的地方
便利品类	低立方空间，商店剩余位置

（2）磁石理论。为了引导消费者逛完整个卖场，消除卖场中的死角，在卖场的某些地方放置能够吸引消费者目光的产品，形成卖场中的磁石，这就是磁石理论。典型的超市型卖场平面的磁石点有五种（如图4-10所示）。在陈列商品时，不同的磁石点适当地安排商品陈列（如表4-8所示），可以有效的促进商品销售。

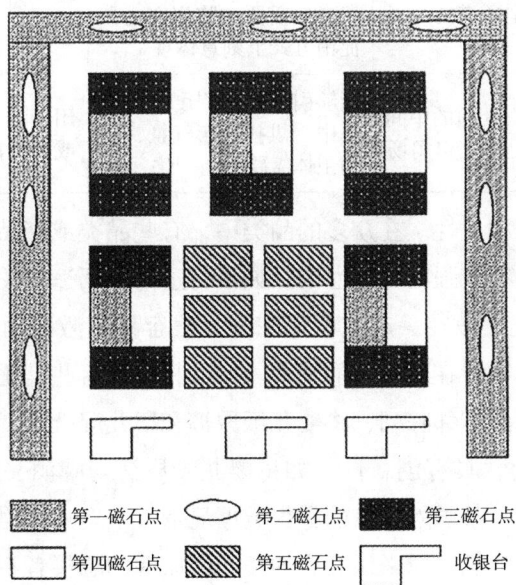

第一磁石点　　第二磁石点　　第三磁石点

第四磁石点　　第五磁石点　　收银台

图4-10 典型的超市磁石点分布图[1]

_____

[1] 超市商品配置中磁石理论的运用[EB/OL].[2010-01-01]. http：//www.i18.cn/article/html/2004/7/20/4807.html.

表4-8　针对不同磁石点的货架陈列战术[①]

磁石点	店铺位置	配置要点	配置商品
第一磁石点	位于卖场中主通道的两侧，是顾客的必经之地，是商品销售最主要的位置	由于特殊的位置优势，不必刻意装饰体现即可达到很好销售效果	主力商品；购买频率高的商品；采购力强的商品
第二磁石点	穿插在第一磁石点中间	有引导消费者走到卖场各个角落的任务，需要突出照明度及陈列装饰。	流行商品；色泽鲜艳、容易抓住人们的眼球的商品；季节性很强的商品
第三磁石点	位于超市中央陈列货架两头的端架位置	是卖场中顾客接触频率最高的位置，盈利机会大，应重点配置，商品摆放三面朝外	特价商品；高利润商品；厂家促销商品
第四磁石点	卖场中副通道的两侧	重点以单项商品来吸引消费者，需要在陈列方法和促销方式上刻意体现	热销商品；有意大量陈列的商品；广告宣传商品
第五磁石点	位于收银处前的中间卖场，是非固定卖场	能够引起一定程度的顾客集中，烘托门店气氛，展销主体需要不断变化	用于大型展销、特卖活动或者节日促销商品

（3）产品的相关性。在众多的品类中，有些品类或产品在消费者使用方面或需求方面是有较强的关联性的。如果将这部分用途相关和目标消费者一致的产品或品类摆放在一起或相邻陈列，很容易刺激冲动性购买和连带销售，从而提高购物者在商店中的消费。产品相关性有些是比较明显的，如将剃须刀与剃须泡沫相邻陈列，将婴儿纸尿裤和婴儿湿纸巾就近摆放；有些是不太容易想到的，具有创新性，如将婴儿纸尿裤与啤酒一起陈列的经典案例。在该案例中，某国外超市的零售数据显示，很多购买婴儿纸尿裤的顾客同时会买上几瓶啤酒。原来该商店的婴儿纸尿裤的购买者不少是爸爸，他们在下班的时候常被妻子要求捎带一些纸尿裤回家，而爸爸们在买纸尿裤时也没忘记犒劳一下自己，顺带买一些啤酒回家，商店就把一些啤酒陈列在纸尿

---

① 超市商品配置中磁石理论的运用[EB/OL].[2010-01-01]. http：//www.i18.cn/article/html/2004/7/20/4807.html.

裤货架的边上，结果增加了啤酒的销售。

（4）购物者的购买决策树。购买决策树就是购物者在购买产品时考虑品牌、功能、价格的先后次序。不同的品类可能有不同的购买决策树，有些品类消费者会先考虑功能，有些品类消费者可能先考虑包装大小，有的品类消费者首先想到品牌。在充分研究购买者的决策树的前提下，设计好陈列的方法，有助于提高购买率。如洗发水产品是首先按品牌陈列还是按首先功能陈列，都要结合消费者的购买决策树。

（5）公平货架原则。货架是一种稀缺资源，品类管理提出了基于数据的科学的货架分配方法，即一种产品在货架陈列所占空间的多少以及陈列位置的好坏是根据产品的表现（销售额、销售量、利润）来分配的。

（6）最佳陈列位置。购物者的腰部到视平线是最佳陈列位置。太高或太低的位置都不适合陈列产品，建议作为库存位置。

结合上述的产品陈列战术，著者认为，在图书营销分类工作中，按类陈列图书首先是一个最基本的原则；同时，如果能结合品类管理在陈列战术中所考虑的因素，采取相应的分类陈列措施，对于图书营销来说会有更好的效果，这也是图书营销分类促进图书销售的途径之一。在设计"图书营销分类法行业标准"时，如果分类体系能考虑到陈列的需要，则也会更加贴近出版发行企业的营销分类实际。

（1）根据图书的品类角色来考虑，图书卖场中的陈列要把最好的位置留给目标性品类和常规性品类，并保持其陈列位置的稳定，因为这两种角色的图书品类创造了图书卖场中的最多的利润。

（2）从磁石理论来考虑，在卖场中最显著的"磁石点"放置书店要推荐的畅销书及重点品种，能够吸引读者的随机购买。

（3）从产品相关性来考虑，关联陈列是促进图书销售的好方法。在图书卖场陈列管理中要认真研究读者的购买的关联性，把关联强的图书做专题陈列或相近陈列；在"图书营销分类法行业标准"设计中，把关联性强的类目排列在一起，并充分揭示类目之间的交叉关系，也能引导用户在卖场分类陈列中采用关联陈列。

（4）从购物者的购买决策树来考虑，一方面，在设计"图书营销分类法行业标准"时，应考虑好分类标准的运用次序，使用最符合读者购买决策心理的分类标准使用次序来构建类目体系，如在对中小学教材、教辅类图书进行类目体系构建中，确立首先按年级，再按学科的分类标准使用次序，就比较符合购买此类图书的读者的购买决策心理；另一方面，在卖场陈列实践中，可以考虑为具有不同决策心理的读者设立专门的陈列方法，如比较看重图书品牌的读者设立名牌出版社专柜，为比较看重图书外表和档次的读者设立礼品书专柜等。

（5）从公平货架原则来考虑，在卖场陈列中，要为重点销售的图书留够陈列位置，并多采用封面展示、码堆积展示的陈列方法，把最佳的陈列位置留给重点图书。

4.3.8　品类计划实施

以上六个步骤都还是处于品类管理的计划阶段，品类实施就是将品类计划付诸实施，实施的效果直接影响到品类管理的成功与否。品类管理的实施是一个跨部门的工作和过程，需要各个部门的密切配合才能取得成功，并需要高层领导的关注和支持。

4.3.9　品类回顾

品类回顾是品类管理的第八步，也是最后一步，但却是承前启后的一步。通过品类回顾，一方面评估目标的完成率，另一方面将其作为另一次品类评估而找出下一步的机会，进而调整品类评分表指标、品类策略和品类战术，完成新一轮的品类管理。

4.4 品类管理在图书营销分类管理中的应用

品类管理在国外图书营销业界早就得到了重视和应用，美国零售书业大鳄鲍德斯公司就是其中的代表。2002年，首席执行官格雷戈里·约瑟夫韦茨（Gregory Josefowicz）将品类管理的理念带进了博德斯公司，经过精心挑选的出版商与博德斯公司合作经营着大约250种图书类别——烹饪用书、商业类书籍、儿童读物、计算机用书及各种工具类、运动类的书籍等等——这些出版商需要决定将要在书店中摆放的书籍类别以及在不同的商店的存储量；甚至决定它们如何展示、如何分组、如何摆放及所占的空间等等。鲍德斯公司的品类管理经理每年花费11万美元，用于支付与最后计划相联系的市场调研初期费用。①

而在我国图书营销中，对品类管理的应用尚处于探索阶段。虽然品类管理的一些实质性内容在不同的部门得到了不同程度的应用，如我国北京、上海、深圳、广州、杭州等地著名图书大卖场的商品营销陈列、促销管理等，都带有品类管理的特点。但目前我国大多数出版发行企业还没有把品类管理作为基本的营销管理战略，缺乏应用品类管理的整体意识，品类管理往往被认为是某一个部门的工作，如在书店，品类管理往往被认为是卖场管理部门的事，这影响了品类管理作用的发挥。而最高层次的品类管理即由图书生产商和零售商协同进行的品类管理更是凤毛麟角，品类管理在我国书业界的应用前景非常广阔。

著者认为，品类管理在我国图书营销分类管理中的应用价值主要包括以下几个方面。

---

① [美]罗伯特·斯佩克特.品类杀手：零售革命及其对消费文化的影响[M].吕一林，高鸿雁，等，译.北京：商务印书馆，2006：91.

（1）品类管理以商品分类为基础进行零售管理，有助于我国书业界认识图书营销分类的战略意义。图书营销分类已经在我国书业界越来越显示出它的重要性，但从整体上来说，我国书业界对营销分类工作的重要性认识还没有提升到战略高度上来，分类被许多出版发行企业当作可有可无或是仅仅是某一个部门的工作，出版发行企业在实际营销管理中重视的是"品种"而非是"品类"，造成的结果是我国图书营销中产品重复开发严重，大量无效重复品种占据宝贵的卖场资源和库存空间，读者真正需要的产品却没有得到最合适的陈列及促销措施。品类管理作为当今世界先进的零售商品营销管理方案，在其他行业中已经得到了广泛应用，显示了它的巨大作用。品类管理以产品分类为起点和核心，它高度重视产品的分类，相关的营销战略和战术都以品类为基础，从而有助于提高我国书业界对营销分类工作重要性的认识。

（2）品类管理从整个供应链的角度来看待供应商与销售商的关系，对实现我国社店营销分类对接有促进作用。长期以来，我国图书营销分类工作存在的突出问题之一就是出版环节的出版社分类与销售环节的书店分类的脱节，包括分类法使用上的脱节，出版社不了解书店的分类体系，过多地依赖于《中图法》；书店在设计分类体系时则往往较少考虑出版社在图书销售分类上的看法和需求，由此带来书店营销分类的脱节。由于出版社整体上对营销分类标引不够重视，各个书店需要投入大量的人力物力重新对图书进行营销分类标引，这也造成了巨大的浪费和重复建设。品类管理从整个供应链的角度来看待供应商与零售商之间的关系，强调二者之间应该建立战略协作同盟，在此基础上才能成功实施品类管理。在品类管理的实施中，供应商与销售商互有分工，密切合作，共同向消费者提供高质量的商品和服务，这对于我国书业界提高对社店营销分类对接的必要性的认识，促进我国社店营销分类工作对接有积极的意义。

（3）品类管理重视以消费者的需求和购买决策思维特点来进行品类定义，有助于确定构建"图书营销分类法行业标准"类目体系的思路。品类定义是品类管理中的重要环节，品类定义就是为所经营的商品设计营销分类法的过程。品类管理的整体特征是以消费者为中心，在品类定义中表现在强调充分考虑消费者的需求和购买的决策思维特点来进行品类定义，这对于我们构建"图书营销分类法行业标准"的类目体系具有重要的指导意义。在构建"图书营销分类法行业标准"的类目体系过程中，一方面要充分考虑读者的需求，从满足读者需求的角度来确定基本大类，如生活类图书、计算机类图书、管理类图书都是近年读者需求量比较大的图书，从满足读者需求的角度，这几个类都可以确定为基本大类；另一方面在具体的类目体系构建过程中，要考虑读者的购买决策心理特点，如在确定"少儿读物"基本大类下的细分类目体系时，根据少儿图书购买者的决策特点，一般会首先区分适用读者的年龄，因为0—6岁的低幼儿童本身不具备文字阅读的能力，因此，"少儿读物"下的细分类目可以先根据儿童的年龄首先区分出针对0—6岁儿童的"幼儿启蒙"二级类目；然后再针对适合6岁以上儿童阅读的图书进行以内容为主要划分标准的划分立类，设立"少儿读物"下的其他二级类目。

（4）品类管理是以分类为基础的商品管理战略与战术，为出版发行企业应用"图书营销分类法行业标准"法提供了重要的思路。与图书馆采用《中图法》等图书分类法进行图书分类工作不一样，出版发行企业应用图书分类法进行营销分类工作，不仅仅是为了实现图书的有序整理，而更要把分类工作与营销工作真正结合起来，以分类促销售。而要取得这种效果，仅靠分类工作本身是不可能取得成功的，而是要依靠相应的营销策略与战术的配合。品类管理不仅仅是重视品类定义，还运用品类角色、品类评分表来确定类别在营销中的地位以及类别在销售额、利润率等方面的评估指标，在此基础上，制定针对品类的营销策略和运用具体的营销战术，作为一种精细化、操作性极强的商品分类管理解决方案，它为出版发行企业如何将营销分类法行业标准使用与图书营销管理相结合提供了重要的思路。

5 "图书营销分类法行业标准"的编制研究

　　在图书营销分类管理中，除应用品类管理战略外，提供一个通用型图书分类法仍是一个要解决的核心问题。我国出版发行业界对制定、应用行业内通用的图书营销分类法的必要性已经有较深刻的认识，如河南省安阳市新华书店经理王建强在《中国出版物营销分类方法》一书的"编著说明"中认为："我国出版物出版商和销售商都在盼望出台一部切合实际的、权威的出版物营销分类法，因为它的落后已经严重影响到我国出版事业的效率和规模发展。首先，由于没有统一标准的出版物营销分类法，使得各家书店都在按照自己的理解对出版物进行分类，因此，销售统计就没有统一口径，销售分析、阅读调查也就缺乏可信性；其次，由于出版物没有统一标准的营销分类法，使其一开始进入营销渠道就失去了确切的定位，全国的出版物也无法准确地提供其信息，更无法实现信息共享，使得出版物营销领域各自为政、各自开发，既浪费了大量的人力、财力，又不能实现全国信息系统对接，效率低下，重复劳动十分惊人，严重阻碍我国出版业的发展；再次，出版物营销分类不规范对于书店为读者导读服务的质量、管理水平的提高都产生了负面影响。从根本上说，出版物缺乏统一的营销分类标准已经成为制约我国出版业发展的瓶颈。"①

行业内通用的图书营销分类法无疑具有重要的意义，但如何成功编制出一部行业内通用的图书营销分类法，以及使这部分类法在图书出版发行企业中得到广泛和规范的应用，是一项技术难度较大、对组织保障和投入要求都相当高的实践性研究课题。关于这一点，可以从我国著名的通用性图书分类法《中国图书馆分类法》（该分类法曾被作为国家适用标准，并已经成为我国图书馆图书分类的"事实标准"，目前我国有90%以上的图书馆使用它来进行图书分类，对其他领域的图书分类也产生了深远影响）的编制过程中略知一二，《中国图书馆分类法》是在国家有关部门的支持下，由各图书馆单位团结合作，集中全国的图书分类专家而编制完成的，前后历经数十年不断努力，先后进行了四次大的修订，目前还准备进行第五次修订。相比之下，编制通用性图书营销分类法的设想早就有研究者提出过，但长期以来由于各种条件的限制，由政府部门推动、集中全国出版发行界和分类研究专家的力量而编制的行业通用性图书营销分类法一直没有出现，只有个别研究者从个人研究角度编制出了一些具有行业通用分类法特点的图书营销分类法，如王建强的《中国实用书店陈列分类表大全》《中国出版物营销分类方法》以及俞欣提出的CCT模式分类法，但这些图书营销分类法尚未在我国图书出版发行业中得到广泛的应用。

在"引论"中已提到，新闻出版行业主管部门和标准化工作机构对包括图书营销分类法在内的出版物营销分类法标准的编制和实施工作十分重视。2008年12月，由深圳发行集团（现为深圳出版发行集团）和武汉大学信息管理学院联合编制的《图书、音像制品、电子出版物营销分类法》行业标准（编号为 CY/T 51—2008）正式颁布，并于2009年3月由中国标准出版社正式出版。著者作为主要起草者之一，参与了《图书、音像制品、电子出版物营销分类法》行业标准（CY/T 51-2008）的编制工作。在编制该行业标准中，形成了一些关于标准编制的理论思考，希望对业者有一定的参考意义。

---

① 王建强. 中国出版物营销分类方法[M]. 北京：中国书籍出版社，2005：45.

5.1 "图书营销分类法行业标准"概念定义与定位分析

5.1.1 "图书营销分类法行业标准"的定义

"图书营销分类法行业标准"概念如下：

为了在图书出版发行行业范围内获得最佳秩序，经协商一致制定，由标准化管理机构批准，出版发行企业共同使用的图书营销分类法。

从以上概念定义可以看出：①"图书营销分类法行业标准"的实质性内容是图书营销分类法，"行业标准"是对它的适用范围和制定程序、文本形式上的限定。②就"图书营销分类法行业标准"的实质性内容——图书营销分类法来说，它强调在"图书出版发行行业范围内""经协调一致制定""出版发行企业共同使用"，因此，它具有通用性图书营销分类法的特点。

5.1.2 "图书营销分类法行业标准"的定位分析

广义上的"图书营销分类法行业标准"包括世界上各个国家的"图书营销分类法行业标准"，不同国家的标准化环境不同，"图书营销分类法行业标准"在标准分类体系中的定位也会有所不同。而就我国"图书营销分类法行业标准"来说，其在常见标准分类体系中的归属是比较明确的，下面对我国"图书营销分类法行业标准"进行定位分析。

（1）我国"图书营销分类法行业标准"是由新闻出版行业行政主管部门——新闻出版总署立项研制的，并须由其审批通过才能在行业范围内实施，因此它属于行业标准。当然，从制定主体和适用范围来划分的各类标准之间的关系并非截然对立的。首先，它们在适用范围上有重合之处，如行业范围内可以实施国家标准或区域标准、国际标准，企业范围内可以采用其他所有层次的标准；其次，在一定条件下，它们之间可以相互转化，如成熟的企业标准经过一定程序可以成为地方标准、行业标准，也可以成为国家标准、区域标准或国际标准。对于我国"图书营销分类法行业标准"来说，各出版发行企业可以直接将"图书营销分类法行业标准"作为自己的企业标准，也可以在"图书营销分类法行业标准"的基础上，制定更为细化、更符合本企业需要的图书营销分类法企业标准，即修改采用行业标准；在条件成熟并经过国家标准化行政主管部门审查的前提下，我国"图书营销分类法行业标准"也可以升级成为国家标准。

（2）从标准的约束力来看，我国"图书营销分类法行业标准"属于推荐性标准。我国强制性标准主要集中出现在与人民的身体健康、生命财产安全、环境保护等密切相关的领域，如食品生产、安全保护、特殊工种等。除此之外，绝大多数行业标准都是推荐性标准，"图书营销分类法行业标准"也不例外。但不能因为"图书营销分类法行业标准"是推荐性标准，就产生一种误解，即认为"图书营销分类法行业标准"属于推荐性标准，所以它就没有任何约束力，各出版发行企业完全可以自由选择执行或不执行。其实有时某项标准虽然属于推荐性标准，但并不意味着它没有任何约束力，因为标准还可以与一定的法律法规（包括部门规章）或行业公约相结合，从而具有约束力，我国出版行业实施的许多国家标准都属于推荐性标准，但因为它们中的不少已经与相关的出版行业法规相结合，因此事实上也具有强制性，如《中国标准书号》标准属于国家推荐性标准，但根据我国的图书出版管理体制，书号被作为一种图书合法出版的标志和调控手段，因此它在我国图书出版行业事实上是强制实施的，出版社不执行这个标准，图书就没有合法的身份证明。

（3）从标准化对象的基本属性来看，我国"图书营销分类法行业标准"属于基础标准。因为"图书营销分类法行业标准"的标准化对象——图书营销分类法具有多方面的用途，它既可以用于出版发行企业的图书营销分类管理工作，也可以用来为图书赋予分类代码，以进行营销信息流通，另外它在图书统计、图书市场调查等方面都有用途。因此"图书营销分类法行业标准"属于基础性标准，同时它与技术标准、管理标准和工作标准有着密切的联系，如它可以和出版发行企业关于图书营销分类的管理标准和工作标准相结合。

（4）从标准产生的途径和地位来看，我国"图书营销分类法行业标准"属于正式标准。我国"图书营销分类法行业标准"的编制与实施被纳入我国新闻出版行业标准化工作体系，它的制定严格遵循标准化工作程序，强调协商一致，因此属于正式标准。同时，如果"图书营销分类法行业标准"的实施工作组织得好，得到出版发行企业的广泛应用，那么它也可以成为图书营销分类领域的"事实标准"，即成为真正的通用性图书营销分类法。

5.2　标准化活动的原理与方法

"图书营销分类法行业标准"的编制、实施是一种标准化活动，因此，标准化的原理与方法对于"图书营销分类法行业标准"的编制、实施来说也具有指导意义和应用的价值。

5.2.1　标准化活动的基本原理

标准化是人类社会一种重要的活动，对标准化的基本原理的研究历来是标准化研究的重中之重，并出版了一系列的著作，国外有代表性著作的如英国桑德斯的《标准化的目的与原理》、日本松浦四郎的《工业标准化原理》。

1972年，国际标准化组织出版了英国标准化专家T.R.桑德斯的著作《标准化的目的与原理》，书中针对制定、修订、实施的标准化活动过程，从标准化的目的、作用和方法等方面总结了七项原理[①]：

原理1：从本质上来说，标准化是社会有意识地努力达到简化的行为。标准化不仅是为了减少当前的复杂性，而且也是为了预防将来产生不必要的复杂性。

原理2：标准化不仅是经济活动，也是社会活动，应该通过所有相关者的互相协作来推动。标准的制定必须建立在全体协商一致的基础上。

原理3：出版了标准，如果不实施，就没有任何价值。在实施标准时，为了多数利益而牺牲少数利益的情况是常有的。

原理4：在制定标准时，最基本的活动是选择以及将其固定之。因此，要慎重地从中选择对象和时机，而且，标准应该在某一时期内固定不变，以利实施。如果朝令夕改，只会造成混乱而毫无益处。

原理5：标准要在规定的时间内复审，必要时，还应进行修改。

原理6：制定产品标准时，必须对有关的性能规定出能测定或能测量的数值。必要时，还应规定明确的试验方法和必要的试验装置。需要测量时，应规定抽样方法、样本大小和抽样次数等。

原理7：标准是否以法律形式强制实施，应根据标准的性质、社会工业化程度、现行法律和客观情况等慎重加以考虑。

日本政法大学教授松浦四郎在1972年出版的《工业标化原理》一书中，全面系统地研究和阐述了标准化活动过程的基本规律，提出了标准化的十九条原则[②]：

（1）标准化本质上是一种简化，是社会自觉努力的结果。

（2）简化是减少某些事物的数量。

（3）标准化不仅能简化目前的复杂性，而且还能预防将来产生不必要的复杂性。

（4）标准化是一项社会活动，各有关方面应相互协作来推动它。

（5）当简化有效果时，它就是最好的。

---

① 洪生伟.标准化工程[M].北京：中国标准出版社，2008：37-38.
② 洪生伟.标准化工程[M].北京：中国标准出版社，2008：38-39.

（6）标准化活动是克服过去形成的社会习惯的一种活动。

（7）必须根据各种不同观点仔细地选定标准化主题和内容，优先顺序应从具体情况出发来考虑。

（8）对"全面经济"的含义，由于立场的不同会有不同的看法。

（9）必须从长远观点来评价全面经济。

（10）当生产者的利益和消费者的利益彼此冲突时，应该优先照顾后者，简单的理由是生产商品的目的在于消费或使用。

（11）使用简便最重要一条是"互换性"。

（12）互换性不仅适用于物质的东西，而且也适用于抽象概念或思想。

（13）制定标准的活动基本上就是选择然后保持固定。

（14）标准必须定期评审，必要时修订，修订时间间隔多长，将视具体情况而定。

（15）制定标准的方法，应以全体一致同意为基础。

（16）标准采取法律强制实施的必要性，必须参照标准的性质和社会工业化水平审慎考虑。

（17）对于有关人身安全和健康的标准，法律强制实施通常是必要的。

（18）用精确的数值定量评价经济效果，仅仅对于适用范围狭窄的具体产品才有可能。

（19）在拟定标准化的许多项目中确定优先顺序，实际上是评价的第一步。

松浦四郎的十九条原则中不少与桑德斯的七项原理有很多是重合的，只不过他的提法更加细化、具体。

我国标准化研究者对标准化的原理也进行了长期的研究与探讨，其中代表性的人物和观点如下：

中国标准化综合所研究员王征在1981年出版的《标准化基础概论》一书中提出标准化的五项基本原理：①统一原理；②简化原理；③互换性原理；④协调原理；⑤阶梯原理。[①]在上述原理中，他认为统一原理是标准化原理

---

① 洪生伟.标准化工程[M].北京：中国标准出版社，2008：39-40.

的核心和本质，其他原理都是统一原理的具体形式。而"统一"是科学合理的统一，也就是一定范围、一定程度、一定级别、一定水平、一定时间和一定的多数的统一。

中国人民大学工业经济系常捷教授在1982年提出了标准化的"八字原理"[1]：①统一；②简化；③协调；④选优。常捷认为，统一是目标，协调是基础，简化、选优是统一、协调的原则和依据。

我国的著名标准化专家李春田在1982年主编《标准化概论》时，提出了"简化""统一""协调""最优化"四项原理，并对每一个原理的含义、产生的客观基础、应用以及四项原理之间的关系做了全面的论述。在此后的《标准化概论》第2～4版中又提出了标准系统的四项管理原理，2005年出版的《标准化概论》第4版中对这四项原理的表述如下[2]：

（1）系统效应原理。其含义是：①标准系统是一个不可分割的整体，其效应一定要从完整的系统来看，而不是从独立要素的简单叠加来看。②标准化活动是由人力、物力、财力、技术等要素构成的社会活动。倘若根据需要或特定的目标，通过对各种要素的合理筹划和有机组合，便可产生特殊的效应——系统效应。

（2）结构优化原理。其含义是：①标准系统的结构不是自发形成的，是经过优化的结果，只有优化的系统结构，才能产生较好的系统效应。②标准系统的结构形式，总的来说是变幻无穷的，但最基本的有阶层秩序（层次之间的关系）、时间序列（标准的寿命时间方面的关系）、数量比例（具有不同功能的标准之间的结构与比例）和各要素之间的关系（主要是相互适应、相互协调的关系），以及它们之间的合理组合。③标准系统只有稳定才能发挥其功能，经过优化后的标准系统结构，应该能够相对稳定。

（3）有序发展原理。该原理认为，标准系统只有及时淘汰其中落后的、低功能的和无用的要素（减少系统的熵），补充系统激发力的新要素（增加负熵），才能使系统从较低有序状态向较高的有序状态转化。

---

① 洪生伟.标准化工程[M].北京：中国标准出版社，2008：40.
② 李春田.标准化概论[M].4版.北京：中国人民大学出版社，2005：68-84.

（4）反馈控制原理。该原理认为，标准系统演化、发展以及保持结构稳定和环境适应性的内在机制是反馈控制，系统发展的状态取决于系统的适应性和对系统的控制能力。

洪生伟2008年出版了《标准化工程》一书，在前人研究的基础上，比较全面地总结了标准化的八项原理，并对每项原理的指导意义进行了阐释。[①]

（1）超前预防原理。标准化的对象不仅要在依存标准化的实际问题中选取，而且更应从其潜在的问题中选取，以避免该对象非标准化发展后造成的损失。这项原理告诉我们，现代标准化不能像传统标准化那样，仅对已发生多样化，导致混乱的问题实行标准化（简化），现代科学技术的高速发展，往往会使这样的简化付出相当大的代价。对潜在的问题实施超前标准化，就会有效地预防其不必要的多样化和复杂化。

（2）系统优化原理。标准化对象应优先考虑其所依存的主体系统能获得最佳效益的问题。这个原理告诉我们：①没有标准化效益的问题（或项目），不必去实行标准化；②在能获取标准化效益的问题中，首先应考虑能获取最大效益的问题；③在考虑标准化效益时，不仅要考虑对象系统的局部（个别）化效益，更应考虑对象所在依存主体即全局的最佳效益，如：一个企业的环境保护标准化，不仅要看对企业能否取得最佳效益，而且还要看企业所在地区的环境保护系统效益。

（3）协商一致原理。标准与法律法规不同，无论是国际标准，还是国家标准、行业标准，一般都是推荐性标准。因此，标准化活动的成果（即标准）应建立在相关各方协商一致的基础上。这个原理告诉我们：标准化的成果（即标准）要让大家公认并接受和理解，才会去执行，就必须在标准的起草和编制过程中，让与标准相关的各个方面充分协商一致，取得共识。这样既可以使标准制定得科学合理，具有广泛的基础而且又可以为标准的顺利、有效地实施创造了前提条件。

（4）统一有度原理。标准化的核心活动就是统一，但不是统一到一个尺寸、一个特性上，"单一化"并不是标准化，不能满足人类对多样化的客观

[①] 洪生伟.标准化工程[M].北京：中国标准出版社，2008：41-46.

需求，也不符合事物发展的客观规律性。统一有度就是在一定范围、一定时期和一定条件下，对标准化对象的特性和特征作出统一规定，以实现标准化的目的。统一有度原理是标准化的本质与核心，它使标准化的形式、功能及其他技术特征具有一致性。这个原理告诉我们：①等效是统一的前提条件，只有统一后的标准与被统一的对象具有功能上的等效性，才能由统一的标准替代原来不统一的事物；②统一要先进、科学、合理，也就是要有度。

（5）动变有序原理。标准应依据其所处环境条件的变化而按规定的程序适时修订，以保证标准的先进性和适用性。这个原理告诉我们：①标准不应该是永恒不变的，它有一定的适用期，应该随着标准依存主体的发展变化而及时进行修订，以适应其发展的客观需要，否则就会因滞后而丧失其适用性；②标准的修订是有规定程序的，要按规定的时间、规定的程序进行修订和审批。

（6）互换兼容原理。互换性是指一种产品、服务或过程能够代替另一产品、服务或过程。兼容性是指不同产品、服务或过程在规定条件下一起使用，能满足有关要求而不会引起不可接受的干扰的适宜性。标准应尽可能使不同的产品、服务或过程实现互换和兼容，以扩大标准化效益。这项原理告诉我们研发新产品、拓展新服务以及开展各项活动过程中，都应该重视和尽可能实现互换和兼容，以互换兼容实现标准化活动效益的最大化。

（7）阶梯发展原理。标准化活动的过程是制定标准（P），组织实施标准（D），对标准的实施进行监督检查（C）和后处理（A）的过程。它要根据国民经济或企业内外等客观环境条件的变化而不断地促进标准化活动过程中的PDCA进行。如此反复循环，就可以持续改进和完善标准化活动过程，形成一个标准化过程的PDCA模式（如图5-1所示）。这个原理告诉我们：①标准的制定，意味着标准化活动过程的开始；只要这个标准不废除，那么这个标准化活动就不会停止；②标准每修订一次，标准水平就提高一阶；③标准的修订使标准的内容更加完善。

（8）滞阻即废原理。任何标准都有二重性，它既可促进标准化对象依存主体的顺利发展而获取标准化效益，也可制约或阻碍其依存主体的发展，从而带来负效应。当标准制约或阻碍其依存主体的正常发展，应立即废止。这个原理告诉我们：①标准是一把"双刃剑"，先进的标准会获得最佳秩序和效益，而落后的标准却会阻碍标准化对象的发展，带来负效益；②标准到了有效期的最后一年，标准的审批部门或归口的技术委员会应组织对标准的适用性进行审查，以更改、修订、废止、确认四种方式来进行处理。

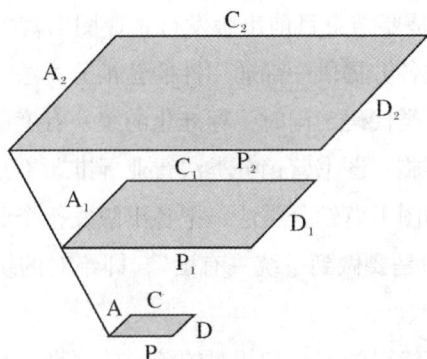

图5-1　标准化过程的PDCA模式[①]

标准化的基本原理，深刻揭示了标准化活动或标准化工作过程中的一些最基本的客观规律，为标准化实践提供了深刻的启示，在标准化活动中必须遵循这些规律，否则就会影响标准化的效果。

5.2.2 "图书营销分类法行业标准"编制、实施应遵守的标准化原理

对于"图书营销分类法行业标准"的编制与实施来说，上一小节总结的标准化原理具有重要的指导意义，尤其是统一有度、协商一致、系统优化、动变有序以及阶梯发展原理。

---

① 洪生伟.标准化工程[M].北京：中国标准出版社，2008：45.

1. "图书营销分类法行业标准"要达到统一的目标，要做到"统一有度"

统一是标准化的最基本原理，也是制定和实施标准的根本目标，没有统一就失去了标准化活动的价值与意义。编制和实施"图书营销分类法行业标准"，其目的之一正是要结束目前出版发行企业图书营销分类法使用的混乱现象，为行业的有关各方提供一部通用性的营销分类法，为行业图书营销信息交换规定统一的分类代码。同时，标准化的统一有度原理启示我们，统一不是单一，编制和实施"图书营销分类法行业标准"不是要强行取消各出版发行企业目前使用的图书营销分类法，把各出版发行企业的营销分类法都统一到一个模式中，而是要做到"统一有度"，即绝对的统一与相对的统一的有机结合。

标准的统一性有绝对的统一和相对的统一的区别。绝对的统一就是不允许任何灵活性的变通，相关企业只有完全执行标准中规定的内容，才能生产销售相关的产品以及提供相关的服务，如国家的强制性标准；还有一种就是相对的统一，它的出发点和总趋势是统一，但统一中还有灵活，根据情况区别对待。

在著者看来，"图书营销分类法行业标准"要体现的"统一"作用和要达到的"统一"目标，既是绝对的统一，也是相对的统一：①当它用于为图书赋予分类代码，以进行行业层次的营销信息交换时，其体现的统一是绝对的统一，即是说，只有当图书出版发行企业都完全按照"图书营销分类法行业标准"所规定的分类体系和代码来给图书赋予分类代码，才能实现在分类基础上的图书营销信息的行业共享和沟通，如果不同出版发行企业给同一本书给予了不同的分类代码，并用来进行信息交换，就会影响信息交换的质量；②当它用于指导各出版发行企业制定自身的营销分类法，进行图书分类管理时，所体现的统一则是相对的统一，因为我们事实上不可能要求所有的出版发行企业都按完全一样的分类法来对图书进行营销分类，把同样的书都摆在完全一样的陈列位置上，各出版发行企业可以在"图书营销分类法行业标准"的基础上，灵活地制定营销分类法行业标准使用本，并采用灵活的分类陈列和其他分类管理措施。

总之，"图书营销分类法行业标准"编制、实施要达到的"统一"目标，不是纯粹的"单一",而是充分考虑到各出版发行企业的特点,将绝对统一和相对统一结合起来。当然,要达到这个目标是有一定原则和要求的,一个是等效原则,即"当从众多的标准化对象中确定一种而淘汰其余时,被确定的对象所具备的功能应包含被淘汰的对象所具备的必要功能",[①]也就是说,我们应尽可能全面收集和认真分析出版发行企业目前使用的图书营销分类法,吸收其中合理的成分,使新的图书营销分类法能够充分满足出版发行企业的需求;二是先进性原则,即"统一化的目标绝不仅仅是实现等效替换,而是要使建立起来的统一性具有比被淘汰的对象更高的功能,在生产和使用过程中取得最大的效益",[②]也就是说,我们所编制的"图书营销分类法行业标准"应该能够超越图书出版发行企业使用的图书营销分类法的整体水平,并且能不断根据图书营销分类的发展而不断发展,广大出版发行企业才会愿意采用,达到相对统一的标准化目标。

2."图书营销分类法行业标准"的编制要遵守协商一致原则

协商一致是标准制定工作中的关键,从我国标准化工作的历史和现状来看,在协商一致方面普遍做得不够,影响了标准化的效果。我们常常囿于计划经济的体制和思维,以政府为主导来制定和发布标准,忽视标准实施主体即广大企业以及消费者的实际需求和意见,缺乏广泛的协商过程,造成很多标准制定出来即束之高阁,很难执行。如我国2009年12月初出台的《电动摩托车和电动轻便摩托车通用技术条件》国家标准,其中规定40公斤以上、时速20公里以上的电动自行车,将称为轻便电动摩托车或电动摩托车,划入机动车范畴,就引起了很大的争议,最后不得不暂缓实施。在这个标准的制定过程中,由于没有广泛征求过电动自行车生产、销售企业以及广大消费者的意见,没有体现协商一致,造成实施困难。

对于"图书营销分类法行业标准"的编制与实施来说,协商一致也十分重要,这是因为"图书营销分类法行业标准"涉及行业内众多的出版发行企业,还涉及广大的读者,如果不充分考虑不同出版发行企业以及不同读者群

---

① 李春田.标准化概论[M].4版.北京:中国人民大学出版社,2005:117.
② 李春田.标准化概论[M].4版.北京:中国人民大学出版社,2005:118.

体的差异，不充分征求出版发行企业和读者的意见，就会造成"图书营销分类法行业标准"缺乏代表性，也会给实施工作造成困难。当然，要在短时间内做到标准的完全协商一致是十分困难的，我们要结合实际，尽可能多地选择不同类型、规模的出版发行企业的代表来征求意见和协商标准制定的细节，也要认真听取读者的意见。

3. "图书营销分类法行业标准"的编制与实施要追求系统最佳效益

标准化的系统优化原理揭示了标准本身不是独立的，它属于一定的标准系统，"所谓的标准系统，一般是指为实现确定的目标，由若干相互依存、相互制约的标准组成的具有特定功能的有机整体。"[①]标准的作用的发挥，既取决于自身质量的高低，也取决于标准化系统中其他标准的相互协调与配合。此外，标准化活动本身又是一个由人力、物力、技术、信息等要素构成的系统，要通过合理的安排和科学的管理，使各种要素达到最佳的组合状态。

对于"图书营销分类法行业标准"来说，一方面我们要认识到它是属于出版物发行标准体系的一项基础标准，同时又与各项编辑、印刷等类标准构成出版行业标准体系，它与出版物发行标准体系中的其他各项标准，以及出版行业标准体系中的其他标准之间存在着客观上的联系。因此，在"图书营销分类法行业标准"的编制和实施过程中，要认真考虑与其他标准的协调问题，如就行业信息流通来说，仅有"图书营销分类法行业标准"是不够的，还需要《图书信息流通规则》等标准，我们在制定过程中，要考虑《图书信息流通规则》规定的信息元素定义和要求；同理，在《图书信息流通规则》中，也要为图书营销分类代码预留位置。另一方面，"图书营销分类法行业标准"的编制与实施活动涉及一系列人力、物力、技术等要素的投入与配合，我们要根据系统论的原理，加强对这些要素的合理安排和管理，使标准的编制与实施活动得以顺利进行。

---

① 李春田.标准化概论[M].4版.北京：中国人民大学出版社，2005：65.

4."图书营销分类法行业标准"要不断修订与完善

标准化的动变有序和阶梯发展原理告诉我们，标准活动不是静止不变的，而是动态发展的，标准要根据客观环境的变化和标准化对象本身的情况的变化而不断修订，如果标准不能适应这种变化而发展，则标准的实际作用就不大，甚至有可能被废止。标准因为不能适应新的形势而被废止，在标准化工作领域并不鲜见，如2005年6月，我国标准化主管部门开始对国家标准进行清理，第一批公示的经过清理的国家标准和国家标准计划项目占目前国家标准总量的83%，其中，约2500项标准被废止，约9000项标准被修订，清理后，国家标准数量减少23%。①

对于"图书营销分类法行业标准"来说，坚持发展性原则尤为重要：首先，"图书营销分类法行业标准"的应用环境十分复杂，它要适应不同类型的出版发行企业的需要，要兼顾实体图书、实体书店的营销分类以及数字图书、网络书店的营销分类，因此，要想达到理想化的标准目标，是一个长期的、分阶段的过程，很难毕其功于一役，标准的编制是分阶段的，标准的成果也可以是成系列、分部分推出，可以先制订某一标准来解决某一领域或某一类型的图书营销分类法标准化问题，再逐步制定其他标准来解决其他方面的图书营销分类法标准化问题；其次，图书营销分类工作本身还会随着社会环境的变化而不断发展，已有的"图书营销分类法行业标准"成果还要根据图书营销分类工作的需要不断修订，以适应这种变化。

---

① 国家标准清理进入数据公示阶段 两千多项标准将被废止[N/OL].[2009-12-17]. http：//www.people.com.cn/GB/paper1668/16067/1420300.html.

5.3 编制原则与编制思路

5.3.1 编制原则

本小节所探讨的"编制原则",与已经出版的《图书、音像制品、电子出版物营销分类法》标准文本中的"分类原则"有一定的区别,后者是指营销分类法分类体系的构建所遵循的原则,本小节所阐述的"编制原则"是从整个标准的编制工作来说的,编制原则是指导分类法设计以及标准制定的根本思想,它为我国"图书营销分类法行业标准"的编制明确了方向。著者对我国"图书营销分类法行业标准"的编制原则的思考,综合参考了文献分类法、零售分类管理以及标准编制的一般原则,并结合图书营销分类工作的实际。

1.科学性

"图书营销分类法行业标准"的编制是一项比较复杂、难度较大的实践性工作,需要在科学的理论与方法的基础上进行,才能确保标准的质量。具体地说,就是在标准编制过程中,要广泛吸收分类学、营销学和标准化学的理论成果,遵循文献分类、商品分类管理和标准化活动的基本原理,合理选择运用文献分类、商品分类管理和标准化活动的方法与技术,使标准能够反映相关学科的最新发展水平,具有先进性。

2.实用性

"图书营销分类法行业标准"作为我国出版发行行业的一项基础性标准,其基本功能是服务于广大出版发行企业的图书营销分类工作以及行业信息流通、统计、市场调查等。因此,在标准编制的过程中,应该把实用性放在重要的位置,在分类大纲、标记(编码)方法、分类主表类目体系构建、分类附表设计等分类法设计细节中,充分考虑图书营销分类与一般文献分类及商品分类的区别,充分考虑不同类型的图书在数量、读者对象、载体等方面的差异,充分考虑不同类型的出版发行企业在图书营销分类法使用和功能需求上的差异，充分考虑不同用户对"图书营销分类法行业标准"的理解与运用能力的差异。只有这样，才能使编制出的分类法标准被广大出版发行企业以及读者所接受与掌握，发挥其最大的作用。

3.系统性

文献分类法和标准都具有系统性的特点。

首先，文献分类法是一个由主表、基本类目表、辅助分类体系、附表、分类法使用手册等构成的宏观有机整体。分类法的类目结构则是由类名、类号、类级、注释和参照构成的微观有机整体。因此，在标准编制过程中，要系统地构建分类法的宏观结构和微观结构，如分类主表的设计，主表类目的设置要遵循科学的逻辑，逐层深入、逐级细化，类目之间层次分明，相互联系、相互制约。类目纵向层次的从属关系、并列关系、整体和部分的关系以及类目横向之间的相关关系、交替关系共同交织成一个整体的分类体系。

其次，标准不是孤立地存在，它属于一定的标准体系，同时又与别的标准存在着联系。因此，在编制工作中，要考虑"图书营销分类法行业标准"在标准体系中的地位，在确定指标时要考虑与其他标准的协调性，同时，也可以引用其他标准作为"图书营销分类法行业标准"的内容。

4.稳定性

无论是作为标准还是作为通用性的文献分类法，都必须具有一定的稳定性，才能在一个相当长的时期内作为基础性的标准或通用性的分类法来使用。"图书营销分类法行业标准"在分类法类目设置时要充分考虑当前市场上图书产品的结构、数量，并兼顾其发展趋势。在总结并继承我国出版发行企业营销分类工作成果的基础上，力求一、二级类目基本稳定，避免不必要的经常性修改。同时，在立类的依据、划分类目的依据的选择上，都要优先使用稳定性高的依据。

5.兼容性

图书营销分类是随着时代的发展变化而不断发展的，这就要求分类法也要因时而变，同时标准也要随着应用环境的变化而及时修订、完善。虽然标准本身的静态性比较强，但在标准编制的过程中如果能够兼顾发展性，则能够在一定程度上适应图书营销分类工作灵活多变的需要，如类目和代码设置为将来新事物、新学科、新技术带来的图书新种类预留充足的代码空间，再如通过复分表提高类目体系的兼容性。

6.协商一致

在标准编制的过程中，要充分体现协商一致的原则，特别是作为行业推荐性标准，要想使其被广泛接受，编制过程中的协商一致非常重要。协商一致是指在标准编制的过程中，行业内的关键成员能够充分了解标准的编制思想与内容，并就关键性问题达到一致。同时，协商一致并不代表没有不同意见，而是就不同的意见经过了协商，最后有一个结果。要坚持协商一致原则，要求标准制定时要充分调查和了解广大出版发行企业以及作者、读者对"图书营销分类法行业标准"的意见，与行业内的关键成员保持密切联系，通过意见征求和召开研讨会来统一相关问题的看法。

5.3.2 编制思路

编制原则是标准编制的指导思想，而在具体的编制工作展开之前，还应形成一定的编制思路。编制思路是标准编制具体路径与方法的选择，编制思路的确定一方面要符合编制原则，另一方面还要结合标准的功能与定位。以下是著者对我国"图书营销分类法行业标准"编制思路的思考。

1.在分类法的结构类型选择上，以体系式分类法的结构类型作为分类法设计的结构类型基础，并适当吸收分面分类法的分类技术

"图书营销分类法行业标准"编制面临的首要问题就是应选择哪一种分类法结构类型作为构建类目体系的基础，然后具体的编制工作才能展开。本书在总结文献分类的原理与方法时，总结介绍了当前主要的文献分类法的结构类型：体系式分类法、分面分类法、体系—组配式分类法，还有网络时代兴起的新型分类法——社会分类法。这几种分类法各自都有自己的优势和不足，都能应用于图书营销分类工作，但在为出版发行企业编制具有指导分类上架、分类统计功能的"图书营销分类法行业标准"时，只能选择体系式分类法作为分类法结构类型基础，具体来说有以下几个方面的原因：

（1）就当前的图书营销分类工作实际来看，出版发行企业对指导营销分

类陈列的分类法功能需求以及行业信息交换对图书营销分类编码方法的需求是基本和第一位的，从"急用先行"的标准编制基本原则来说，要以满足这两个基本需求为主要的标准功能定位。本书第3章对我国当前的图书营销分类工作现状进行了分析，可以看出，我国当前的图书营销分类工作中，上架陈列和信息交换还缺乏一部通用性图书营销分类法的指导，这是我国当前图书营销分类工作面临的最迫切的问题。

（2）体系式分类法在服务图书的上架陈列方面具有不可替代的优势，除此之外，它还可用于组织网站分类导航，建立各类分类检索系统，是一种广泛适用的分类法类型。相比较之下，分面分类法在服务图书上架陈列方面没有很多的应用价值，社会分类法主要用于网络信息的分类组织。

（3）体系式分类法在用户基础方面具有优势，对于大多数出版发行企业用户和广大读者来说，是一种比较容易接受和掌握的分类法类型。在我国各领域应用最广泛的分类法基本上都是体系式分类法，如《中国图书馆分类法》《中国人民大学图书馆分类法》《国民经济行业分类》《学科分类与代码》等。随着我国文化教育事业的发展，接受大中专教育的人越来越多，在大中专学校里，学生接受各专业学科教育，习惯从专业学科的角度来查找图书，而且各大中专学校的图书馆普遍开展读者培训，大中专学生对《中图法》的了解和使用有一定基础。他们毕业后无论是作为读者，或到出版发行企业工作，对采用与《中图法》相同结构类型的"图书营销分类法行业标准"就不会有太多的理解和掌握上的难题。相比较而言，分面分类法对于普遍层次的用户来说在理解和掌握上有较大的困难，它主要服务于专业人员的信息组织活动；社会分类法由于其自由性和动态性，虽然对于用户来说易于掌握，但它不适合用于指导基本的分类陈列以及行业内的信息交换需求。

（4）体系式分类法具有悠久的历史，编制和应用的技术都非常成熟。国内外目前应用最广泛的图书分类法大多都是体系式分类法，并且还在不断地发展完善之中，体系式分类法的编制和应用技术都已经相当成熟，可以给"图书营销分类法行业标准"提供良好借鉴。相比较而言，分面分类法在图书馆分类的实际应用中不是很多，它主要是在网络发展起来以后重新焕发生机。社会分类法是近几年兴起的分类法，还有一个完善的过程，不适宜作为一个具有相当长稳定期的分类法标准的基础。

综合以上考虑，在我国"图书营销分类法行业标准"的分类法结构类型选择上，体系式分类法是最佳的选择。在确定以体系式分类法结构类型为"图书营销分类法行业标准"的结构基础的同时，还应该注意适当地吸收分面分类法和社会分类法的一些特点和优势。当前纯粹的体系式分类法已经不多见，大多数体系式分类法都在一定程度上吸收分面分类法的技术，带有体系—组配式分类法的特点。体系式分类法吸收分面分类法技术的体现，主要表现在多重列类技术以及组配技术上，"图书营销分类法行业标准"可以考虑采用多重列类的技术和组配技术。社会分类法在主题立类上具有一定优势，因此，图书营销分类法可以考虑吸收社会分类法"主题立类"的特点，设置一些主题立类性的类目。

2.在编制步骤上，以制定标准的一般流程以及文献分类法设计的一般步骤为指导

"图书营销分类法行业标准"的编制属于标准化研究项目，所以编制工作要遵循制定标准的一般流程；同时它又属于文献分类法设计范畴，所以还要符合设计文献分类法的一般工作步骤。本书将标准编制的一般流程、文献分类法设计的步骤综合起来，形成我国"图书营销分类法行业标准"编制的技术路线（图5-1）。

3.在文本结构上，综合标准文本和文献分类法的文本特点

"图书营销分类法行业标准"不同于各出版发行企业自行制定的分类法的一个重要特点是它是以行业标准的形式制定和发布的，所以在文本形式上它首先要符合标准文本编写的一般规范，如要有标准的编号、术语、目录、前言、引言、适用范围说明、规范性引用文件的说明、术语等标准文本组成要素；除此之外，还必须具有一般文献分类法特别是图书分类法的文本形式特征，如就一般体系式文献分类法的文本结构来说，要有分类简表、分类详表，还可以有复分表（专用复分表和通用复分表）、类目索引等。

```
                    ┌─────────────────────┐
                    │   确定标准编制项目   │
                    └──────────┬──────────┘
         ┌─────────────────────┼─────────────────────┐
         │                     │                      │
┌────────┴────────┐                         ┌─────────┴──────────┐
│   国内外标准     │                         │ 分类功能分析与定位 │
│  化现状调查      │                         └─────────┬──────────┘
└────────┬────────┘                         ┌─────────┴──────────┐
         │                                  │ 用户调查与信息资源调查 │
         │                                  └─────────┬──────────┘
         │                                  ┌─────────┴──────────┐
┌────────┴────────┐                         │   分类体系设计     │
│  标准用户调查   │                          └─────────┬──────────┘
└────────┬────────┘                         ┌─────────┴──────────┐
         │                                  │   分类标记设计     │
         │                                  └─────────┬──────────┘
         │                                  ┌─────────┴──────────┐
         │                                  │   分类主表设计     │
┌────────┴────────┐                         └─────────┬──────────┘
│  标准文本构成    │                         ┌─────────┴──────────┐
│  要素的确定     │                          │   分类辅助表设计   │
└────────┬────────┘                         └─────────┬──────────┘
         │                                  ┌─────────┴──────────┐
         │                                  │ 通用性图书营销分类法 │
         │                                  └─────────┬──────────┘
         └─────────────────┬────────────────────────┘
                 ┌─────────┴──────────┐
                 │ 标准草案（征求意见稿） │◀────────────┐
                 └─────────┬──────────┘               │
                 ┌─────────┴──────────┐      ┌─────────┴─────┐
                 │   征求意见         │- - - -│    修改       │
                 └─────────┬──────────┘      └───────────────┘
                 ┌─────────┴──────────┐
                 │  标准草案（送审稿）  │◀────────────┐
                 └─────────┬──────────┘               │
                 ┌─────────┴──────────┐      ┌─────────┴─────┐
                 │     审查           │- - - -│    修改       │
                 └─────────┬──────────┘      └───────────────┘
                 ┌─────────┴──────────┐
                 │  标准草案（报批稿）  │◀────────────┐
                 └─────────┬──────────┘               │
                 ┌─────────┴──────────┐      ┌─────────┴─────┐
                 │     审查           │- - - -│    修改       │
                 └─────────┬──────────┘      └───────────────┘
                 ┌─────────┴──────────┐
                 │   标准出版稿       │
                 └────────────────────┘
```

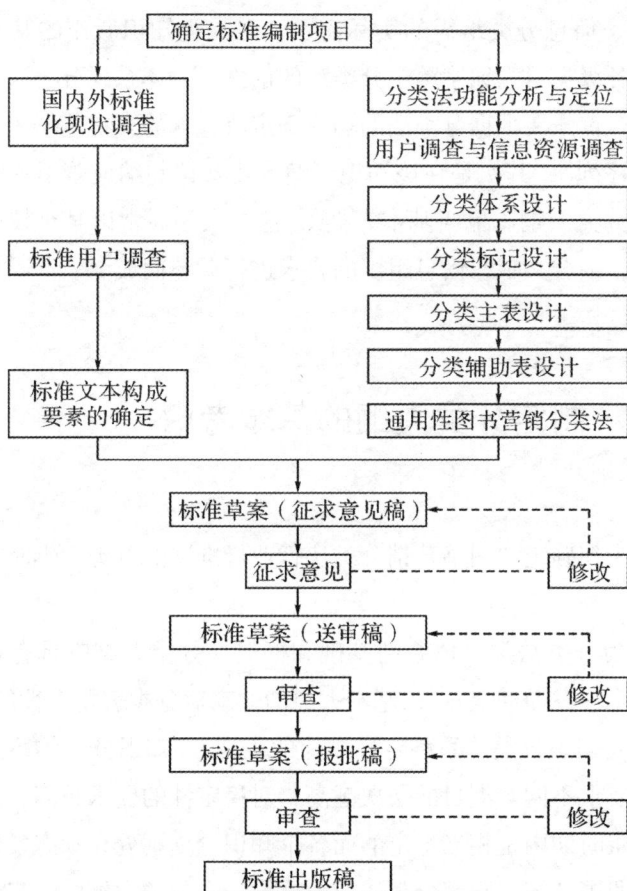

图5-1 我国"图书营销分类法行业标准"编制的技术路线

5.4 分类大纲的制定

在体系式文献分类法的编制中，分类大纲的确定占有重要的地位，因为体系式文献分类法是建立在知识分类的基础上的，"分类法的知识分类体系，是根据文献、信息分类组织的实际需要，对人类知识所作的基本划分与排列，是构筑各级类目、编制整个分类法的依据。"①体系式分类法的知识分类体系的构建，首先要根据分类法的功能确定所包含的知识范畴（一般叫基本部类或基本序列），其次是在该知识范畴内将知识归纳成若干一级类目，形成分类法的分类大纲（也叫基本大类），这个大纲通常以某个较通用的分类体系为基础，结合文献、信息组织的要求进行调整而成。

5.4.1　制定分类大纲的基本考虑

著者认为在确定"图书营销分类法行业标准"的分类大纲时，应考虑到以下几点：

（1）作为分类法类目体系的基础和框架，分类大纲应具有较高的稳定性。因为"牵一发而动全身"，基本大类的改动对分类表稳定性的影响较大；同时，这也是知识分类体系稳定性规律的表现，"知识分类体系的各个层次对稳定性的要求不同。类目的层次越高，对稳定性的要求越高，这与人类知识领域在一定时期内是相当稳定的而各个知识分支则处在动态发展之中是相吻合的。"②我国"图书营销分类法行业标准"在分类大纲的制定过程中，应以基本的知识划分为基础，并参考国内外成熟的综合性体系式图书分类法的分类大纲以及国内外著名出版发行企业的图书营销分类法分类大纲，在此基础上制定的分类大纲具有较好的稳定性。

（2）分类大纲基本类目的确定，应以知识分类本身的结构为基础，另外应考虑到类目所代表的图书的市场流通数量以及在图书营销中的地位，把那些在一般分类法分类体系中类目层可能很低，但市场流通数量大、营销地位重要的类目直接提升为基本大类，这是服务图书营销分类的实用性的需要。

---

① 戴维民.信息组织[M].北京：高等教育出版社，2004：69.
② 张琪玉.情报检索语言实用教程[M].武汉：武汉大学出版社，2004：33.

（3）分类大纲中基本大类类目数量要适量。一般来说，分类大纲中的类目数量"决定于某部类所包含的独立的知识领域，既要考虑科学学科的划分，也要考虑知识领域划分的习惯方法。作为综合性的分类法，基本大类的设置还要考虑到各学科领域的平衡。"[①] 这些对于"图书营销分类法行业标准"分类大纲的制定来说也是适用的。除此之外，还应考虑到出版发行企业营销分类管理的实际，过多或过少都不利于出版发行企业的营销分类管理。

（4）分类大纲中基本大类排列的顺序要有逻辑性和营销指导性。虽然有学者认为："分类法一级类目的排列是为了体现知识内在的逻辑性，对其组织文献、信息，检索文献、信息的功能没有影响。不论是先序列社会科学知识再序列自然科学知识，不论是历史类在前还是现实类在前，只要各个大类之间的逻辑次序基本合理就可以，因为没有公认的、为所有人接受的分类体系。"[②]但对于"图书营销分类法行业标准"来说，分类大纲类目体系的排列还是要体现一定的规律与顺序，以便于用户掌握，并体现"图书营销分类法行业标准"指导图书营销分类的功能。"图书营销分类法行业标准"分类大纲类目排列的顺序，一方面可以考虑以"社会科学—自然科学"为总体上的排列顺序，另一方面可以考虑"关联销售"的原则，即把性质相近或相关、读者对象接近的类目排列在一起，指导出版发行企业在分类陈列时进行合理布局，实现关联销售。

5.4.2 制定分类大纲的具体方法

制定分类大纲是一件复杂的工作，要运用多样化的方法，本书认为以下方法对于"图书营销分类法行业标准"分类大纲的制定来说具有参考意义。

---

① 中国图书馆分类法编辑委员会.《中国图书馆分类法》（第四版）使用手册 [M]. 北京：北京图书馆出版社，1999：17–18.

② 戴维民.信息组织[M].北京：高等教育出版社，2004：69.

5.4.2.1 对比分析国内外主要体系式分类法的分类大纲

就反映人类知识的分类体系而言，国内外主要综合性体系式图书分类法的分类大纲经过长期的实践检验和不断完善，具有很强的稳定性，值得在确定分类大纲时借鉴。

表5-1和表5-2所列是几部国内外主要综合性体系式图书分类法的分类大纲类目设置情况。

表5-1 国内主要体系图书分类法的分类大纲

《中国人民大学图书馆图书分类法》（1996年第6版）	《中国科学院图书馆图书分类法》（1994年第3版）	《中国图书馆图书分类法》（2010年第五版）
1马克思主义、列宁主义、毛泽东思想	00马克思列宁主义、毛泽东思想	A马克思主义、列宁主义、毛泽东思想、邓小平理论
2哲学	10哲学	B哲学
3社会科学、政治	20社会科学（总论）	C社会科学总论
4经济	21历史、历史学	D政治、法律
5军事	27经济、经济学	E军事
6法律	31政治、社会生活	F经济
7文化、教育、科学、体育	34法律、法学	G文化、科学、教育、体育
8艺术	36军事、军事学	H语言、文字
9语言、文字	37文化、科学、教育、体育	I文学
10文学	41语言、文字学	J艺术
11历史	42文学	K历史、地理
12地理	48艺术	N自然科学总论
13自然科学	49无神论、宗教学	O数理科学和化学
14医药、卫生	50自然科学（总论）	P天文学、地球科学
15工程技术	51数学	Q生物科学
16农业科学技术	52力学	R医药卫生
17综合性科学、综合性图书	53物理学	S农业科学

《中国人民大学图书馆图书分类法》（1996年第6版）	《中国科学院图书馆图书分类法》（1994年第3版）	《中国图书馆图书分类法》（2010年第五版）
	54化学	T工业技术
	55天文学	U交通运输
	56地球科学（地学）	V航空、航天
	58生物科学	X环境科学、劳动保护科学
	61医药、卫生	Z综合性图书
	65农业科学	
	71工程技术	
	90综合性图书	

表5-2 国外主要体系式图书分类法分类大纲

《杜威十进分类法》（DDC）（第21版）	《国际十进分类法》（UDC）（1985年英文版）	《美国国会图书馆分类法》（LCC）
000 Computers, Information & General Reference（计算机、信息及总论）	0 Science and knowledge（总论、科学与知识）	A General Works（总论）
100 Philosophy & Psychology（哲学和心理学）	1 Philosophy, Psychology（哲学、心理学）	B Philosophy, Psychology, Religion（哲学、心理学、宗教）
200 Religion（宗教）	2 Religion（宗教）	C Auxiliary: sciences of history（历史：辅助科学）
300 Social sciences（社会科学）	3 Social sciences（社会科学）	D History: General and old world（历史：世界史）
400 Language（语言）	5 Mathematics, Natural sciences（数学、自然科学）	E-F History: America（历史：美洲史）
500 Science（自然科学）	6 Applied Sciences, Medicine, Technology（应用科学、医学、技术）	G Geography, Anthropology, Recreation（地理学、人类学、娱乐）

续　表

《杜威十进分类法》(DDC)(第21版)	《国际十进分类法》(UDC)(1985年英文版)	《美国国会图书馆分类法》(LCC)
600 Technology (技术)	7 Arts, Recreation, Entertainment, Sport (艺术、娱乐、文娱、体育)	H Social Science (社会科学)
700 Arts & Recreation (艺术与娱乐)	8 Language, Linguistics, Literature (语言、语言学、文学)	K Law (法律)
800 Literature (文学)	9 Geography, Biography, History (地理、传记、历史)	L Education (教育)
900 History & Geography (历史和地理)		M Music and Books on Music (音乐)
		N Fine Arts (美术)
		P Language and Literature (语言和文学)
		Q Science (自然科学)
		R Medicine (医学)
		S Agriculture (农业)
		T Technology (工业技术)
		U Military Science (军事科学)
		V Naval Science (海军科学)
		Z Bibliography and Library Science (目录学以及图书馆科学)

对比分析上表中所列国内外主要综合性体系式图书分类法的分类大纲，可以看出它们都反映了对人类知识的最基本的划分，主要区别在于类目的学科平衡性、类目排列顺序、类目数量等方面。而综合起来考虑，《中图法》的分类大纲的类目的学科平衡性较好（兼顾了社会科学和自然科学的分类平衡），类目排列顺序逻辑性强（总体上按"哲学—社会科学—自然科学—综

合性图书"顺序排列，不少相邻类目之间存在联系），类目数量也比较适中。更重要的是，《中图法》在我国具有良好的用户基础，符合我国读者的基本认知习惯，因此，在我国"图书营销分类法行业标准"分类大纲的制定中，《中图法》的分类大纲最具有参考价值。

5.4.2.2 对比分析国内外综合性大型书店图书营销分类法的分类大纲

国内外综合性大型书店在图书营销分类工作中使用的分类法大纲反映了图书营销分类工作本身的特点，尤其是反映了读者需求和各类别图书在流通市场上的数量及地位，对设计"图书营销分类法行业标准"的分类大纲具有直接的参考意义。表5–3、表5–4和表5–5列出了国内外具有代表性的综合性的书店使用的营销分类法大纲。

表5–3 四家国内书城的卖场陈列分类大纲

北京图书大厦	深圳书城中心城	广州购书中心	武汉光谷书城
马恩列斯毛邓著作及研究	政治/军事	领袖著作	社科
政治/法律/军事	法律	政治	经济
经济	经济	法律	法律
管理	管理	经济管理	文学
哲学/宗教/社会科学	哲学/宗教	哲学宗教	美术
历史/文明/文化	社会/文化	文化理论	音乐
外语	历史/传记	历史/地理	科技
考试/教育	语言文字	社会科学	计算机
中小学教辅	中小学教材教辅	语言/文字	医药
青少/幽默/动漫	"我的地盘"（青年主题店）	教育	生活
文学	文学	少儿读物	教育
体育	艺术	文学	外语

续 表

北京图书大厦	深圳书城中心城	广州购书中心	武汉光谷书城
家庭/生活/女性/食品/菜谱/烹饪	生活闲暇	艺术	儿童
自然科学	医学	生活服务	
医学/卫生/保健	综合科技	自然科学	
农业/林业	计算机	医药/卫生	
工业技术	建筑	农业	
计算机/网络		工业技术	
旅游/交通		建筑科学	
		交通运输	
		综合性图书	

表5-4 三家国内网上书店的分类大纲

当当网	卓越亚马逊	蔚蓝网
小说	文学	科学技术
文艺	经济管理	考试辅导
青春	生活	经济管理
励志/成功	人文社科	文学艺术
少儿	计算机与网络	社会科学
生活	教育/科技	时尚生活
人文社科	少儿	特色分类
管理	特色类别	
科技	进口原版	
教育		
工具书		
国外原版书		

表5-5 三家国外著名网上书店的分类大纲

亚马逊网上书店 (http://www.amazon.com)	巴诺网上书店 (www.barnesandnoble.com)	鲍德斯网上书店 (http://www.borders.com)
Arts & Photograph	Business Books	African American
Audiobooks	Cheap Books	Art & Photography
Biographies & Memoirs	Children's Books	Audiobooks
Business & Investing	Christian Books	Bargain
Children's Books	Computer Books	Biographies
Christian Books	Cookbooks	Business & Money
Comics & Graphic Novels	Ebooks	Calendars
Computers & Internet	Medical Books	Computers & Internet
Cooking, Food & Wine	mp3 Books	Cooking & Food
Crafts & Hobbie s	Picture Books	Entertainment
Entertainment	Political Books	Fiction
Gay & Lesbian	Psychology Books	GLBT
Health, Mind & Body	Puzzles	Graphic Novels & Manga
History	Reference Books	Health, Mind & Body
Home & Gard	Religion Books	History
Literature & Fiction	Science Books	Home, Garden & Crafts
Mystery & Thrillers	Self Help Books	Humor
Nonfiction	Study Guides	Journals & Stationery
Outdoors & Nature	Used Books	Kids
Parenting & Families	Young Adult Books	Local Interest
Politics		Mysteries & Thrillers
Professional & Technical		Politics & Government
Puzzles & Games		Reference
Reference		Religion & Spirituality
Religion & Spirituality		Romance
Romance		Science & Nature

续 表

亚马逊网上书店 (http://www.amazon. com)	巴诺网上书店 (www.barnesandnoble. com)	鲍德斯网上书店 (http://www.borders.com)
Science		Science Fiction & Fantasy
Science Fiction & Fantasy		Self-Help
Self-Help		Sports
Sports		Teens
Textbooks		Travel
Teens		
Travel		

对比分析以上国内外具有代表性的综合性书店所使用的营销分类法大纲，可以看出它们在类目数量、类目排列顺序等方面差异较大，并且它们与表5-1及表5-2中的综合性体系式图书分类法的分类大纲相比，具有以下特点：

①不追求知识分类的完整性，即很难从这些分类大纲看出对人类知识的完整划分，有些把上位类与下位类同时排列在分类大纲中，如当当网的"文艺"与"小说"。

②类目排列的逻辑性不强。综合性书店分类大纲中的类目排列比较随意（除了国外网上书店的分类大纲类目排列以类名的英文首字母顺序排列），很难看出类目排列遵循了某种逻辑性，如当当网把"小说"排在第一位，这可能是因为此类图书在其经营的重要地位。

③类目体系的稳定性不强。事实上，各大卖场和各大网上书店的分类大纲随时可能调整，表中列出的是某一个时期使用的分类大纲。它们的优点是均能反映出当前读者的比较稳定的需求及流通市场上重要的图书类别，这些分类大纲在基本的知识分类体系之外，普遍设置了有关计算机、少儿阅读、中小学教材教辅、生活娱乐等方面的类目，这些类目在综合性图书分类法的分类大纲中很少出现。在制定"图书营销分类法行业标准"的分类大纲时，在《中图法》分类大纲的基础上，可以有选择性地把国内外大量的出版发行

企业营销分类法大纲中稳定的、具有代表性的类目作为一级类目。

5.4.2.3 "图书营销分类法行业标准"分类大纲的确定和特点

在"图书营销分类法行业标准"分类大纲的制定过程中，前面所分析的几种方法都得到了应用，同时项目组还邀请了出版发行企业的代表参与分类大纲讨论，经过反复讨论和修改，最后确定如下"图书营销分类法行业标准"的分类大纲：

01 马列主义、毛泽东思想、邓小平理论

02 政治

03 法律

04 军事

05 经济

06 管理

07 哲学

08 宗教

09 文化

10 历史、地理

11 社会科学

12 语言文字

13 教育、科学研究

14 中小学教材、教辅

15 少儿读物

16 文学

17 艺术

18 体育

19 生活休闲

20 自然科学

21 医药卫生

22 农业

23 工业技术

24 计算机

25 建筑

26 交通运输

27 综合性图书

以上"图书营销分类法行业标准"的分类大纲具有以下特点：

（1）在立类原则上，以对人类知识体系的基本划分和完整划分为基础。同时兼顾图书营销分类管理的实际，把一些读者需求稳定、流通数量大、市场地位显著的图书类别跨越逻辑层次，列为一级大类，主要包括"06管理""14中小学教材、教辅""15少儿读物""19生活休闲""24计算机"，这五个类目所对应的图书在我国图书市场上占有重要的地位，在各大书店的分类大纲中都有体现。除此之外，结合我国国情，设置"01马列主义、毛泽东思想、邓小平理论"特别类目。

（2）在类目排序上，总体按从"社会科学"到"自然科学"的顺序，并根据关联陈列的原则，对原《中图法》分类大纲的类目排序进行了调整，尽量让分类陈列上比较接近的类目集中在一起。如第1个大类是政治意识形态性强的"01马列主义、毛泽东思想、邓小平理论"，第2个大类不是按一般分类法排列"哲学"，而与第1大类较为接近的"02政治"类，一般书店在营销分类工作中也是将这两个大类陈列在一起的；另外，把新设类目"06管理"列在"05经济"之后，"14中小学教材、教辅"和"15少儿读物"列在"13教育、科学研究"之后，把"24计算机"列在"23工业技术"之后，都体现了类目之间的关联，有利于引导书店进行关联陈列。

（3）在类目数量上，考虑一般综合性书店管理的实际，共设27个一级大类，应该说比较适中，因为目前国内外大多数综合性书店的分类大纲类目数量在20~30个左右，类目过多会造成过于细分，类目交叉关系就会增多，并会给管理带来不便；过少则会造成区分度不够，造成下位类级别过多，不利于卖场的分类标识。

5.5 分类标记系统的设计

分类法的分类标记系统，是指分类法全部类目的标记符号及其构成的整体联系，是分类法重要的、不可缺少的组成部分。类目的标记符号也称为分类号、类号，在分类法的编制过程中，每确定一个类目，除了要确定类名外，还必须给其赋予一个类号，因此在展开具体的类目体系构建之前，必须进行分类标记系统的设计，即确定如何给每个类目分配代码的方法。

5.5.1 分类标记的功能

戴维民等认为分类标记的功能主要体现在三个方面：

（1）以代号的形式表达类目。分类标记以简洁的非文字符号形式代表类目，包括类目表达的主题概念。这样，一个复杂的主题概念变成了简单的号码，从而使类目的读、写、记忆，特别是类目的逻辑排序，以及使用类号的检索变成可能并且十分方便。在分类数据索引库中，记录指向的是分类号，这样即使类名发生变化，对数据库中信息的定位也没有影响。

（2）固定类目位置。一个类目只有唯一的分类号，这样不但使类目在庞大的分类体系中固定了自己的位置，也由分类号的次序固定了类目的排列次序，全部分类号的排序就是分类所有类目的逻辑次序。在文献分类法中，这对于分类款目的排序、文献的分类排架是至关重要的。

（3）显示类目之间的关系。当分类标记采用结构制编制时，分类标记还有显示类目之间的从属、并列，甚至某些特定的含义。对类目的识别和记忆，对于扩大或缩小检索范围都是有帮助的。[①]

---

① 戴维民.信息组织[M].北京：高等教育出版社，2004：86–87.

　　另外，我国国家标准《信息分类编码的基本原则与方法》（GB/T 7027–2002）也分析了信息编码的主要作用，包括"标识""分类""参照"。"标识的目的是要把编码对象彼此区分开，在编码对象的集合范围内，编码对象的代码值是其唯一性标志；信息编码的分类作用实质上是对类进行标识；信息编码的参照作用体现在编码对象的代码值可作为不同应用系统或应用领域之间发生关联的关键字。"[①]这对于我们认识分类标记的功能也有一定启示。

5.5.2　对分类标记的性能要求

　　尽管具体表述不太一样，但分类法研究者对于分类标记应达到的性能要求的认识基本一致，即分类标记应具有容纳性、表达性、简短性和易记性。俞君立、陈树年等对这四个方面性能的分析如下[②]：

　　（1）标记符号的容纳性。它是指标记符号不束缚类目体系的发展，能适应任何类目和类列的必要细分和增补，能为新出现的学科或主题配上符合类目体系要求的恰当的标记符号。

　　（2）标记符号的表达性。它是指标记符号能够体现类目体系的结构特点；分类号能够显示文献中各种学科主题之间或某学科主题中各个主题因素之间的相互关系。

　　（3）标记符号的简短性。它是指类号要简短明了，便于藏书排架。因为藏书总是处于经常要被借出和归架的状态之中，如果分类号编制复杂、冗长，必然会影响藏书排架与借阅工作，也会增加藏书改编的工作量。

　　（4）标记符号的助记性。它要求配备的类号具有规律性及可理解性，易记、易认、易写、易于计算机处理。标准符号的助记性强，有利于提高分类

---

① 中国标准出版社第一编辑室.标准化工作导则、指南和编写规则汇编[M].2版.北京：中国标准出版社，2004：236.

② 俞君立，陈树年.文献分类学[M].武汉：武汉大学出版社，2001：44.

检索的速度与效果，也有利于藏书排架。

5.5.3 分类标记符号的种类与标记制度

在长期的分类法的编制与使用中，为了更好地实现分类标记的功能，达到容纳性、表达性、易记性和简短性的性能要求，在一定的标记符号种类的基础上，探索出一系列的分类标记制度，即编码方法。

5.5.3.1 标记符号的种类

标记符号的种类是就类号所采用的标记符号的形式特征而言的，有单纯号码与混合号码两种。

单纯号码是指采用某一种符合通行习惯并具有一定固有次序的符号系统。它又可分为单纯数字号码和单纯字母号码两种，常见的是单纯的阿拉伯数字号码。如DDC、UDC、《人大法》《科图法》都使用单纯数字号码。

混合号码是指同时采用两种或两种以上符合通行习惯并具有固有次序的符号系统，一般是字母与阿拉伯数字相结合。如《中图法》、LCC均采用混合号码。

5.5.3.2 标记制度

分类法的标记制度也称为编号制度、配号制度，是编制分类法标记的根本方法，决定着分类标记系统的类型和功能。分类法中比较常用的标记制度有层累标记制、顺序标记制、混合标记制、分面标记制。

1.层累标记制

层累标记制又称等级标记制，是类号位数与类目等级相适应、层次分明的一种标记制度，一般用一位或两位符号标记一个大类，再加一位符号标记二位类目，如此层层累加，表示类目的层层划分。层累制的主要优点是：分类号能够体现类目的等级关系，表达性强，便于扩大或缩小检索范围。其缺点是：类目越细，类号就越长，影响号码的简短性。

顺便提一下，通过层累标记制生成的号码在信息分类与编码中也叫层次码，不仅在文献分类中使用，在非文献信息分类中也有广泛应用。

《信息分类编码的基本原则与方法》（GB/T 7027–2002）认为："层次码非常适合于诸如统计目的、报告货物转运、基于学科的出版分类等情况。"①

2.顺序标记制

顺序标记制是对类目体系中不同等级的类目只按其先后次序配置号码的一种标记制度。其主要优点是：配号方法简单，类号比较简短，容纳性强。其主要缺点是：类号不能体现类目之间的相互关系，表达性和助记性较差。如《美国国会图书馆分类法》中的部分代码：

H 社会科学

HD 经济史：农业和工业

HD101—2200 土地与农业

HD101—1130 一般问题

3.混合标记制

混合标记制是将层累制与顺序制两者相结合的一种标记制度，力求吸取层累制与顺序制的优点。包括层累—顺序制和顺序—层累制两种基本类型。较多采用的是在层累制的基础上有限、灵活地加入顺序制配号法，以缩短号码的长度或局部增加号码的容量，层累—顺序制基本上显示了类目的等级结构及逻辑关系，如《科图法》中的例子：

71能源学、动力工程

71.1电能学

71.11电的产生

4.分面标记制

分面标记制一般用于分面分类法，它是用分面符号把类号分成若干段，

---

① 中国标准出版社第一编辑室.标准化工作导则、指南和编写规则汇编[M].2版.北京：中国标准出版社，2004：240.

使每一段的号码代表主题的一个方面，以显示类目组配结构的一种标记制度。分面标记制最早在《国际十进分类法》（UDC）中出现，在《冒号分类法》中得到了全面系统的应用，例如在《冒号分类法》中，"1950年印度数学书目"这个主题的类号为：Ba.44 'N5。其中"B"表示"数学"，"a"表示书目，"44"表示印度，"'"表示时间范畴，"N5"表示1950年。分面标记制的主要优点是：能够显示类目的组配结构，揭示复合主题中各个主题因素及其联系，表达性强；适应新学科、新主题不断出现的情况，有较强的容纳性；如果将分类号中的每段号码调动位置，就能局部改变原有分类体系，集中某些文献，在分类检索系统中为读者提供多途径检索。其主要缺点是：编号方法比较复杂，不容易掌握；号码较长，不利于识记。

体系式分类法适当地采用分面分类法标记制，也能取得明显的效果，如将主类号与复分表的类号进行组配，《中图法》就支持这种组配方式；还有就是主类号之间的组配。

5.其他特殊的标记制度

除了以上基本的标记制度外，还有其他一些特殊的标记制度，如"八分法"（用阿拉伯数字"9"作为空位号来扩展同位类号码）、"双位制"（用双位数字表示各个同位类）、"借号法"（采用借用下位类类号、上级类类号、或同级类类号的编号方法）等，因为其在"图书营销分类法行业标准"编制中的应用价值不大，所以本书不再探讨。

5.5.4 "图书营销分类法行业标准"分类标记系统的设计

在设计"图书营销分类法行业标准"的分类标记系统时，既应考虑到一般文献分类法对分类标记系统功能和性能的要求，也应具体考虑到"图书营销分类法行业标准"本身的特点以及用户的实际情况：

①"图书营销分类法行业标准"主要功能是服务于上架陈列等营销分类业务以及信息的统计、交换，对类号在分类层次上的表达性以及简短性、易

用性要求很高，而由于"图书营销分类法行业标准"在类目数量和细分程度上远远不如综合性的分类法，因此对类目容纳性和类目区别的表达性方面的要求不及综合性分类法。

②还要考虑到从事营销分类工作的出版发行企业的员工不是专业的文献分类工作者，对过于复杂的标记制度（如分面标记制、八分法、借号法等）的掌握与理解能力有限，这些特殊的标记制度产生的标记符号对指导上架陈列也没有什么特殊的价值，因此可以不采用这些特殊的标记制度。

在"图书营销分类法行业标准"的编制过程中，分类标记系统的设计也考虑到了以上两点，最后确定了分类标记系统的设计的主要方法。

（1）在标记符号的种类上，主类表选择单纯数字数目代码；复分表的类目代码，如果系引用其他标准的，就使用其他标准的标记符号和标记方法，以体现兼容性，如果是自编的，则也使用纯数字代码。

（2）在标记制度上，以层累标记制为主，并在每个层次的类目中采用双位码的顺序标记制度。这样的标记制度既考虑到对分类层次性的表达性，也便于使用者的掌握以及计算机的数据处理。

其具体的标记方法以及类目代码的构成方式分述如下：

5.5.4.1 "图书营销分类法行业标准"主类表类目代码

主类表类目代码采用非固定码位总长的层次码，用阿拉伯数字表示；每层次码均为2位数字，不足2位的前端用"0"补齐；自1层2位到4层8位，各层次码之间用半角符号"."作为分隔符号。

一级类目代码由第一层次码表示，二级及其以下类目代码均由其上位类目代码与本层次码共同组成。

主类表类目代码结构图如下：

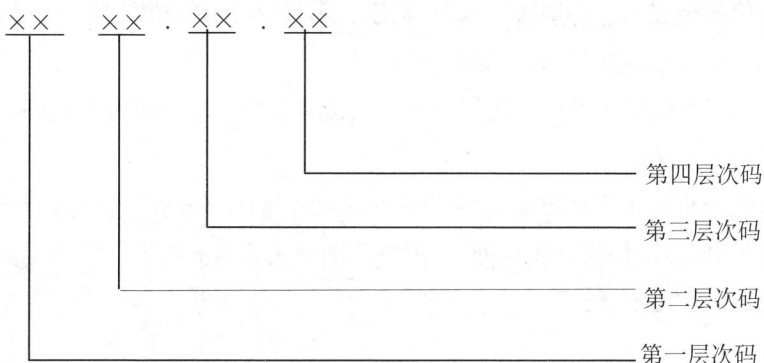

主类表类目代码的实例如下：

类目代码	类目名称
03	法律
03.01	法学理论
03.02	世界法律概况
03.03	各部门法
03.03.01	国家法、宪法
03.03.02	行政法
03.03.03	经济法、财政法
03.03.03.01	经济法
03.03.03.02	财政法
03.03.03.03	金融法
······	······

5.5.4.2 "图书营销分类法行业标准"复分表类目代码

在"图书营销分类法行业标准"的复分表中，《世界国家和地区复分表》《中国行政区划复分表》《世界语种复分表》中类目代码分别按国家标准GB/T 2659—2000《世界各国和地区名称代码》、GB/T 2260—2007《中华人民共和国行政区划代码》、GB/T 4880.1—2005《语种名称代码 第1部分:2字母代码》的相关规定执行。其他复分表类目代码采用非固定码位总长的层次码，用阿拉伯数字表示；每层次均为2位数字，不足2位的前端用"0"补齐；自1层2位到2层4位，各层次码之间无分隔符号。

一级类目代码由第一层次码表示，二级类目代码由一级类目代码与第二层次码共同组成。

除引用相关国家标准制定的《世界国家和地区复分表》《中国行政区划复分表》《世界语种复分表》外，"图书营销分类法行业标准"中其他复分表类目代码结构图如下：

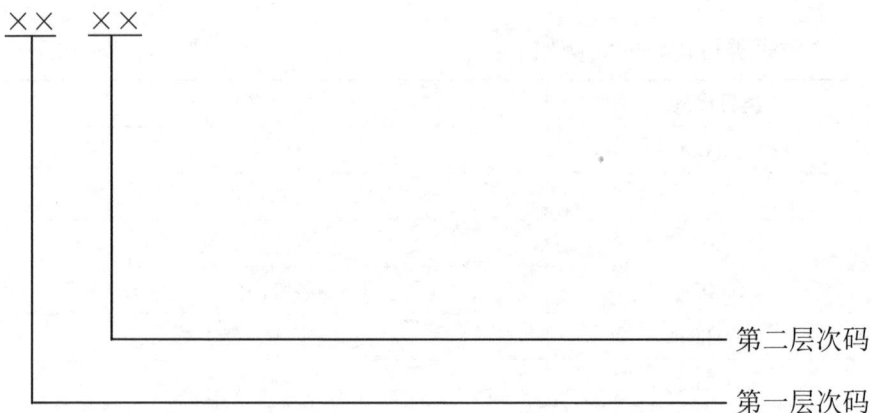

复分表的类目代码的例子如《出版物载体复分表》：

类目代码	类目名称
02	光盘
0201	MD
0202	LD
0203	CD–DA
0204	VCD
0205	DVD–Audio

5.6 分类主表的设计

　　分类主表又称为详表,是分类法宏观结构中最核心的构成部分(图5-2),是运用分类法对文献或信息进行分类组织的主要依据。因此,分类主表的设计是分类法编制中最能体现编制工作质量和水平的核心环节,也是工作量最大、最耗费时间的工作环节,需要集体参与、反复讨论、多次修改,才能最后定型。

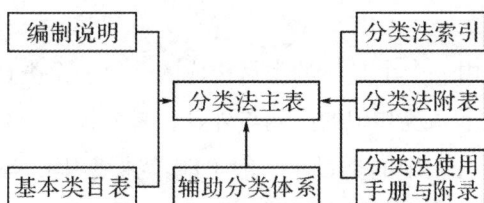

图5-2　分类法的宏观结构

　　从体系式分类法编制的流程来看,分类主表的设计就是在分类大纲的基础上,以分类对象所属的知识领域和分类对象本身的特征作为依据,一个大类一个大类地对相关信息进行归纳,层层划分出各级类目,并建立本大类以及各大类类目之间的联系。最终形成的是一个完整的由类名、类号、类级、注释和参照等分类法微观结构成分构成的类目表,用以对文献或信息进行内容揭示和组织;或者换一种角度说,最终建立起一个由术语系统(类名和类名所指向的概念)、标记系统(类号)、等级关系、注释以及参照系统所构成的有机整体,它们之间相互配合,实现对分类主表的语义控制、类目之间的关系控制,以及先组度和专指度的控制,使分类法具有揭示文献、信息内容及其相关性,对文献、信息进行系统化整序以及将标引标识与检索标识进行相符性比较的功能。①

在"图书营销分类法行业标准"的编制过程中，分类主表的设计是最重要的一项工作。下面就立类的原则与方法、确立类名的原则、类目划分与排列、类目关系的显示、注释和参照系统的设计几个方面分别进行探讨，关于类号的编码方法，在"分类标记系统的设计"一节里已经进行了介绍，此处不再重复。

5.6.1　立类的原则与方法

文献分类法是由一个个具体的类目构成的，每一个类目都是一个特定的主题概念，都表达了一定知识的内涵与外延，是一组具有某种共同属性的文献的集合。除了复分表中的类目（一般不能单独使用），体系式文献分类法中所包含的全部类目都出现在分类主表中（包括分类大纲的类目）。因此，在分类主表设计中，确定立类的原则与方法是首先要解决的问题。

5.6.1.1　立类的原则

如果不考虑文献分类，知识分类体系中的概念可以是无限多的，使用不同的分类标准（依据）对某事物进行区分，可以产生无数的概念，但在文献分类法的编制过程中，不可能把这些概念都一一通过类目确立下来，因为还要考虑分类法设计的文献保证原则，要结合文献分类工作的实际进行立类。"图书营销分类法行业标准"主表设计中的立类过程，在充分考虑图书营销分类工作的实际的前提下，应遵循以下基本原则：

1.客观性原则

类目所代表的事物必须是客观存在的，同时还必须在市场流通中有一定

---

① 戴维民.信息组织[M].北京：高等教育出版社，2004：65.

数量的与类目所指事物相关的图书作为文献保证。这里重点强调"市场流通",是因为"图书营销分类法行业标准"是服务于图书出版发行行业的,其作为文献保证的图书与其他领域作为分类法文献保证的图书在种类、数量上有一定差别。如一般藏书机构中,收藏少儿图书的数量不会很多,地位也不会很突出。因此,可以不专门为少儿图书设类,但在图书流通市场中,少儿图书无论是从品种、数量,还是从营销地位(如对书店的利润贡献率)来说,都是一个最基本的类别,因此,有充足的理由将"少儿读物"设为基本大类。

2.科学性原则

科学性原则是指"图书营销分类法行业标准"是以知识分类为基础的,因此必须遵循知识分类的基本规律与方法,从总到分,从一般到具体,兼顾理论与实践,建立起一个层次分明、系统完整的类目体系,同时要注意各个学科知识之间存在的交叉联系,明确相关类目之间的联系。

3.稳定性原则

类目的稳定性是分类法稳定性的基础,类目的设置要考虑它在相当长的一个时期内是稳定的,越是基础性的类目,稳定性要求越高。上面在分析分类大纲的设计时已经提到了这一点。在二级类目以及以下各级类目的设置中,也要坚持这条原则,一些反映一个短时期内社会热点的类目,如"抗击非典""新中国成立五十周年图书展"等不宜作为标准中的正式类目。要保证类目的稳定性,就必须使用稳定的因素作为类目划分的标准,图书知识内容的学科属性就是比较稳定的划分标准;另外,提高类目的兼容性、可扩展性也是提高类目稳定性的重要措施。

4.均衡性原则

"图书营销分类法行业标准"具有服务于图书上架陈列的功能,由于受书架陈列空间以及图书分类管理工作实际的限制,"图书营销分类法行业标准"的类目太多或太少都不利于其服务于上架陈列的功能的发挥:类目太多不利于架位空间的充分利用与管理,类目太少不利于对图书内容的充分揭示,不利于读者查找特定的图书,所以立类时就要把握好均衡性,防止某些类目过于概括或过细地展开某些类目。

5.6.1.2　立类的方法

这里所指的立类的方法，实际上是指立类的依据，也叫分类标准，是指分类对象具有的各种属性。依据某种分类标准对分类对象进行区分，就产生了各种相应的类目。本书在第5章分析图书营销分类的特点时指出过，图书营销分类法的立类依据较之一般图书分类法，具有更加多样性的特点，它以图书知识内容的学科属性作为基本的分类依据，同时还以多种图书的其他显著属性作为分类依据，产生相应的类目。

1.主要的立类依据——图书知识内容的学科属性

图书是一种记录和传播知识的文化产品，其本质属性是其承载的知识内容，所以对图书进行营销分类，主要应以其知识内容的学科属性为主要分类依据，关于这一点，本书在分析"图书"概念时已经加以明确。在主表设计中，应该结合图书营销分类的实际，将知识分类体系中的重要和基本的概念立为分类主表中的各级类目，以代表与之相关的一系列图书，满足读者从知识分类的角度浏览和查找购买相关图书的需要。

2.多样化的辅助立类依据以及多重列类技术的运用

"图书营销分类法行业标准"在立类时，除了以图书知识内容的学科属性作为主要的立类依据之外，在立类时还可以使用多样化的辅助立类依据，即图书除知识内容的学科属性之外的其他显著属性，这在体系式分类法编制中叫多重列类技术。各种体系式图书分类法在编制过程中运用多重列类技术的情况不尽一致，"图书营销分类法行业标准"在多重列类技术的运用上应该考虑以下几点：

（1）控制辅助立类依据的种类和数量

可以作为图书营销分类的立类依据很多，如徐建国提出了除学科属性依据之外的十种分类依据。[①]在实际的图书营销分类中，各出版发行企业可以灵活地运用各种辅助分类依据。但在设计"图书营销分类法行业标准"时，就必须有取有舍，因为过多的辅助分类标准的运用实际上是对同一事物进行

---

① 徐建国.图书营销管理分类[J].出版发行研究，2000（12）：117–118.

了多次划分，会使类目太多（尤其是交叉类目），不利于图书的上架陈列组织，因此必须控制标准中使用的辅助立类依据的种类和数量。

首先，以下几个方面的辅助立类依据不宜在"图书营销分类法行业标准"中使用。

①动态性和模糊性的辅助立类依据。如书店中常用的根据图书的市场周期理论，从图书的销售状态角度将一些图书分为"畅销书""常销书""平销书""滞销书"（在陈列中一般突出"畅销书""常销书"），或从出版时间的角度，将"新书"立为专门一类，这种立类方法在实际的图书营销分类中是普遍应用的。但这些都是一种动态性和模糊性的立类依据，因为一本书的市场生命周期是不确定的，我们无法在出版阶段就预测一本书是否畅销或者滞销；另外，同一本书的销售状态在不同时期也是不同的，一本畅销书过了一段时间就有可能变成滞销书；同样，同一本书也会由"新书"变成"老书"。这些动态性辅助分类依据还具有模糊性，因为"畅销""常销"等都是相对而言的，缺乏明确的指标来确定，对于不同类型的图书和出版发行企业来说，图书达到多少册的销售数量才能称为畅销，图书出版的时间在多少时间内算是"新书"，缺乏一个被广泛接受的指标。作为标准中的类目，应该具有稳定性和可明确界定性，因此销售状态和出版时间的辅助立类依据在"图书营销分类法行业标准"中不宜使用，而主要由各出版发行企业在实际的营销分类管理中灵活地加以应用。

②使用不普遍的辅助立类依据。作为行业标准编制的图书营销分类法或者说通用性图书营销分类法在立类过程中应该使用具有普遍意义的辅助立类依据，一些个别出版发行企业使用的不具代表性的辅助分类依据不宜在标准中使用。如徐建国提出根据图书的制作形式和档次可以将图书分为精装本、软精装、平装本、彩色本等，这种立类方法可能在某些书店中得到应用，或者在国外有应用（如美国图书市场上，精装书与软皮书的区分比较常用），但在我国图书营销分类中并非广泛使用，所以从制定标准的角度来说，不宜作为立类依据。

排除上述不宜在标准中使用的辅助立类依据，"图书营销分类法行业标准"在主表立类过程中主要适宜使用以下几个方面的辅助立类依据。

①图书的读者对象。在图书营销中，区分读者对象具有重要和普遍的意

义，不同类型的读者，其图书消费需求和消费习惯很不一样。作为一部通用性的"图书营销分类法行业标准"，必须充分考虑从读者对象区分的角度来立类。对读者对象的区分，具体的方法又有很多，最方便的是从年龄上加以区分。我们知道，读者从年龄上总体可以区分为儿童读者和成人读者，这两类读者在对图书内容的需求和消费行为上差别很大，而儿童读物的出版发行是一个完全独立的领域，具有重要的市场地位，因此，"少儿读物"完全可以考虑设为基本大类。"图书营销分类法行业标准"在分类大纲中就设立了"15少儿读物"基本大类，并在"15少儿读物"又考虑根据少儿读者的年龄进行进一步的细分，如0—6岁的幼儿，因为其不具备独立阅读的能力，一般需要在家长指导下进行亲子阅读，因此适合此类读者的图书在形式上又有很多特点，如一般以图为主，同时还有阅读指导建议等，针对这个年龄的少儿图书单独设一个二级类目"15.01幼儿启蒙"，与其他按少儿读物的知识内容设立的二级类目区别开来。

对成人读者对象的具体区分是个难题，职业、收入等方面的区分方法太细，也很不稳定，性别的区分又太过简单，不适合作为区分的标准。而从专业与非专业的角度来区分则具有稳定性，也有营销分类的意义。因为对同一学科属性的图书，专业读者和非专业读者的需求和购买决策心理是不一样的，专业读者习惯从学科研究和学科体系的角度购买和阅读图书，而非专业读者则主要是从其自身实际需要的角度来购买图书。因此，"图书营销分类法行业标准"在某些专业性较强的大类的下位类的立类过程中，可以对该领域的专业读者与非专业读者进行区分，针对专业读者和非专业读者的需求分别设立相关的类目。如在"图书营销分类法行业标准"中"03法律"大类类目体系的设计中，首先考虑法律图书的读者中既有专业的法律研究者和法律工作者，他们从学科体系的角度来理解从法律学科体系角度设立的相关的类目是没有问题的，但由于法律在当今社会生活中的广泛运用，法律类图书的读者早已超出了法律研究者和法律工作者的范围，各种文化水平、职业的读者都会产生法律图书的消费需求，而且这种需求往往带有明确的目的，就是了解相关法律知识，学会运用法律武器来维护自己的权益，因此"图书营销分类法行业标准"针对这一类读者的需求，设立了"03.08普法、维权"二级类目。再如"图书营销分类法行业标准"在"21医药卫生"基本大类下，设立了针对一般读者的"21.06常见病治疗"二级类目。

②图书的用途。读者购买图书有时是为了明确的用途目的而来，最典型的就是参加某项考试的读者，其对图书的需求就是为了获取有关这项考试的指导，近年我国除了中考、高考等传统的热门考试类型外，各种职业资格考试、职业水平认证考试、公务员招录考试十分火爆，并形成了一个巨大的图书市场，甚至产生了专门的"考试书店"，所以从图书的指导考试的用途价值方面来立类，是有必要的。"图书营销分类法行业标准"在一些考试种类较多的基本大类下，设置了本学科领域下有关考试的二级类目，如"02政治"大类下的"02.08政治类考试用书""03法律"大类下的"03.11法律类考试用书"。除了针对考试用书的立类，"07.08励志""14中小学教材、教辅"等类的设置也是从图书用途的角度来设立的。另外，为具有"工具书"用途性质的图书进行专门的立类在一般综合性分类法中也很常见，"图书营销分类法行业标准"主表中应重视针对"工具书"用途的立类。

③图书内容的主题。读者浏览购买图书，有时并非从学科分类的角度，而是直接从内容主题入手，希望能迅速找到关于某内容主题的相关图书。为此，"图书营销分类法行业标准"在某些类目中使用了直接从图书内容主题立类的类目，如"14生活休闲"大类下的类目大多与人们的衣、食、住、行等各方面的需求息息相关，如"饮食""健身、保健""美容美体"等，都是人们所关心的内容主题，将这些内容主题设为类目，能较好地满足读者的消费需求。主题立类方法体现了"图书营销分类法行业标准"对主题法的一定程度的吸收，与社会分类法也有一定类似性。

④图书的编写和出版形式。这里所说的图书的出版形式，主要是指图书在编写和出版中的一些特殊情况，如丛书、百科全书、文集等，一般综合性分类法也考虑了这种情况，设置了相关的类目，如《中图法》设置的"综合性图书"。"图书营销分类法行业标准"主表中从图书的编写和出版形式角度来立类的一个特殊例子就是针对"影印版图书"的分类，这类图书并不是进口的外文图书，而是满足某些专业领域内的读者的研究需要，直接引进外文图书的版权，不用中文加以翻译，而是直接用外文在国内出版，这类图书在经济、医学领域较多，因此在主表中设置了"05.12经济类影印版图书"和"21.10医学类影印版图书"两个二级类目。

（2）严格限制主表中多重列类技术的运用范围

在体系式分类法中，多重列类技术的运用只能是局部的，如果每一种辅助分类依据都平行、均衡地运用，即在每一个类下都考虑运用所有的辅助分类依据，都严格按辅助分类依据产生一组完整的类目，会造成类目体系的庞杂和类目交叉关系的过多，无法适用于图书的上架陈列。因此，"图书营销分类法行业标准"在运用多重列类技术时，不能追求类目体系完全符合概念划分的完整性，而是应有选择、有重点地使用多重列类技术，对一些因为多重列类而与本类中其他类目产生交叉关系的类目，通过类目注释的形式来说明其特定的含义。另外需要指出的是，复分表的设立也是多重分类技术的运用，它的原理是将具有普遍意义的辅助分类依据设立专门的复分表，再通过主类号与复分类号的组配，实现多重列类，具体情况后面还会介绍。

5.6.2　确立类名的原则

在文献分类法的分类体系中，每一个类目都需要有一个用通用的语言文字来称呼的名称，即类名。类名不仅要能区分不同的类，同一个分类体系中不允许存在两个相同的类名，而且要尽可能地反映类目的内涵与外延，因为对于分类法的用户以及读者来说，不太可能先去仔细研究类目之间在内涵与外延之间的区别，而往往首先是从类名来判断类目的内涵与外延。在图书营销分类实践中，类名还承担着一个重要的功能，就是宣传促销功能，一个好的类名能够引起读者的兴趣，产生了解甚至购买图书的欲望，如深圳出版发行集团在中心书城设立了以适合都市青少年阅读的图书、音像制品的陈列类目，类名就叫"我的地盘"，这样的类名对于追求时尚的都市少年读者来说具有很强的吸引力。当然，要为分类法中的每一个类目都确定一个既符合一般类目名称确定原则，又能发挥宣传促销功能的类名，难度较大，有时需要反复斟酌。

总体来说，本书认为"图书营销分类法行业标准"中类名的确定应遵循以下原则：

（1）科学性。就是指类名要符合概念命名的一般规律，表意功能要强，尤其是从知识分类角度确立的类目，其类名要符合学科专业的通用规范和专业读者的认知习惯，即使类名专业色彩强一点，对于普通读者来说不太好理解，也要采用。"图书营销分类法行业标准"在编制中考虑到了这一点，如"23工业技术"大类下像"射流技术""远动技术"这样的类名。

（2）简洁。由于类名是书店用以标示陈列架位牌的直接依据，太长的类名不利于书店用以标示陈列架位牌，所以类目名称应该尽量简洁，一般不超过四个字。追求类名的简洁与类名的表意功能之间有一定的矛盾。但如果从整体分类法的整体上看，简洁的类名对类目含义表达的影响有限，因为类目在分类体系中不是孤立地存在，类名的含义受到其在类目体系中的位置的限定，如下位类的含义就承接了上位类的内涵，下位类的类名也可以看作是对上位类内涵和外延的限定。"图书营销分类法行业标准"在力求类名简洁性的同时，也考虑到了类目体系对类目表达的影响，如二级类目"07.02中国哲学"的下位类是三级类目"07.02.01近现代哲学"和"07.02.02现当代哲学"，后两者分别指的是中国范围内的近现代哲学和现当代哲学；还比如"11社会科学"这个类名，严格的名称应该是"社会科学总论及综合性社会科学"，这样才能与其他社会科学大类区分开来，但这样的名称显然过长，实际上对这个基本大类的内涵和外延的掌握要结合其下位类"11.01社会科学理论""11.02统计学""11.03社会学""11.04人口学""11.05民族学""11.06人才学""11.07劳动科学"来理解。除此之外，对有些指义性比较模糊的类名，还可以通过类目注释加以明确限定，用户需要阅读理解类目说明才能准确地把握类目的内涵与外延。

（3）统一。类名也应该体现一定的规律，从相同的角度立类的类目名称，其类名应该具有相同的结构，方便用户理解与掌握。如一些大类下的考试用书类目，在类目名称上可以统一用"××类考试用书"来命名；一些首先采用地理范围作为类目首要划分标准而设立的类目，当其范围被限定在世界范围内时，可以统一用"世界"作为限定语，而不用"各国""全球"，当其范围限定在除了中国以外的世界各国时，可以统一用"外国"作为限定语，而不用"国外""他国"。

（4）稳定性。跟立类的原则一样，作为标准形式制定的通用性图书营销分类法的类名必须具有一定的稳定性，要考虑在相当长一个时期内其名称不能更改。一般而言，从知识分类尤其是学科分类的角度确立的类名，其稳定性较强，而在使用辅助分类依据确定的类目时，类目名称上可以灵活一点，但也必须把握好稳定性，不能把一些流行于某一个时期的类名作为正式的类名，如"我的地盘""美丽秘笈"这样的类名，在实际营销分类中可以采用，但在分类法标准中则不宜采用，因为其类名的稳定性不够。

5.6.3　类目的划分与排列

以上对分类主表设计过程中的立类以及类名确定两个方面的基本问题进行了探讨，这为主表的设计打下了基础，而主表设计的动态性过程则表现为类目的划分与排列。类目的划分，就是选用一定的分类标准，对一个较宽泛的上位概念进行分组，形成一组平行的类目。类目排列就是将划分出来的类目按一定的顺序加以排列，形成层次清晰、易于理解与掌握的类目体系。对整个分类主表的设计来说，其过程就是将分类大纲中的基本大类进行逐个、逐层的划分，并将划分出来的类目进行有序排列的过程。不难理解，这个过程中也包括了对类目的编号及类目名称的确定。

下面从类目划分原则、类目划分方法以及类目排列方法三个方面来探讨"图书营销分类法行业标准"主表设计中的类目与划分问题。

5.6.3.1　类目划分的原则

"图书营销分类法行业标准"在类目的划分上应遵循以下基本原则：

1.以事物的最稳定属性作为主要划分标准

类目的划分是以基本大类为单位的，当对基本大类进行划分时，已经具体到其对应的具体事物，为保证类目体系的稳定性，应该以事物的最稳定属性作为主要的划分标准。如对于文学作品的划分中，以文学作品的体裁为主要的划分标准就具有稳定性；在对于经济活动的划分中，以经济活动的领域或范围为主要的划分标准也具有稳定性。

2.基本遵循概念逻辑划分的规则

类目的划分实际上也是概念的划分。为保证概念的完整性，类目的划分应逐级进行，不能跳跃式划分，在对某一上位类的划分阶段中，一般只使用一个划分标准，以保证划分后的子目相互排斥，外延不相交叉。保证类目划分的逻辑性规则是保证体系式分类法的科学性所必需的，但在"图书营销分类法行业标准"设计时，根据图书营销分类的实际需要，根据图书营销分类的实际，可以有所变通。在"图书营销分类法行业标准"中，由于在一、二级类目中立类较广泛地采用了多重列类方法，因此并没有严格遵循逻辑划分规则，在三、四级类目的划分中，则基本上严格遵循了逻辑划分规则。

3.类目的划分要全面

也就是要使由一个上位类划分出来的一组下位类的外延等于上位类的外延，以保证类列的完整性。当不可能全面列举或无须全面列出所有类目时，一般在类列的最后设置"其他"类，用以容纳尚未列举出的内容，这既保证了类目体系的完整性，对于图书营销分类工作来说也是必要的，因为它能避免"有书无类"的情况发生。

比如在"图书营销分类法行业标准""02政治"基本大类下划分出的"02.01政治理论""02.02国际共产主义""02.03中国共产党""02.04群众组织""02.05世界政治""02.06中国政治""02.07外交、国际关系""02.08政治类考试用书"八个二级类目，其中"02.02国际共产主义""02.04群众组织"在实际的出版发行中的图书数量并不是很多，从文献保证的角度来说不应该立类，但考虑到类目划分的全面性，还是划分设置了这两个类目，避免出现此类图书无法归类的问题。

5.6.3.2　类目划分的方法

在类目划分过程中还要处理好以下具体问题：

1.划分层次的掌握

在文献分类法编制中，一个类目每使用一次划分标准就会产生一组子类目，同时，可以对各个子类目再进行划分。从理论上来说，这种划分可以无限制地进行下去，但类目划分得越细，有利也有弊。利表现在类目划分得越深细，其专指性就越强，同一类目所聚集的文献的共性就会越多，有利于文献查准率的提高；弊表现在类目划分得越细，产生的总类目就越多，类目之间的关系也就越复杂，分类法的结构就会越繁杂，而且处于最低层次的类目的文献保障就会越困难，用于文献排架管理会造成很大的麻烦，所以大多数的文献分类法在划分层次上都有所控制，如《中图法》最多划分到九级。

具体到"图书营销分类法行业标准"来说，因为它要服务于实体图书的营销陈列，而实体图书的营销陈列受空间以及标引手段的限制（无法直接在书上粘贴分类标签），很难在卖场清晰地标示三级以上的分类。一般而言，书店通过吊牌（如图5-3所示）来标示基本大类，通过架位牌（如图5-4所示）标示二级类目，还可以通过移动式的标牌（如图5-5所示）来标示三级类目，如果再往下分出四级或四级以上类目，就比较难以通过标牌来标示。因此，正如许多研究者所指出以及笔者在实地调查中所发现的，当前大多数书店的营销分类法类目级别不会超过四级，以二级或三级最多见。而且就当前书店的营销分类管理水平来说，类目级别过多，会对上架管理带来很大的麻烦，因为类目级别越多，类与类之间区分的特征就越多，对图书的准确归类判断要求就越高，这对于大多数书店工作人员来说是个不小的挑战。

图5-3　吊　　牌　　　　　图5-4　架位牌　　　图5-5　移动式标牌

综合以上考虑，"图书营销分类法行业标准"在类目划分层次的掌握上，应根据不同类别图书的营销分类需要，确定不同的划分层次。

（1）类目层次以划分到二级或三级为主，一般不超过四级。为把分类层次尽量控制在四级以内，可以在部分的类目划分上采取跨越逻辑层次的做法，即打破逻辑次序，把一些类目级别本应很低但地位重要的类目跨越层次加以提升，以尽量在一、二、三级的划分层次容纳更多的类目。如"图书营销分类法行业标准"把"06管理""24计算机"跨越逻辑层次作为一级类目列出。

（2）具体到每个基本大类的划分层次时，根据其对应的市场流通中的图书的数量，并考虑其在市场营销中的地位来决定划分层次的多少。市场流通量大、营销地位重要的图书类别，分类层次可以到三级或四级，市场流通量相对较小的图书类别，分类层次到二级即可，即"书多层次多、书少层次少"。如"图书营销分类法行业标准"中"05经济""14中小学教材、教辅""16文学"这些数量多的类别都划分到了四级，而"01马列主义、毛泽东思想、邓小平理论""04军事""08宗教""27综合性图书"都只划分到二级。

2.划分标准的使用次序

分类标准的使用次序也称为引用次序，是体系式分类法在类目划分时使用分类标准的先后次序。一个类在连续划分过程中，需要分别使用该类事物的若干属性作为分类标准。这些分类标准的使用次序，决定着文献的聚合成类的次序和按某种属性集中的程度，决定着分类法局部的类目体系结构。一个事物具有的多种属性虽然在逐级划分中都先后被作为分类标准使用，但只有首先使用的属性才能据此单独聚合成类，越往后使用的属性聚类的能力越弱。如对"小说"做如下分类划分：

小说

    长篇小说

        古代长篇小说

        近代长篇小说

        现代长篇小说

        ……

    中篇小说

        古代中篇小说

　　　　近代中篇小说

　　　　现代中篇小说

　　　　……

　　　短篇小说

　　　　……

　　在以上的分类实例中，首先使用了小说的篇幅为划分标准，因此"长篇小说""中篇小说""短篇小说"可以单独聚类，在其目下可以分别找到全部长篇小说或中篇小说、短篇小说；其次使用了小说的写作时代为划分标准，但以时代为划分标准的类目只能分别应用于"长篇小说""中篇小说"和"短篇小说"之下，这就把以写作时代为划分标准的类目分散了，要查找"近代小说"，需要分别到"长篇小说""中篇小说"和"短篇小说"去查找。

　　因此在分类法主表的类目划分中，要选择好类目划分标准的使用次序。一般而言，文献分类法确定划分标准使用次序的基本原则包括：①优先使用的分类标准一般是该学科、该事物的主要分类标准。比如在经济类首先使用经济活动的领域或范围（如工业经济、农业经济、贸易经济等）作为主要分类标准，而不按经济活动的地域或时代分。②优先使用能形成具有科学认识意义的分类标准。比如在"政治经济学"类下，首先以"社会生产方式"这个标准划分；在物理学中，首先按宏观物理现象、微观物理现象划分。③优先使用具有较高检索意义的属性作为分类标准。比如在综合性图书中首先按出版形式分，而不是按文献的内容分。①

　　对于"图书营销分类法行业标准"编制来说，在划分标准的使用次序上，除了上述三条基本原则之外，还应有两个重要的考虑：①由于"图书营销分类法行业标准"的类目划分层次限定为以二、三级为主，不超过四级，为了能在二、三级类目层次中尽可能多地容纳更多的类目，因此可以不完全遵循在一个分类层次上只能使用一种分类标准的规则，在二、三级类目层次中同时使用多种分类标准（包括辅助分类标准）；②在同一层次的分类标准的使用选择上，优先使用能产生较多平行类目的分类标准。

---

① 戴维民.信息组织[M].北京：高等教育出版社，2004：78.

如"图书营销分类法行业标准"在对"03法律"基本大类的划分中，按一般文献分类法，可以根据法律的国别来首先划分"中国法律"和"外国法律"，但这样会造成二级类目过少，而三、四级类目过多（因为三、四级类目中还要分别揭示"中国法律""世界法律"的具体内容），因此不首先采用这个划分标准，而是以法律的理论与实践活动为划分标准，划分出法学理论和基本的法律实践活动构成（如各部门法的制定、司法制度、司法鉴定、普法维权、法律文书写作等），这样就能在二级类目层次上尽量容纳更多的平行类目，有利于书店组织图书上架和标示。

3."横向展开"与"纵向深入"的把握

在类目划分时，总是伴随着横向展开和纵向深入这两个方向。横向展开是以某类事物的共性问题为分类标准，按事物某方面的属性进行聚类，划分的结果是形成一组组关于某类事物各个方面的类目；纵向深入是以事物的个性差异为分类标准，沿着"属→种"的方向进行个性化的区分，划分的结果是形成一组组关于某事物细分种类的类目。其具体例子如下：

横向展开（总论）	纵向深入（专论）
动物演化学	无脊椎动物
动物细胞学	脊椎动物
动物遗传学	哺乳动物
动物生态学	直兽亚纲动物
动物生理学	灵长目动物
动物神经生理	原猴亚目
动物感官生理	猿猴亚目
动物循环生理	阔鼻次目
动物消化生理	狭鼻次目
口腔消化	人形超科
胃消化	猿科
小肠消化	人科
胆道生理	黑猩猩

一般来说，凡是同时涉及事物的方面和事物的类型划分的，应当以事物的类型为主，因为在一定的知识范畴中按事物（主题）的类型集中相关的文献符合大多数用户的检索习惯，对于图书消费者来说更是如此。而按事物的

方面进行划分则作为一种补充，以容纳相关的总论性文献，层次不宜划分过细。"图书营销分类法行业标准"中的类目划分也基本遵循以上原则，除了总论（理论）性类目外，其他类目基本按"纵向深入"的方向展开。如"08宗教"大类下的类目划分：

08	宗教
08.01	宗教理论
08.02	佛教
08.03	道教
08.04	伊斯兰教
08.05	基督教
08.06	其他宗教
08.07	术数
08.08	宗教文化

在"08宗教"大类下的类目划分中，除了"宗教理论""术数"和"宗教文化"是横向展开之外，其他的类目都是按宗教的具体类型纵向深入的，有利于读者从不同类型宗教的角度浏览购买相关的图书。

4.多重列类技术的运用

当某些事物具有的若干属性都可以作为划分标准时，按概念划分的规则，事物的多种属性应当在不同层次的划分阶段使用，但这样不但意味着划分层次的增多，也会将一些信息隐藏在更深的层次下，不利于用户的查找。有时为了减少划分层次，可以同时使用若干分类标准对同一个类目在同一个层次进行划分，这种方法称为多重列类法，是分面技术在体系式分类法的应用。严格的多重列类技术，应该是在同一个分类层次上，将所有按不同分类标准划分的标准都列出来，如：

面包

（按质地分）

软质面包

硬质面包

……

（按味道分）

咸面包

甜面包

……

上述这种多重列类技术的运用对于提高文献检索的效率是大有好处的，但对于分类排架来说则会造成一定的困难，主要是因为同样的文献按多重列类，可以同时归入几个类，增加了不确定性。所以除了上述典型的多重列类方法以外，还有一种变通的办法，就是在同一划分阶段中，多数类目使用同一分类标准划分，而个别类目采用其他分类标准划分，并排列在类列之后，如《中图法》中的例子：

J23 各国绘画

232 民族技术画

233 油画

234 素描、速写

235 水彩、水粉

237 版画

238 各种用途画

1 漫画、宣传画

……

在以上例子中，除了232到237是以绘画的形式为主要划分标准外，还在238中使用了画的用途作为分类标准，属于典型的多重列类。这种列类方法都隐含着一个分类标引规则，即这些排在类目最后的子目，通常都是按该属性集中某方面的文献，如"水粉宣传画"归入"漫画、宣传画"，而不归入"水粉画"。

在"图书营销分类法行业标准"编制中，多重划分（列类）技术的运用具有重要的意义，其原因一是因为图书营销分类中运用的划分标准比一般文献分类来说更多，二是受划分层次限制（最多不能超过四级，以二、三级为主），因此在同一层次上的多重划分（列类）的使用更加频繁。如"图书营销分类法行业标准""05经济"大类下的二级类目，就同时使用了图书知识内容的学科属性、图书用途、图书的出版形式特点三种划分标准。

05.01	经济学理论
05.02	世界经济
05.03	中国经济
05.04	部门经济
05.05	市场营销
05.06	贸易
05.07	财政、税收
05.08	财会、审计
05.09	金融、投资
05.10	广告
05.11	经济类考试用书
05.12	经济类影印版图书
05.13	经济类工具书

以上类目实例中，05.01到05.10都是以经济类图书的学科属性来划分的，而"05.11经济类考试用书"和"05.13经济类工具书"是从图书用途来划分的，"05.12经济类影印版图书"是从图书的出版形式来划分的。

当然，多重列类技术也不是用得越多越好，要严格限制其使用范围，避免造成类目交叉过多，这一点我们在上面已经分析过。

5.6.3.3　类目排列的方法

使用一定的分类标准对基本大类进行逐层划分之后，产生了一系列的类目，这些类目的排列虽然对于检索效率来说影响并不大，但能体现分类法编制的逻辑性、系统性和规范性，而且对于深入认识分类体系、方便标引和检索也有一定意义。对于"图书营销分类法行业标准"来说，类目排列还是对图书上架陈列顺序的一种规范与提示，在图书营销分类工作的上架陈列中，各个类目的图书陈列也应该体现出一定的逻辑性，以方便读者的浏览，如在法律类图书的陈列中，各部门法的图书应该陈列在一起，不能把各部门法的图书打乱混杂在法律理论、法律工具书之间。当然，实体图书的上架陈列与分类法类目的线性排列还是有一定区别的，上架陈列是立体的，受到陈列空间的影响，并不一定要从左到右或从上至下与分类法类目排列一一对应，但总体上来说，图书的上架陈列与分类法的类目排列应该建立一种大体一致的关系，这样才能方便读者的浏览和查找。

"图书营销分类法行业标准"在类目排列上的考虑与安排如下：

（1）在一级类目的排列中，基本遵循"马列主义、毛泽东思想、邓小平理论—社会科学—自然科学—综合性图书"的顺序排列，并根据关联销售的原理有所调整，这点在分类大纲的设计一节已经提及，不再重复。

（2）在二级或二级以下的同位类的排列中，一般把总论（理论）性类目排在最前面，其次是专论性类目，再次是辅助性分类标准类目。"03法律大类"下的二级同位类目排列顺序如下：

03.01	法学理论
03.02	世界法律概况
03.03	各部门法
03.04	国际法
03.05	犯罪侦查
03.06	司法鉴定
03.07	司法制度
03.08	普法、维权
03.09	法律文书
03.10	法律类教材
03.11	法律类考试用书
03.12	法律法规文本
03.13	法律类工具书

在以上实例中，先排列理论性和总论性的类目"03.01法学理论""03.02世界法律概况"，然后排列专论法律活动构成的类目即从03.03到03.07的类目，最后的几个类目都是从辅助性分类标准角度设立的类目。

　　如果类目之间没有"总论"与"专论"的区别，也没有主要分类标准与辅助分类标准的区别，则根据类目的重要程度、人们的认识习惯等大致进行排列，这是一种实用性排列方法，按这种方法进行排列的类目不是很多，最典型的是"19生活休闲"大类下的二级类目：

19	生活休闲
19.01	饮食
19.02	健身、保健
19.03	美容服饰
19.04	家居生活
19.05	婚恋、育儿
19.06	娱乐休闲
19.07	花卉、宠物
19.08	旅游

　　以上实例中的类目是平行的，但从重要性来说，"民以食为天"，关于饮食的图书是生活休闲类图书的热点，数量也很多，所以排列在第一位。从一般人的认识来说，"饮食""健身、保健""美容服饰""家居生活"都是满足人的最基本生存需要，"婚恋、育儿""娱乐休闲""花卉、宠物""旅游"是在基本生存需要的基础上的生活休闲的内容，所以排在后面。

　　（3）相同性质的类在排列上体现一定逻辑性，如以地理范围为划分标准的，一般先列以"世界"为限定语的类目，再列以"中国"为限定语的类目，如有以"外国"为限定语的类目，则再列于其后。如：

02.05	世界政治
02.06	中国政治

04.02	世界军事
04.03	中国军事

05.02	世界经济
05.03	中国经济

5.6.4 类目注释

在划分出所有的主表类目并按一定的顺序排列好后，还有一项重要工作就是要为类目加上注释。因为虽然分类法的设计者在划分与排列类目时，对类目的内涵与外延，以及类目之间的联系已经有清楚的掌握，但对于用户来说，仅从类目的排列以及类名、类号中还不能完全清楚地了解类目之间的关系，更无法完整、准确地把握类目的内涵与外延。为了帮助用户理解与掌握分类法，类目注释是必不可少的。

一般来说，分类法的类目注释分为以下几种类型：

（1）类目内容注释。就是对类目的具体含义加以说明，对类目的内容范围加以说明，指示某类包含与不包含的内容。

（2）类目关系注释。就是为内容密切相关或性质相近的类目编制参照注释，帮助分类法用户理解相关类目的关系，参照注释必须是双向性的。

（3）分类方法注释。是指导用户正确分类的重要说明，包括复分的依据、复分的次序、组配编号方法、文献集中与分散分类的方法、说明互见分类的方法、说明同类书的区分方法等。

（4）类目沿革注释。是关于分类法修订后有关类目修订情况的说明。

"图书营销分类法行业标准"编写中采用的类目注释主要是类目内容、类目关系以及分类方法三种类型，下面结合具体的例子说明其作用：

（1）指明类目的含义、内容和范围。如"01.01马恩列斯著作"的类目说明："马克思、恩格斯、列宁、斯大林选集、文集、单行本、著作汇编及书信、日记、诗词、手迹等入此。"

（2）说明类目范围中的特殊情况。如"09文化"的类目说明："宗教文化入'08.08宗教文化'、饮食文化入'19.01.04饮食文化'。"再如"52时事政治"的类目说明："法律入此。"

（3）揭示某些类目之间存在的内容交叉互见关系，具体形式为"参见××"。如"02.03.02党史"的类目说明："参见'10.04人物传记''16.03.05报告文学'。"提醒使用者"人物传记"和"报告文学"中关于党的著名人物的传记、回忆录和重要事件的纪实图书入"党史"。

（4）指出细分、复分、仿分的分类方法。如"16.03.03 现当代小说"的类目说明："可按小说主题细分。""03.02世界法律概况"的类目说明："可依'世界国家和地区复分表'复分。""12.06 日语"的类目说明："可仿'12.04英语'分。"

5.6.5 类目微观结构设计

类目的微观结构，是指分类法的类目结构，一个类目是由类号、类名、等级、注释和参照（参照也可以看作是注释的一部分）组成的，类目的微观结构就是指在分类法中将这些类目构成要素组合成类目的形式，在纸质版的文献分类法中，以《中图法》为例子，典型的类目微观结构如图5-6所示。

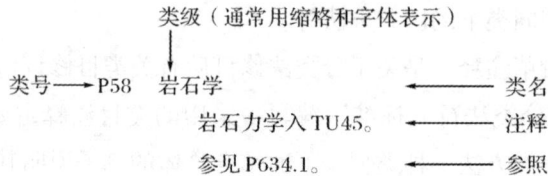

图5-6 分类法的类目微观结构

在电子版或网络版的分类法中，类目微观结构在纸质版的基础上可以有新的变化，以适应更多功能的增加，如超链接的加入。"图书营销分类法行业标准"由于在形式上确定了属于纸质载体版本，因此只能采用一般纸质版文献分类法的微观类目结构。"图书营销分类法行业标准"的类目主表采用了表格式类目微观结构形式，如下所示：

类目代码	类目名称	类目说明
01	马列主义、毛泽东思想、邓小平理论	
01.01	马恩列斯著作	马克思、恩格斯、列宁、斯大林选集、文集、单行本、著作汇编及书信、日记、诗词、手迹等入此 参见"05.01.01政治经济学"

这种表格式的类目微观结构具有简洁、直观的特点，类号、类级通过字体和编码来显示，类名和类目注释均用专门的栏目来显示，便于用户的理解与掌握。本书附录给出了"图书营销分类法行业标准"主表中"19生活休闲"大类的完整类目表，从中可以看出"图书营销分类法行业标准"主表设计的特点。

5.7 分类附表的设计

分类附表是体系式分类法中的重要组成部分，一般也叫复分表，"是将主表中按相同标准划分某些类所产生的一系列相同子目抽出来，并配以特定号码，单独编制成表，供主表有关类目做进一步复分用的类目表。"[1]复分表的设置是分面分类技术在体系式分类法中的运用，每个复分表实际就是完成一个分面分析，通过复分号与类号的组配，可以提高主表容纳更多概念的能力。同时，它也能使主类表简化，节省类表篇幅，使类目体系变得系统、简明。从"图书营销分类法行业标准"的编制实践来说，虽然复分技术在分类陈列中的用处不是很大，但能用于分类标引，对于构造分类检索系统具有很重要的意义，因此，编制复分表仍是有必要的。

---

① 俞君立，陈树年.文献分类学[M].武汉：武汉大学出版社，2001：54.

167

复分表按其使用范围可以分为通用复分表与专类复分表。通用复分表是供整个分类表各大类中有关类目做进一步区分用的复分表。专类复分表是供分类表中某大类或某大类中的部分类目作进一步区分的复分表。列在主表后面的复分表主要是通用复分表，专类复分表一般列在主表中的相关类目之后。专类复分表对于"图书营销分类法行业标准"适应专业型出版发行企业的营销分类工作来说具有重要意义。

在"图书营销分类法行业标准"的编制过程中，由于编制力量和编制时间的有限，没有制定专类复分表（就《中图法》来说，专类复分表也不是一开始编制时就有的，而是后来在修订过程中逐渐加入和完善的，完善专类复分表也是"图书营销分类法行业标准"将来修订和完善的重要方面），而是主要制定了七个通用复分表（需要说明的是，这七个通用复分表也是《图书、音像制品、电子出版物》行业标准的通用复分表，不仅适用于图书营销分类，也适用于音像制品、电子出版物的复分）：《总论复分表》《出版物载体复分表》《世界国家和地区复分表》《中国行政区划复分表》《世界时代复分表》《中国时代复分表》《世界语种复分表》。其主要设计工作由著者完成，下面从设立依据及编制的思路与方法对其分别进行探讨。

5.7.1 设立的依据

通用复分表的设立是将在主表中可以普遍应用的分类标准单独抽出来，分别设立分类表，这些分类标准在某些主表类目中已经局部得到应用（在这种情况下，这些类目就不再适用于复分）。因此，从整体图书营销分类来思考，确立可以作为复分的分类标准就十分重要。

结合一般文献分类法设立复分表的依据，著者在为"图书营销分类法行业标准"设计七个通用复分表的设立依据的思考分别是：

（1）《总论复分表》。总论复分表是对整个主表的立类以及类目划分、排列的情况进行总结，得出关于主表类目设立的共同性标准，将这些共同性标准以类目的形式列出，它的主要作用是概括主表的整体分类标准和思路，让用户更好地理解主表立类的各种标准，也可以很方便地用来扩展主表类目。如从图书的"教材"用途来立类是"图书营销分类法行业标准"的一大特点，在很多基本大类下都设置了从"教材"用途来立类的类目，如果在某个没有设置"教材"专类的基本大类下有本图书属于教材，但在主表中又找不到合适的类号来显示其"教材"的属性，就可以用表示其内容特点的主类号加《总论复分表》中的"教材"专用复分号"07"，并用专用连接字母"A"来组配表示。（完整的《总论复分表》见本书附录）

（2）《出版物载体复分表》。出版物的载体属性在出版物营销分类中具有广泛的区分意义，如不少音像制品销售店就按"DVD""CD""VCD"等来组织音像制品的上架陈列。就图书而言，虽然以纸质载体为主，但随着数字出版技术的发展，光盘载体、网络载体、便携式载体也在迅速发展中，在某些情况下也有一定的区分意义，如综合性的书店既可以销售纸质图书，也可以销售光盘版、电子版图书，那么在分类中区分载体就具有营销意义，所以设立本复分表是有其必要性的，如《全唐诗》的CD-I光盘版，可以标引为"16.02.01B0209"（B为本复分表专用连接符），就可以与纸质版的《全唐诗》区分开来。

（3）《世界国家和地区复分表》。从出版物内容中有关的国家或地区的属性进行区分有其营销分类的价值，如一些书店就设了"美国政治"这样的类目，但在主表中没有这样的类目可以作为分类标引的依据，本复分表就满足了这种分类标引的需要，如《当代各国政治体制：美国》一书，可以标引为"02.05C840"（C为本复分表专用连接符），来揭示其有关"美国"的属性。

（4）《中国行政区划复分表》。本表满足的是从地区的角度来揭示图书属性的分类标引或陈列需求，如现在各大城市的书店普遍都设立了本地文化的专类，这样的专类在主表中难以找到对应的类目，虽然地方文化中的"地方"不一定与行政区划完全能对应，但基本的对应是没问题的，如《北京旅游》一书，可以标引为"19.08.01D110000"（D为本复分表专用连接符）。

（5）《世界时代复分表》。本表满足的是从世界整体时代划分的角度来揭示图书属性的分类标引或陈列需要。如《世界近代史》一书，标引为"10.02E04"（E为本复分表专用连接符）。

（6）《中国时代复分表》。本表满足的是从中国时代划分的角度来揭示图书属性的分类标引或陈列需要。如《清代史》一书，标引为"10.03.02F0218"（F为本复分表专用连接符）。

（7）《世界语种复分表》。本表满足的是从中国语种以及世界语种划分的角度来揭示图书属性的分类标引或陈列需要。一个典型的应用途径就是国内少数民族语言文字版的图书，如果需要在标引或陈列时区分，就可以使用本复分表，如《行政管理学》（藏文版）一书，可以标引为"02.06.03Gbo"（G为本复分表专用连接符）。

5.7.2　设计的思路与方法

在设计"图书营销分类法行业标准"通用复分表时，确定了以下基本思路与方法：

（1）类目级别要比主表更简单，最多不超过二级。这主要是因为考虑到图书营销分类工作中对复分的需求并不普遍，也不会很深入。还要考虑到主类号与复分号组配的数据不能太长，否则会影响数据交换。

（2）作为标准化工作中的重要方法，就是可以在编制标准时引用其他的标准，把其他标准中的内容规定为"图书营销分类法行业标准"中的内容，以节省标准编制的工作量，也体现了标准之间的兼容性。经过标准调查，关于国家和地区、中国行政区划、世界语种的分类代码都有成熟的国家标准，因此，直接引用了这些标准作为复分表，其中《世界国家和地区复分表》系引用GB/T 2659—2000《世界各国和地区名称代码》，并做了必要的补充;《中国行政区划复分表》系引用GB/T 2260—2007《中华人民共和国行政区划代码》;《世界语种复分表》系引用GB/T 4880.1—2005《语种名称代码 第1部分:2字母代码》。

5.8 "图书营销分类法行业标准"的文本设计

通过以上几个步骤的设计工作，可以形成符合一般文献分类法结构要求的通用性图书营销分类法的文本。而"图书营销分类法行业标准"区别于其他文献分类法的一个重要特点就是它是以标准的形式编写的，标准是一种具有特定形式的技术文件，具有自身的编写规范。因此，"图书营销分类法行业标准"在最终文本的编写上要符合标准的编写规范，否则就很难通过标准审查。

5.8.1 标准文本编写的要求

洪生伟认为，标准的编写应达到以下要求[①]：

1.正确

标准中规定的技术指标、参数、公式以及其他内容都要正确可靠。也就是说，规定内容和指标必须是以现代科学技术的综合成果和先进经验为基础，并经过严格的科学验证，精确的数学计算而得出的结果，编写时，必须重复核实，对标准中的图样、表格、数值、公式、化学分子等均应进行仔细复核，消除一切技术错误，保证其准确无误。尤其是一些关系生产安全和生命健康的标准，更是不能出一点马虎，否则将带来非常严重的后果。

2.准确

标准的内容表述要准确、清楚，以防止不同的人会从不同的角度产生不同的理解，影响标准的实施。因为标准是经济和技术活动的准则和依据，并往往被法律、法规和合同所引用。因此，必须具有法律和法规条文那样的措

---

① 洪生伟.标准化工程[M].北京：中国标准出版社，2008：164–165.

词准确、逻辑严谨的特殊文风，用词不能模棱两可，语句结构紧凑严密。

3.简明

标准的内容要简洁、明了、通俗、易懂。标准中不要使用生僻词句和地方俗语，在保证准确的前提下尽量使用大众化的语言，使大家都能正确地理解和执行，避免产生不易理解或不同理解的可能性。根据标准内容的具体情况，在表述准确简明的前提下，选择文字、图表，或文字图表并用的表述方式。

4.和谐

标准要和相关的法律法规及其他标准内容和谐一致。首先要注意不能与国家的有关法律法规相违背。相反，应使这些法律法规在标准中得到贯彻。其次，在编写标准时要与现行的上级、同级有关标准协调一致，要与该标准所属的标准体系表内的标准和谐一致，以充分发挥标准化系统的整体功能。

5.统一

标准的表述方式及其术语、符号、代号等应该统一。首先，标准编写时，表述方式要始终统一，同一标准中的术语、符号、代号要前后统一，相关标准中的术语、符号、代号也要统一。其次，同级标准的书写格式、幅面大小、章条的划分以及编号方法等都要统一；同类标准的构成、内容的编排也要统一，都要符合相关国家标准的规定。

5.8.2　标准文本的主要构成要素及其内容

根据有关国家标准中的规定，标准的构成要素包括概述要素、规范性要素、补充性要素三种类型，其中有些要素是必备要素，即"在标准中必须存在的要素"，[①]包括封面、前言、名称、范围；有些要素是可选性要素，

---

① 中国标准出版社第一编辑室.标准化工作导则、指南和编写规则汇编[M].2版.北京：中国标准出版社，2004：8.

即"在标准中不是必须存在的要素,其存在与否视标准条款的具体需求而定"。[①]标准中的要素除了必备要素之外,都是可选性要素。

5.8.2.1 概述要素

标准的概述要素内容是让读者概括地了解标准的批准、发布、实施时间等信息。标准的概述要素主要包括:①封面。我国标准的封面上应该写明标准号、标准名称、标准的发布和实施日期、标准的发布部门等,国家标准封面上还应有国际标准分类号(ICS)。②目次。当标准内容较长、结构较复杂、条文较多(一般在15页以上)时,应该编写目次。目次的主要功能是帮助标准使用者了解标准的结构,引导其有选择地阅读标准,也是标准内容最简明的检索工具。③前言。每个标准都应有前言,以便标准的使用者正确了解该标准有关情况。④引言。写在标准正文内容的前面,一般不写标题,也不编号,主要写出标准技术内容以及关于制定标准的原因的特殊信息说明。

5.8.2.2 规范性要素

这部分内容是标准的主体,它规定了标准的要求和必须实施的条文。它又由规范性一般要素和规范性技术要素构成。

1.规范性一般要素

规范性一般要素包括:①标准名称。标准名称是标准的总标题,应能简明、准确地说明标准的主题,直接反映标准对象的特征和范围,并使其与其他标准相区别。②范围。即标准规定的主题内容及其适用范围,它作为标准区别于其他技术条件的重要标志,但不应包含要求。③规范性引用文件。规范性引用文件是在标准或法规中引用一个或多个标准,以代替详细的规定。

---

① 中国标准出版社第一编辑室.标准化工作导则、指南和编写规则汇编[M].2版.北京:中国标准出版社,2004:8.

一般包括该项标准中直接引用的有关标准及与该项标准配套使用的相关标准。这样做既能科学、简便地编写标准，也有助于相关标准之间的协调。

2.规范性技术要素

规范性技术要素包括：①术语与定义。它给出为理解标准中某些术语所必需的定义。②符号和缩略语。它给出为理解标准所必需的符号和缩略语一览表。③要求。它应包含下述内容："a.直接或以引用方式给出标准涉及的产品、过程或服务等方面的所有特性；b.可量化特性所要求的极限性；c.对每个要求，或者引用测定或检验特性值的试验方法，或者直接规定试验方法。"[①]④抽样。它规定抽样（取样、采样）的条件和方法，以及样品保存方法。⑤试验方法。它给出与下列程序有关的所有细节：测定特性值，检查是否符合要求，以及保证结果的再现性。⑥分类和标记。它可为符合规定要求的产品、过程或服务建立一个分类、标记和（或）编码体系。⑦标志、标签和包装。它可规定如何标注产品的标志以及包含对产品的标签和（或）包装的要求。⑧规范性附录。它给出标准正文的附加条款。

5.8.2.3 补充要素

补充要素提供附加信息，以帮助理解或使用标准，包括：①资料性附录。它是表述标准中重要规定的依据和专门技术问题较系统的介绍，以及有关条文的参考性资料或推荐性方法，以及正确使用标准的说明等。②条文中的脚注、条文的注释、表注和图注、采用说明的注释。③参考文献。它列出制定标准过程中的参考文献。④索引。如果有索引，则应作为标准最后一个要素。

标准的上述要素可以用图5-7来表示。

---

① 中国标准出版社第一编辑室.标准化工作导则、指南和编写规则汇编[M].2版.北京：中国标准出版社，2004：17.

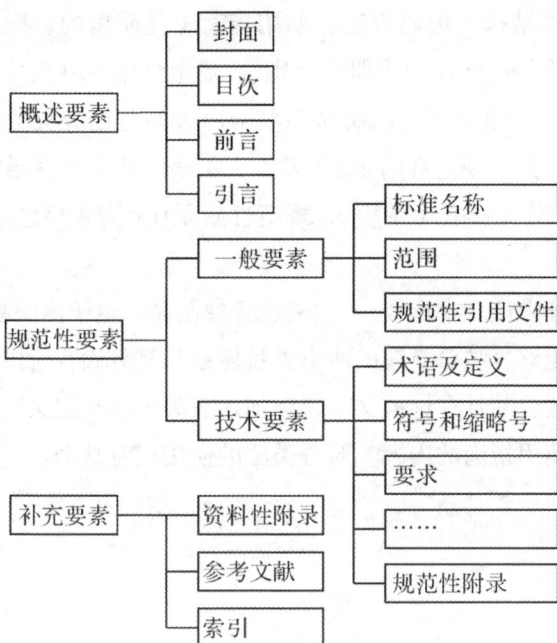

图5-7 标准文本的构成要素

5.8.3 《图书、音像制品、电子出版物营销分类法》行业标准的构成要素及内容

由于"图书营销分类法行业标准"是《图书、音像制品、电子出版物营销分类法》标准的组成部分，因此这里介绍的是参照标准文本编写的要求与规范、《图书、音像制品、电子出版物营销分类法》标准的构成要素确定的情况。

《图书、音像制品、电子出版物营销分类法》行业标准文本由以下要素构成：

（1）概述性要素。由封面、目次、前言、引言构成。

（2）规范性要素。由标准名称、范围、规范性引用文件、术语及定义、分类原则、分类结构、编码方法、使用指南（是简单的、概括性的使用指南，与独立成册的标准使用手册有区别）、规范性附录九大部分构成，标准的实质性内容——图书、音像制品和电子出版物营销分类法的主要构成由附录部分构成，其中规范性附录A为基本大类表、规范性附录B为分类简表、规范性附录C为分类详表（主表），规范性附录D至附录J为分类法的八个通用复分表。

与一般的分类法文本比较，《图书、音像制品、电子出版物营销分类法》行业标准文本能够容纳分类法的所有类目体系和复分表，所以它完全可以看作是一部分类法，并且在标准文本还能加入有关术语与定义、分类原则、编码方法、简单使用指南的内容，对分类法的使用很有帮助。

6 "图书营销分类法行业标准"的实施研究

标准的实施是标准化活动的另一个重要环节，决定着标准化活动的真正效果。本章的研究内容以已经编制完成的"图书营销分类法行业标准"（即已经出版的《图书、音像制品、电子出版物营销分类法》（CY/T 51—2008）中的图书营销分类法部分的实施工作为重点，对实施"图书营销分类法行业标准"的一般性问题如整体实施工作的原则与思路、图书营销分类标引问题、出版发行企业实施标准的原则与步骤等进行分析，并重点就如何将"图书营销分类法行业标准"应用于出版社和书店的营销分类业务活动中进行探讨，为"图书营销分类法行业标准"的实施工作提供参考。

6.1 研究"图书营销分类法行业标准"实施的重要性

（1）从标准化工作的角度来看，标准只有在实施中才能发挥作用，并在实施中进行总结评价，为标准的完善和修订做好准备。编制完成"图书营销分类法行业标准"，只是完成了标准化工作中的制定标准阶段，后面还有一个关键性的环节就是实施标准，在标准实施中能使"图书营销分类法行业标准"的作用得到发挥，并在实施中总结相关经验，为标准修订工作做好准备。

（2）从通用性分类法的发展路径来看，通用性图书营销分类法必须以达到大多数出版发行企业使用的程度为重要衡量指标。"图书营销分类法行业标准"的编制成功并不意味着它就能成为真正的行业通用性图书营销分类法，而是必须被多数的出版发行企业使用，才能成为真正的行业通用性营销分类法，这个过程也就是标准的实施过程。因此标准的实施工作还关系着"图书营销分类法行业标准"能否成为真正的行业通用性分类法。

（3）从我国图书营销分类工作的实际来看，"图书营销分类法行业标准"编制的完成，只是提供了基本的分类法，要想使其发挥真正的效用，解决我国图书营销分类工作中存在的不规范问题，还需要将其具体应用到出版发行企业图书营销分类的各个工作环节中，并引导出版发行企业进行规范的图书的分类。

6.2 标准实施工作的原则与思路

本节所指的"图书营销分类法行业标准"实施工作的原则与思路，是就整个"图书营销分类法行业标准"的实施工作而言的，不是指单个出版发行企业在本企业内实施"图书营销分类法行业标准"的原则与思路。

6.2.1 实施原则

编制"图书营销分类法行业标准"的根本目的，就是要在图书出版发行行业中实施这个标准，提高行业内出版发行企业图书营销分类工作的水平和为行业图书营销信息的统计、分析与流通提供信息分类编码的标准，为此著者认为标准的整体实施工作需要遵循以下基本原则。

1.政府主管部门推动

从发达国家的标准化工作经验来看，美国及西欧发达国家的政府部门一般不直接参与标准的制订工作，而是由行业内的大公司或产业联盟、行业协会等来制定标准，然后交由标准化管理机构审查批准成为正式标准，最后政府部门再在相应的法规中引用，推动标准的实施。同时，行业内的大公司、产业联盟和行业协会等也会发挥示范和协调实施标准的作用。如在美国，出版业标准的制定是一种建立在经济基础上的自愿行为，任何一个组织包括出版商、书店、学会、协会等，都可以自己投资编制那些有市场需求的技术标准，这些标准通过美国国家标准学会（American National Standards Institute，ANSI）的严格审查，可以成为美国国家标准。[①]我国的标准化管理和运行模式则具有自己的特色，就是政府在标准化工作中经常起到组织者和主导者的

---

① 张书卿.美国出版业标准化管理体制与运行机制[J].出版发行研究，2006（12）：32.

作用，企业在标准化工作中常常处于被动接受的地位，这种模式的好处是组织工作力度强、标准的权威性高，缺点是缺少资金支持、企业参与标准的制定和实施的积极性比较低、标准与消费者和产业的实际需求脱节等。

"图书营销分类法行业标准"的实施，应吸收国外标准化工作的先进经验。从标准属性来说，"图书营销分类法行业标准"是推荐性行业标准，不适宜采用行政命令的方式强制实施。但是，考虑到我国书业的实际，即我国书业缺少像贝塔斯曼和巴诺、鲍德斯这样在行业内拥有举足轻重地位的出版发行巨头，以及像美国出版商协会（The Association of American Publishers，AAP）和英国出版商协会（The Publishers Association，PA）那样具有广泛行业影响力的行业组织，出版发行企业基本上处于各自为战的状态，如果出版行业行政主管部门完全置身标准实施之外，则"图书营销分类法行业标准"的实施会面临着较大的障碍。因为"图书营销分类法行业标准"不是一项简单的标准，其制定的出发点不仅是为了服务企业的需要，更重要的是要实现整个行业的图书营销分类工作质量的提高以及服务行业层次上的信息流通与共享。如果单从某个企业的角度考虑，实施标准不一定会带来明显的效益，甚至会在短期内影响企业的工作，因为实施"图书营销分类法行业标准"需要投入一定的人力、物力和资金，如书店应用新的图书营销分类法，就需要调整卖场内的陈列布局、重新制作卖场的分类导购标识和改造信息系统等，类似于图书馆的图书改编。因此，对"图书营销分类法行业标准"的实施工作，需要从图书出版发行产业的整体高度来认识，需要出版行政主管部门发挥推动作用。著者认为主管部门推动标准实施的方式有很多，如把"图书营销分类法行业标准"的实施情况纳入出版发行企业考核的内容，要求出版社在申报CIP数据的同时提交图书的营销分类标引数据等。

目前新闻出版总署在推动"图书营销分类法行业标准"的实施方面已经采取了一定的措施，如在《图书、音像制品、电子出版物营销分类法》行业标准通过审查成为正式行业标准后，新闻出版总署办公厅专门下发文件加以颁布，希望各出版发行单位执行；另外，新闻出版总署有关部门已经在积极准备组织行业内企业参加《图书、音像制品、电子出版物营销分类法》行业标准的贯标培训活动。

2.企业为主

在市场经济环境下，企业是市场竞争的主体，实施"图书营销分类法行业标准"的主体也是出版发行企业。"图书营销分类法行业标准"实施的过程，就是各个出版发行企业将"图书营销分类法行业标准"转化为企业标准的过程，当然这种转化不是照搬，不是只能千篇一律，而是由广大出版发行企业根据本企业的需要和经营特点，在不违背标准的基本分类原则和分类编码体系的基础上，灵活地选择相关类目构建本企业的图书营销分类体系，并通过多样化的图书营销战术，增强企业的市场竞争力，提高企业的效益。

出版发行企业是标准实施的主体，标准作用的发挥取决于出版发行企业实施工作的质量。在"图书营销分类法行业标准"的编制过程中，已经充分考虑了出版发行企业的营销分类工作特点，但毕竟是从整体上考虑的，不可能完全顾及每个出版发行企业的个体特点；而且从分类工作的实际来看，分类法的设计是一个"聚类"的过程，即从具体到一般的过程，分类法的使用则是一个"归类"的过程，即从一般到具体的过程，"归类"工作难度也很大，因为具体到每本图书，不可能只写某一个类目所包括的内容，在图书营销分类中，交叉主题、复杂主题、新主题图书比比皆是，如何准确归类难度很大。因此标准实施的过程中，企业会遇到各种各样具体的问题。作为"图书营销分类法行业标准"的制定者和管理者，承担着编写标准实施指南的任务，在编写标准实施指南时需要站在图书出版发行企业的角度思考问题，结合企业图书营销分类的实际，用通俗易懂的语言，阐述分类法的结构与类目规律，并结合具体图书的举例分析，对每个类的分类要点进行说明，并就分类中可能遇到的分类疑难问题进行深入分析，为用户指点迷津。

3.行业协作

"图书营销分类法行业标准"的实施关系着行业的发展，现代供应链管理和品类管理的理论和实践对实施标准的重要启示，就是要加强图书产品供应商与销售商之间的战略合作，打造畅通的供应链。因此"图书营销分类法行业标准"的实施，需要行业内上下游企业的协作，作为图书商品的供应商，出版社应该在图书的营销分类标引上承担主要任务，在与书店充分沟通的基础上，给每本图书标上规范的营销分类类目名称和分类号；作为图书商品的销售商，在出版社的营销分类标引的基础上，书店组织图书商品的分类陈列和构造面向读者的分类检索系统，并根据不同的图书类别的重要性采取相应的营销战术，在此过程中，也需要与出版社保持充分沟通。因此，加强行业内上下游企业在标准实施中的协作，实现社店营销分类对接，也是"图书营销分类法行业标准"在行业内成功实施的重要原则。

著者认为，要加强标准实施中的行业协作，除了各出版发行企业之间根据需要建立战略合作关系之外，还有两个基本途径：①通过行业协会。行业协会作为政府和企业之间的"第三种力量"，在协调政府与企业之间的关系以及加强行业内企业之间的协调沟通方面发挥着不可替代的作用。通过行业协会的组织协调，加强出版企业和发行企业之间在标准实施中的沟通协作，是比较理想的途径。当然客观而言，由于我国出版发行行业协会目前整体上还没有完全独立于政府和企业之外，代表性不够，对企业的影响力还有限；②通过行业标准化技术委员会。全国出版物发行标准化技术委员会是专门归口管理我国出版物发行标准化工作的标准化组织，会员单位包括国内一大批有影响力的图书发行企业和一些大型出版社，通过出版物发行标准化技术委员会的组织和协调，上下游企业之间加强标准实施协作，是比较可行的途径。目前出版物发行标准化技术委员会在这方面已经做了大量的工作，如向会员单位推荐使用"图书营销分类法行业标准"，还将准备组织标准使用培训和研讨。行业标准化委员会途径的主要不足在于全国出版物发行标准化技术委员会是一个松散型的组织，常设机构的人员、力量有限，而且委员会协调和管理其他的标准制定和实施工作任务也很重。

6.2.2　实施思路

1.在实施方式上，自愿采用与推荐采用相结合，并通过示范加以推广

"图书营销分类法行业标准"属于行业推荐性标准，因此不适宜采用行政指令的方式来实施，而主要是由各出版发行企业自愿采用，这体现了出版发行企业在市场经济环境下的竞争主体地位；同时，标准编制与实施研究项

目组以及出版物发行标准化技术委员会也应尽自己的最大努力，向有关出版发行企业推荐采用"图书营销分类法行业标准"。

还有一个重要的实施方法是示范推广，"出版物营销分类法实施指南"研究项目的一项重要内容就是"组织出版物营销分类法行业标准实施示范工程"，其含义是指通过选择若干具有代表性的出版发行企业、项目组深入企业，配合企业的标准实施工作，提供标准培训、解疑释难、营销分类管理咨询等服务，最后总结标准实施取得的效果和经验，把这些经验写入标准的实施指南当中。在此过程中还可以组织其他出版发行企业到实施标准的企业观摩研讨，使其他出版发行企业对标准实施的过程和成效有一个直观的认识，提高采用标准的积极性。通过示范推广标准是我国标准化工作领域经常采用的有效的标准化实施方法，如农业标准化工作中的农产品标准推广，它体现了标准制定者和管理者主动推动标准实施的目的，能加快标准的实施进度。2009年年底已经初步完成了深圳出版发行集团下属书城以及湖南省新华书店益阳书城的《图书、音像制品、电子出版物营销分类法》行业标准实施示范工作，目前正在总结相关的经验，为标准的下一步推广实施打下了良好的基础。

2.在应用层面上，先在出版发行企业的图书营销分类业务中应用，在此基础上，应用于企业的图书营销管理和行业层次的图书营销信息流通等层面

"图书营销分类法行业标准"的适用范围很广，《图书、音像制品、电子出版物营销分类法》行业标准对适用范围的说明是："本标准适用于各类出版发行企业对图书、音像制品及电子出版物进行营销分类标引、供（订）货目录制作、商品分类陈列、销售数据统计、库存管理等业务，以及出版发行行业的信息交换流通、数据统计、市场分析等工作。"可以看出，"图书营销分类法行业标准"是一个应用范围很广的标准，在标准实施工作中，可以先明确标准应用的层次，然后根据不同的应用层次采取不同的实施战略，使标准的效用在不同层面上得到有效的发挥。

著者认为，"图书营销分类法行业标准"的应用可以分为以下三个层面：①应用在出版发行企业的图书营销分类业务层面，主要包括图书营销分类的分类标引、分类陈列以及分类检索系统等，主要目的是做好基本的图书分类

工作；②应用于出版发行企业的营销管理层面，就是以图书营销分类为基础，在营销战略和战术上采取相应的措施，把分类工作与营销管理结合起来，取得最大的效益；③应用于行业层面的图书营销信息统计、分析和流通等工作。以上三个应用层面中，前二者都是在企业层次的应用，第三个层面是行业层次的应用，而且三者之间存在着紧密联系。营销分类业务应用是营销管理应用的前提，行业层次应用是建立在企业层次应用的基础之上的，因为数据产生于业务，只有将"图书营销分类法行业标准"应用于企业的业务活动中，才能产生符合标准的可靠的数据，才能实现行业内图书营销信息的分类统计、分类分析和流通共享。

以上三个应用层面可以用图6-1来表示。

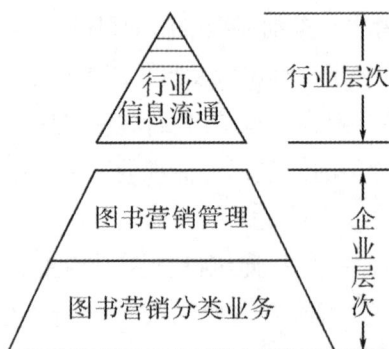

图6-1　"图书营销分类法行业标准"的应用层次

3.不同类型的出版发行企业根据本企业的性质和特点确定实施标准的内容和重点

出版发行企业数量众多，类型各异，图书营销分类工作具有不同的内容和重点，从整个行业标准的实施工作来说，不同类型的出版发行企业应该根据自身在供应链中的角色和特点来确定应用标准的内容和重点。

出版社和书店作为两种基本的出版发行企业类型，也是图书供应链的两个最主要的环节，在实施"图书营销分类法行业标准"上应有不同的分工和侧重点。

（1）作为图书产品供应商的出版社，对图书产品的内容最为熟悉，对图书产品的目标读者对象也比较清楚，所以出版社应该将标准主要用于对图书的营销分类标引，即通过"上架建议"的形式对图书产品进行营销分类定位，为图书进入书店的营销分类标引提供基础。除此之外，出版社也可以应用"图书营销分类法行业标准"组织面向读者的图书分类目录和建立分类检索系统。

（2）作为图书产品销售商的书店，是图书营销分类工作的主要承担者，书店图书营销分类工作比出版社而言内容要丰富得多，它包括组织图书的上架陈列（网络书店则要对图书营销信息进行分类组织），也包括构建面向读者的分类检索系统，同时这些工作还需要与书店的营销管理相结合。因此书店的"图书营销分类法行业标准"应用应以组织分类陈列和构建分类检索系统为主，并将分类工作融入企业的营销管理之中，服务读者，促进图书的销售，取得实实在在的效益。

就出版社或书店这两种最基本的出版发行企业类型来说，还存在着综合型和专业型的差别，以及规模大小的差异。此外，书店还可以分为实体型和网络型，这些具有不同的特点的出版发行企业的营销分类工作也存在着差异。在标准实施工作中，各出版发行企业还可以根据自身的特点和营销分类工作的内容，灵活地应用"图书营销分类法行业标准"。如综合型的出版发行企业可以基本上采用现有的行业标准中的分类体系，专业型的出版发行企业在行业标准的分类体系上，还可以细化相关的专业类目，制定专业分类表。再如实体型的书店的应用重点包括将行业标准用于分类陈列业务，网络型书店则不需要考虑这个应用领域，主要是将其用于网络信息组织。

6.3 "图书营销分类法行业标准"实施中的图书营销分类标引问题

在图书营销分类工作中，分类标引是其中重要的、基础性的环节。经过营销分类标引，图书产品被归入特定的类目，并被赋予特定的分类标识，然后出版发行企业据此进行图书产品上架、设计分类检索工具并进行分类信息交换。分类标引要以分类法为依据，因此营销分类标引是"图书营销分类法行业标准"实施中的重要问题，有必要对其进行探讨。

6.3.1 图书营销分类标引的含义与作用

戴维民等认为，文献标引是根据文献的特征，赋予文献检索标识的过程。文献标引过程包括两个主要环节：一是主题分析，即在了解和确定文献的内容特征及某些外部特征的基础上，提炼出主题概念；二是转换标识，即用专门的检索语言（标引语言）中的标识表达主题概念，构成检索标识。[①]分类标引是文献标引方法中的一种（除了分类标引，还有主题标引），它主要是用分类检索语言对文献进行标引。周继良等认为，图书资料的分类标引工作，是指对图书资料的学科性质及其他有检索意义的特征进行分析、归纳，并用分类语言进行描述、赋予排架、贮存、检索以标识的过程。[②]

综合以上关于文献标引和图书分类标引的概念，著者认为，图书营销分类标引就是指出版发行企业依据营销分类法，对图书商品进行归类，给图书商品赋予分类标识，以用于指导分类上架、编制分类目录、建立检索系统，

---

① 戴维民.信息组织[M].北京：高等教育出版社，2004：193.
② 周继良.图书分类学[M].修订本.武汉：武汉大学出版社，1998：248.

以及信息交换等。图书营销分类标引与一般图书分类标引尤其是图书馆分类标引的主要区别是它的标引手段有限，尤其是在实体书店中由于无法在图书商品上粘贴分类标签，只能通过架位牌等形式对某一类的图书进行粗略的、预先的标引，这对于标引的用途和管理来说有一定限制。

施国良认为："如果说分类是一个过程，那么立类和标引就是分类过程中的两个基本操作。前者是从个别到一般，后者则相反。"[1]营销分类标引是图书营销分类工作中的不可缺少的环节，图书只有经过营销分类标引，才能够对它进行营销分类组织（分类陈列和建立分类检索系统）。我国图书营销分类工作中存在的分类不规范的问题的根源就在于不重视分类标引工作和分类标引结果的利用，图书即使在信息系统中有明确的分类，但到了卖场后还是主要靠营业员的直觉判断上架，造成随意上架的问题。

在图书营销分类中，出版社和书店都应该进行营销分类标引，但两者在分类标引的任务和表现形式等方面有一定的区别。

（1）出版社营销分类标引的主要目的是为本社的图书产品确定一个统一的分类标识，同时为建立本社的图书产品分类检索系统打下基础。出版社的图书营销分类标引在形式上与图书在版编目（CIP）中的以《中图法》为依据的图书分类号有一定类似，它可以被印刷在图书产品上面。

（2）书店营销分类标引的主要目的是服务于图书商品的分类上架和建立分类检索系统。书店的营销分类标引方法，一方面可以以出版社的营销分类标引为基础和参考，甚至可以直接采用出版社的营销分类标引；另一方面，从自身经营的角度，可以不采用出版社的营销分类标引结果，而是根据自身的营销分类法体系，重新对图书进行营销分类标引。它的表现形式为：在信息系统中录入图书营销分类标引的数据；在图书卖场中通过架位牌标识等对图书进行预先的、大概的标引，一般很难直接在每本图书上标识标引结果。

从上面的分析中不难看出，如果在图书出版环节就进行基础性的营销分类标引，尤其是把分类标引结果印刷在图书上面，则会给销售环节的分类标引提供极大的便利。当然，与在版编目（CIP）中以《中图法》为依据的分

---

① 施国良.网络信息分类：原理与应用[M].北京：科学出版社，2008：43.

类标引一样，这对标引质量提出了很高的要求。

6.3.2 "图书营销分类法行业标准"使用本的制定

6.3.2.1 制定"图书营销分类法行业标准"使用本的方法

"图书营销分类法行业标准"是为行业内各类型的出版发行企业而编制的通用性图书营销分类法。在实际的分类工作中，由于各出版发行企业的性质、规模、任务等不尽相同，对分类法的功能需求不完全一样，因此，各出版发行企业在决定实施"图书营销分类法行业标准"后，还不能直接用它来进行营销分类标引，应该根据自身的性质、任务和读者对象，制定出适合本单位使用的标准使用本，这是出版发行企业标准实施工作中的重要环节。从标准实施的方法来说，制定"图书营销分类法行业标准"使用本属于标准实施中的选用实施或补充实施方法，在推荐性标准的实施中，这是一种普遍采用的方法。另外，也可以叫"标准剪裁"，也就是"对选用标准的每一项要求进行分析、评估和权衡，确定其对特定产品的适用程度，必要时对其进行修改、删减或补充，并通过有关文件，提出适合于特定产品的最低要求的过程。"①

参考一般文献分类工作中制定分类法使用本的方法，著者认为出版发行企业制定"图书营销分类法行业标准"使用本可以从以下几个方面入手：

1.规定各类目划分的详略程度

各出版发行企业可以根据自身的特点，规定使标准使用本中类目划分的详略程度，详可详至"图书营销分类法行业标准"的最后一级类目，甚至还可以扩充类目；略可略到只使用"图书营销分类法行业标准"的一级类目。一般来说，综合性、规模大的出版发行企业，一般按照标准既定的详略程度

---

① 金烈元主编.标准的实施与监督[M].北京：航空工业出版社，2005：30.

使用，并针对重点经营的类目进行扩充。专业性、规模小的出版发行企业，本专业的类目划分详，关系不大的类目划分略，图书商品数量大的类目详，数量少的类目略。

2.规定类目复分、仿分的范围和方法

"图书营销分类法行业标准"中设置了复分表和提示了类目仿分的方法，在标准使用本中，可以根据需要使用类目复分和仿分的方法，并规定使用类目复分、仿分的范围，即选择使用哪些复分表，在哪些类目中使用复分或仿分的方法。另外，专业性的出版发行单位可以根据自身需要制订专门的复分表，对类目进行专业复分。当然，也可以选择不使用类目复分或仿分的方法，就只使用主表中的现成类目。

3.细化现有类目

在图书营销分类工作中，可能需要对"图书营销分类法行业标准"中的现有类目进行进一步的细化，除了复分和仿分能实现类目的细化之外，在使用本中可以通过下列方法实现类目细化：

（1）根据类目注释中的提示进行细分。在"图书营销分类法行业标准"中已经考虑到了出版发行企业细分类目的需要，在某些类目的注释中提示了细分的方法，如"15少儿读物"大类下的三级类目"15.02.05名著青少版"的类目注释："可按出版社细分。"在使用本中，可以根据这种提示设置相关的细分类目。

（2）直接将列举式类目注释中的名称列为细分类目。在"图书营销分类法行业标准"中，有些类目注释采用了列举的方式，说明一个事物的各个方面或种类。在标准使用本中，可以根据需要，直接将类目注释中的名称列为细分类目，如"16文学"大类下的三级类目"16.03.03现当代小说"的类目注释："按小说主题细分，如青春小说、网络小说、影视小说、历史小说、武侠小说、言情小说、科幻小说、灵异小说、推理小说等。"这个注释不仅提示了细分的方法，还列举出目前常见的小说主题，在标准使用本中，可以直接将这些小说主题列为细分类目。在"24计算机"下各级类目的注释中，较多地采用了列举式类目注释，如二级类目"24.07图形图像、多媒体"的类目注释："Photoshop、Flash、Authorware、Painter、CorelDraw、3DS Max、Illustrator、Adobe Indesign、Unigraphics、Cimatron、Freehand、Premiere、

After Effects、Maya、Director、CAXA、Solid Edge、机械制图、动漫设计等入此。"在标准使用本中，可以直接将Photoshop、Flash、Authorware、Painter、CorelDraw、3DS Max等常见的图形图像和多媒体软件名称列为细分类目。

4.增设新类目

图书营销分类具有极强的灵活性，各出版发行企业的自身情况也千差万别，而且它总是随着社会环境的变化发展而不断更新，"图书营销分类法行业标准"则具有一定的滞后性，所以出版发行企业可以根据自身需要，增设一些新的类目。新增类目的途径有很多，包括通过对原有的类目的合并与分拆，也包括根据自身的需要，在标准的类目体系之外增设新的类目。但新增类目要慎重，尤其是注意增设新的类目不能与现有的类目重复，要注意其与"图书营销分类法行业标准"中类目的关系，如果存在交叉、包含、并列等关系，要详细注明。

5.对类目名称和类目注释进行修改，并增加必要的说明语

对于认为不明确或不适于本企业使用的类目名称，可以在使用本中加以修改，并注明其与原标准中类名的对应关系，注意类号不能修改；对于某些类目注释本企业认为有必要再加以明确的，可以修改；对本企业某些特殊的分类细则也要简要注明。

6.3.2.2　制定"图书营销分类法行业标准"使用本的注意事项

在制定"图书营销分类法行业标准"使用本的过程中，必须注意这个过程不是随意地变动原有标准的类目体系，而是在确有需要的前提下对标准进行剪裁，著者认为在此过程中应该注意以下基本事项：

（1）尽量保持标准原有的类目体系的完整性，在标记制度上要与标准一致，不能使用与标准不一致的标记制度。

（2）标准中基本大类的类别、层级及其名称、代码不可更改。例如，用"工业机械"取代标准中的"工业技术"基本大类名称是不允许的。

（3）对标准中二级及以下级类目的增、删、拆、并，不可破坏标准类目体系的完整性和科学性，次级类目名称应尽量保持与标准名称的一致。例如，标准中"09文化"基本大类下的"09.05 图书馆、档案、信息管

理""09.06 群众文化"以及"09.07 博物馆"三个二级类目，在图书品种不足的情况下，可以不单独设类，建议将这些类目的图书依据地域范围，相应地归入"09.02 世界文化"和"09.03 中国文化"之下。

（4）新增类目名称，以及拆分之后出现的新类目名称，应具有科学性，不得与标准类目名称相混淆；合并类目应体现类目之间的逻辑关系，不同上位类的类目，以及不同层级的类目，不允许合并。例如，标准在"23 工业技术"基本大类下设有二十个二级类目，这主要是根据工业技术门类和工业产业结构的部门分类划分的，在实际运用过程中企业可以对二十个二级类目进行不同程度的合并，但需要强调合并类目的逻辑相关性。例如，将相关类目合并为"重工业"与"轻工业"类目是符合逻辑的，而将"23.06 金属学、金属工艺"与"23.13 化学工业"合并，则有悖分类的科学性。又如，在图书品种不足的情况下，将"03.09 法律文书"和"03.13 法律类工具书"类目合并为新的图书类目"法律文书与工具书"是可以的，但是将"03.09 法律文书"与"03.01 法学理论"合并，则违背了"图书营销分类法行业标准"的基本原则。

（5）在制定出本企业的标准使用本后，应尽可能将其反馈回标准管理者，以便于其了解各企业的标准使用本的情况，在修订时吸收其中的合理之处，有利于标准的完善和发展。

6.3.3　营销分类标引的方式

分类标引方式是指根据文献特点和具体需要确定的标引和揭示文献主题的形式。[①]在图书营销分类标引工作中，出版发行企业可以根据不同的分类应用环境和应用目的，采用相应的标引方式。

---

① 俞君立，陈树年.文献分类学[M].武汉：武汉大学出版社，2001：294.

6.3.3.1　文献分类标引的主要方式

按不同的分类标准，分类标引方式可以分为很多种类①。

1.依揭示文献内容的方式分

（1）整体标引。是一种概括揭示文献内容的标引方式，它只针对文献整体内容提取主题予以标引。这种标引方式往往用一个主题概括文献的整体内容或主要内容。如对《环境工程中的功能材料》一书，只需标引出"环境工程的功能材料"。

（2）全面标引。是一种充分揭示文献内容的标引方式，它深入揭示文献中的各部分内容，全面提取局部主题予以标引。这种标引方式要求对文献内容进行分解，详细标引文献中有检索和参考价值的各部门内容。如对《环境工程中的功能材料》一书，就应标引出具体的功能材料。

（3）对口标引。是一种只揭示文献中符合专业检索系统需要的各部分内容的标引方式，即只提取个别局部主题予以标引，亦称重点标引。例如，对《现代数学与力学》一书，在数学专业检索系统中可只标引"数学"这个主题。

（4）综合标引。是一种以整套（部）丛书、多卷书、论文集、会议录为单位，概括揭示其内容的标引方式，也是一种特殊的整体标引。如对《自然科学小丛书》按其整体内容综合标引。

（5）分散标引。是一种以丛书、多卷书、论文集、会议录等文献中的每一种、每一册、一篇文章为单位，揭示其内容的标引方式。如对《环境科学与工程系统丛书》中的《城市节制用水规划原理与技术》《环境毒理学》《空气污染控制》等书按各自的主题分散标引。

（6）分析标引。是一种在整体标引或综合性标引的基础上，进一步深入揭示文献的部分内容，提取个别或若干局部主题的标引方式，亦称补充标引。如对《网络营销学》一书，除了对整体主题"网络营销学"进行标引外，还可以将其中的"网上顾客行为"内容析出，进行分析标引。

---

① 戴维民.信息组织[M].北京：高等教育出版社，2004：194–197.

（7）互见标引。是从不同角度多次揭示同一文献内容的标引方式，即对已经从一个角度或学科标引了的文献内容，再从其他角度或学科出发予以标引。例如，《邓小平论财经》一书，在按主题"邓小平著作专题汇编"标引之后，应按"经济学理论"作互见标引。

2.依标引深度分

（1）深标引。是赋予文献较多标识，详细揭示文献内容的标引方式。全面标引必然是一种深标引。它主要用于计算机检索系统和学术论文的标引。

（2）浅标引。是赋予文献较少标识，粗略揭示文献内容的标引方式。整体标引必然是一种浅标引。它主要用于手工检索系统。

3.依所用标识与主题概念的对应性分

（1）专指标引。是指所选用的一个标识表达的概念与被标引主题概念完全或基本相同的标引方式。如《教育心理学》一书，用《中图法》中G44（类名：教育心理学）的分类号来标引。

（2）组配标引。是指选用两个或多个标识共同表达一个主题概念的标引方式，采用主表分类号与复分表分类号的组配标引就属于这种类型。

（3）上位标引。是指所选用标识表达的概念是被标引主题概念的上位概念的标引方式，例如，用《中图法》中表示"图书馆学"的类号"G250"来标引"比较图书馆学"这一主题概念。

（4）依附标引。是指所选用的标识表达的概念与被标引主题概念相近或相关的标引方式。亦称靠类标引，如用《中图法》中表达"人民生活状况"概念的类号"F113.9"来标引"贫困经济学"这一主题概念。

（5）暂定标引。是指所用标识在类表中没有收录，但建议增加的标引方式。使用在分类法使用本中新增的类号来标引就属于这种方式。

4.依所用标引受控程度分

（1）受控标引。这是一种采用受控语言（检索语言）中的标识表达主题概念的标引方式，如用《中图法》中的类号来标引。

（2）自由标引。这是一种采用自然语言语词作标识表达主题概念的表达方式，又称非控标引。

（3）混合标引。这是一种同时采用受控语言的标识和自然语言的语词表达主题概念的标引方式。

5.依标引的自动化程度分

（1）人工标引。这是一种完全由标引人员亲自思考和操作来完成的标引方式，亦称手工标引。

（2）自动标引。这是一种基本由计算机及其自动化、智能化系统完成判断和操作的标引方式，又称机器标引。

（3）半自动标引。这是一种将人工标引与自动标引相结合的标引方式。它又分为以人工为主的机助标引和以自动标引为主的人助标引。

6.依标引的实施方式分

（1）独立标引。这是由各机构独自标引本机构或本检索系统文献的标引方式。

（2）统一标引。这是在一定的区域或系统范围内，由一个机构进行标引，其他机构或检索系统共享标引成果的标引方式。

（3）联合标引。这是各机构开展合作，各自只对一部分文献进行标引，相互共享标引成果的标引方式，亦称合作标引，在网络环境下，以联机标引为主的联合标引将会有更大的发展。

（4）在版标引。这是在文献出版或发表前就完成标引，并将标引成果记录在文献之中的标引方式。

6.3.3.2 出版发行企业确定图书营销分类标引方式要考虑的因素

从以上标引方式的介绍中不难看出，标引方式里面包含着丰富的归类方法，标引的过程就是归类的过程，也是确定标引成果的用途的过程。著者认为对于各出版发行企业来说，在实施"图书营销分类法行业标准"过程中，要根据实际情况选择合适的标引方式。

（1）对于服务于上架陈列的分类标引来说，主要采用整体标引、浅标引、受控标引方式，并根据实际情况选择分散标引、综合标引和互见标引。

（2）在图书网络信息的组织以及分类检索系统建设中，可以考虑采用全面标引，对图书赋予多种分类标识，以全面反映图书的内容，有利于读者从多个角度来浏览、检索图书。

（3）在当前的技术条件下，图书营销分类标引以人工标引为主，并逐步发展半自动标引和自动标引，降低标引的成本，提高标引的效率。

（4）在图书营销分类标引的实施方式上，为了行业内分类标引信息的共享，应大力提倡统一标引、联合标引，出版社则应做好在版标引。

6.3.4　营销分类标引的规则

分类标引必须在一定的规则指导下进行。分类标引规则是分类标引时的规范，它包括基本规则、一般规则、特殊规则和补充细则四个层次。[①]下面就使用"图书营销分类法行业标准"中的类号和类名，从基本规则、一般规则、特殊规则和补充细则四个方面，对出版发行企业在实施"图书营销分类法行业标准"时可以考虑采用的营销分类标引规则进行探讨，在具体的营销分类工作中，各出版发行企业应该结合自身的实际，制定指导自身营销分类标引的相关规则。

6.3.4.1　营销分类标引的基本规则

分类标引的基本规则，是指贯穿于整个分类标引过程中必须始终遵循的准则。[②]在长期的分类标引实践中，研究者总结出了关于文献分类标引的以下基本规则[③]：

（1）分类标引以文献内容属性为主要依据，形式特征为辅助依据。这是要求标引时，一般首先考虑文献的内容属性，在内容属性中，首先考虑学科性质，其次考虑地区（国家）、民族、时代等属性，最后才考虑形式特征。

---

① 戴维民.信息组织[M].北京：高等教育出版社，2004：203-204.

② 俞君立，陈树年.文献分类学[M].武汉：武汉大学出版社，2001：303.

③ 戴维民.信息组织[M].北京：高等教育出版社，2004：20.

（2）应客观、正确、全面地揭示文献内容。即标引时应努力避免标引人员的主观片面性而造成对内容主题的理解、表达错误以及有价值的内容主题的遗漏，尽量忠实、正确、充分而不过度地揭示文献内容。

（3）进行周密的主题分析。分类标引时首先必须对待标引的文献进行周密的主题分析，不能单凭题名进行分类标引，因为题名不可能总是准确地反映文献内容，而且往往不能充分反映文献内容。

（4）符合分类法的系统性和逻辑性。分类法是一个具有逻辑性的概念系统，每个类目的内涵和外延受到许多因素的限定，分类标引时必须仔细辨析类目的确切含义和范围。如上位类和下位类的从属性是分类标引时需要格外注意的，即依据凡能分入下位类的书，必能入其上位类来检验分类标引是否准确。如在《中图法》中，类号"G647""G657""G717"都表示"学校管理"，但是《高等学校管理》一书只能归入G647，因为G47的上位类是"G64高等教育"。

（5）归类满足实用性。分类标引在以文献内容性属性为基础的同时，还应结合文献的用途、宗旨、读者对象、检索系统的专业性质和用户需求等多种因素，归入能够发挥最大用途的类。当被标引文献涉及分类法的多个类目时，应首先被归入对用户最有用途、最容易检索到的类目，然后再考虑进行互见分类、分析分类。

（6）归类满足专指性。分类标引一般应依文献的内容和形式，分入内涵、外延与其最为相符的类目，不能分入范围大于或小于文献实际内容的类，达到专指性的要求。当分类表中无专指类时，归入最接近的类。

（7）保持分类一致性。这是要求相同主题的文献前后归类一致，同类型或同性质的文献，其主题分析水平、分类标引方式等方面也保持一致。

以上分类标引的基本规则，对于图书营销分类标引来说也是适用的，尤其是进行周密的主题分析、满足实用性这两条基本原则。因为在实际的营销分类标引工作中，最容易出现的问题就是仅凭书名来进行归类，造成归类错误，如把名著《钢铁是怎样炼成的》归入冶金类，目前在各书店虽然像这种低级错误不太会发生，但仅从书名入手进行主题分析并归类的现象比较普遍，造成归类错误时有发生。

6.3.4.2 营销分类标引的一般规则

分类标引的一般规则主要包括各类型主题文献的分类标引规则、各类型文献的分类标引规则以及复分、仿分、主类号组配规则。它适用于各学科领域的分类标引。[①]对于制定图书营销分类标引的一般规则来说，也要结合上面的几个方面来进行。需要说明的是，本小节虽然所说的是"一般规则"，但并不意味着相关的图书在实际的图书营销分类标引中就一定要这样标引，具体到各种图书的营销分类标引，出版发行企业应该根据实际情况进行标引，并要针对在本企业经常遇到的其他类型的图书制定专门的规则。

1.单主题图书的分类标引规则

这里所说的单主题图书，是指图书只论述或研究一个对象，即只有一个主题内容。根据构成主题概念因素的多寡，又可分为单元主题和复合主题。单元主题是指文献内容只包含一个概念因素，复合主题则指由两个或两个以上概念因素组合而成的单主题。[②]

（1）单元主题图书的营销分类标引

①对某一事物进行综合研究的图书，一般按事物或问题的学科属性归类。如《修辞学通论》归入"12.01语言文字理论"（"12.01语言文字理论"为"图书营销分类法行业标准"中的类号与类名，下同），《艺术学概论》归入"17.01艺术理论"。

②从某一学科角度论述某主题的图书，一般按研究角度归入有关的学科类目。如《新闻摄影》归入"09.04.02传媒实务"，《摄影艺术概论》归入"17.06.02.01摄影理论"。

（2）复合主题图书的营销分类标引

复合主题图书包含两个或两个以上的概念因素，概念之间是限定与被限定关系。主题的概念因素类型主要有：主体因素、通用因素、位置因素、时

---

① 戴维民.信息组织[M].北京：高等教育出版社，2004：204.

② 俞君立，陈树年.文献分类学[M].武汉：武汉大学出版社，2001：305.

间因素、民族因素等。①在营销分类标引时，复合主题的图书很常见，也是分类标引的难点。在进行复合主题图书的营销分类标引时，首先要分析主题概念的类型，依据主体概念因素的研究角度所属的学科进行分类，然后判定各类型因素所属的类。

①对于论述某事物某一方面的图书，首先应依据其研究角度归类，再依事物的方面归类。如《茶疗法》一书，归入"19.01.03营养、食疗"，《茶叶加工》归入"23.14.03食品工业"，《茶叶种植技术》归入"22.03.03.04经济作物"。

②对于研究某一事物的多个方面的图书，归入到类表中能够概括这些方面的类目，如果没有共同上位类，则依重点归类或在有关类中同时反映。如《汽车发动机的设计与环保技术》，该书的两个主题没有共同的上位类，但重点是研究汽车发动机的设计，所以归入"26.03.01汽车工程"。

③当主体因素（事物）所在类目不再细分时，有关该事物各主题因素（各个方面）的图书均归入该事物类下。如《光盘的驱动器原理与维修技术》《计算机主板维修实用技术》都归入"24.02计算机硬件"。

2.多主题图书的分类标引规则

多主题指文献研究或论述的主题内容有两个或两个以上。根据主题之间的关系，可分为并列关系主题、从属关系主题、应用关系主题、影响关系主题、因果关系主题和比较关系主题等。②

（1）并列关系多主题图书，是指图书同时论述两个或两个以上各自独立的主题。标引时，一般归入能概括其内容的上位类，无共同上位类的，依其论述重点、写作目的或篇幅较多的主题归类。如《天体、地球、生命和人的起源》，此书是四个并列主题，其主要目的是普及科学知识，因此可以归入概括其共同内容的"20.07自然科学类科普读物"。

（2）从属关系多主题图书，是指图书的各主题之间具有包含关系、属种关系或整体与部分的关系。标引时，一般依较大主题的学科属性归类。

---

① 俞君立，陈树年.文献分类学[M].武汉：武汉大学出版社，2001：306.

② 俞君立，陈树年.文献分类学[M].武汉：武汉大学出版社，2001：307.

如《物理学与声学》，该书的重点在声学，但都属于物理学研究，所以归入"20.03 物理学"。

（3）应用关系多主题图书，是指一个主题应用到另一个主题或几个主题中，或者几个主题同时应用到一个主题中。标引时，一般归入被应用到的主题中，如《出版美学》归入"09.04.03出版发行"，《教育心理学》归入"13.01.01教育学"。

（4）影响关系多主题图书，是指图书内容的几个主题中，一个主题对另一个或多个主题产生影响，或者多个主题对另一主题产生影响等。标引时，一般归入受影响的主题之中。如《加入WTO后的中国工业》归入"05.04.02 工业经济"。

（5）因果关系多主题图书，是指图书内容涉及多个主题，其中一个主题是另一个或多个主题的原因，或者一个主题是另一个或多个主题作用的结果。标引时，一般归入结果方面的主题之中。如《药物引起的神经精神不良反应》归入"21.02.12神经病学、精神病学"。

（6）比较关系多主题图书，是指论述两个或两个以上相互比较的主题的图书。标引时，两个主题比较时一般按写作者重点论述的或所赞同的主题归类，必要时归入两类，三个以上主题比较时，可归入共同概况比较内容的上位类。如《比较宪法：对八国宪法的比较研究》归入"03.03.01 国家法、宪法"。

3.各类型图书的分类标引规则

这里所说的各类型图书是指从出版形式和用途上加以区分的各种图书类型，主要包括丛书与多卷书、工具书、技术标准、古籍等类型的图书，在出版发行企业的营销分类标引工作中，还可以针对其他类型的图书专门制定分类标引规则。

（1）丛书与多卷书的营销分类标引

①丛书是按照一定的主题范围，将多种著作汇编成一套，并有总书名的文献，也称丛编、丛刊、文库、论丛等。在图书营销分类中，丛书是采用集中分类标引还是分散分类标引要根据实际情况来定。一般情况下，以下几种类型的丛书适合集中分类标引：a.一次刊行的丛书（如《新编十万个为什么》）；b.有总书名、总目次、总的编制计划的丛书（如《世界地理风俗大

系》；c.围绕特定时代、地区、事物、事件、人物编辑，内容有密切关联的丛书（如《东方赤子·大家丛书》）；d.内容主题学科专业面、读者面较窄的丛书（如《化学工业与工程技术丛书》《出版学丛书》）；e.科普性、知识性的丛书或专门为少年儿童编写的丛书（如《亲近母语儿童阅读指导丛书：大声读给孩子听》）等。而如果丛书中的单品种图书的科学性、专业性较强，单品种图书之间联系不密切的，则可根据单本书的内容主题分散分类标引。如《电脑易学易用丛书》系列当中的《电脑攒机即时通》归入"24.02 计算机硬件"、《Windows 2000即时通》归入"24.03 操作系统"、《电脑上网即时通》归入"24.09 计算机网络"、《打字编辑即时通》归入"24.10 办公自动化"。再如《中国文库》和《汉译世界学术名著丛书》中的各品种图书，也应该从学科角度分别进行分散标引。需要说明的是，当对某丛书进行分散分类标引后，并不意味着在陈列中只能分散陈列。在分类陈列中可以根据实际需要进行集中陈列，如大型书店对《汉译世界学术名著丛书》，一般采用集中陈列，这主要能突出品牌效应，对于了解这套丛书的读者来说是十分方便的。

②多卷书是一种分卷、辑、册逐次或一次出版的图书，通常有总书名，各卷、册自成一个单位。有的分卷定价，有的则整体上定价。对于多卷书，一般应集中分类标引。如《中国大百科全书》是分卷出版的，但应整体上进行分类标引，归入"27.01综合性百科全书、类书"，《中国现代文学作品选》（三卷本），归入"16.03.06现当代文学作品集"。

（2）工具书的营销分类标引

工具书是一种特殊类型的图书，它又可以区分为三大类，即参考工具书、检索工具书和语言工具书，在"图书营销分类法行业标准"中非常重视针对工具书的设类，在很多大类下专门设置了专门的工具书类目。

①参考工具书。参考工具书主要指字典百科全书（类书）、辞典、手册、名录、指南、一览表、年表、年鉴、图解、图册、谱录、统计资料等。在营销分类标引中，综合性的参考工具书入"27综合性图书"下的各类，如《不列颠简明百科全书》《册府元龟》《古今图书集成》，都归入"27.01 综合性百科全书、类书"；专科性参考工具书，按其学科属性归入有关各类，如《数学物理学百科全书》，归入"20.08自然科学类工具书"。

②检索工具书。检索工具书是专供查找文献或事物线索的图书，包括目

录、索引、文摘等。在营销分类标引中，综合性的检索工具书入"27.06综合性图书目录、文摘、索引"，如《中国丛书综录》《北京图书馆古籍善本书目》，均归入"27.06综合性图书目录、文摘、索引"；专科性的检索工具书入有关各类，如《〈史记〉人名索引》归入"10.03.01通史"，《中国法律图书总目》归入"03.13法律类工具书"。

③语言工具书。语言工具书是专供学习和使用语言的工具书。在营销分类标引中，专科性词典归入有关各类，如《汉俄情报学辞典》归入"09.05.03信息管理"；其他语言工具书集中归入"12.02.07 汉语工具书"或"12.12外语工具书"，如《新华字典》归入"12.02.07汉语工具书"，《柯林斯中阶意英·英意词典》归入"12.12外语工具书"。

（3）标准类图书的营销分类标引

关于标准研究以及各种公开出版发行的标准文本是一种特殊类型的图书，在"图书营销分类法行业标准"中为标准类图书设立了三个方面的类目，在标准类图书的营销分类标引中可以根据图书的内容具体进行标引。

①关于标准化理论与研究的图书归入"13.13科学研究"，如《标准化概论》《标准化工程》等。

②工业技术类的标准文本图书归入"23.20工业技术类标准规范"，如《工业自动化系统与集成 零件库 第26部分：信息供应商标识》（GB/T 17645.26-2000）、《纺织纤维和纱线的形态词汇》（GB/T 8695-1988）等。

③其他标准文本图书宜归入有关学科中的各类。如：《作者编辑常用标准及规范（第三版）》归入"09.04.03出版发行"。

（4）古籍类图书的营销分类标引

首先要明确古籍类图书的定义，"古籍类图书"是一个很宽泛的概念，许逸民总结了目前学术界关于"中国古籍"的定义，认为可以概括为四个方面，即①1911年辛亥革命以前编撰出版的图书；②1911年以后至1919年"五四"运动以前编撰出版，凡内容涉及古代学术文化，采用传统著述方式，并具有古典装帧形式的图书；③以少数民族文字编撰出版的古籍图书；④外国人在古代中国编撰出版的与中国思想学术有密切关系的著译图书。并认为凡是1919年以后，不管著述或整理方式是汇刊、辑佚、点校、注释、评议、考证，也不管其出版形式是影印、铅排、线装、洋装，其学术成果皆当纳入"古籍整理"的大范畴，皆宜称为"古籍整理图书"或"古籍研究著述"。①著者也比较赞同这个看法，也就是说：①1919年以后出版的图书不能称为"古籍"，即使是用文言文写作也是如此；②1919年以后出版的对原有的古籍进行各种形式的整理和再版的图书都只能称为"古籍整理图书"。目前图书市场上绝大多数"古籍图书"实际都是"古籍整理图书"，真正的"古籍图书"主要在收藏机构和文物部门。所以古籍类图书的营销分类标引主要是指古籍整理图书的营销分类标引，根据目前的"图书营销分类法行业标准"，古籍整理图书的营销分类标引可分为两种情况：一种情况是单本的古籍整理图书可以根据其学科属性入各类，如《诗经》（中华书局2006年版）归入"16.02.01 古代诗词曲赋"；另一种情况是大型古籍整理丛书，如《四库全书》《十三经注疏》，可归入"27.04 综合性古籍丛书"。另外，就古籍整理类图书的营销分类实际来说，"四部分类法"仍有其价值，因此，仍需考虑用"四部分类法"进行分类的必要性，著者认为这属于为《图书营销分类法》行业标准制定专业分类表的研究内容，即可以考虑在"图书营销分类法行业标准"修订时为古籍整理类图书制定一个体现"四部分类法"特点的专业分类表，待此专业分类表制定出来后，出版发行企业也可以用此专业分类表来进行古籍图书的分类标引。

6.3.4.3 营销分类标引的特殊规则

文献分类标引的特殊规则是指适用于不同学科领域或不同大类文献的分类标引规则，一般针对分类表中各大类下的具体类目而规定。②在完成"图书营销分类法行业标准"的编制之后，"出版物营销分类法实施指南"项目组已经编写出详细的《类目说明》，对各大类下的具体类目的分类标引规则进行了详细的说明，这里仅举"12 语言文字"大类作为例子加以介

---

① 许逸民."古籍整理图书"应该如何区分类别[EB/OL].[2010-01-08] http://www.guji.cn/opengjzs.php?id=25.

② 戴维民.信息组织[M].北京：高等教育出版社，2004：203.

绍（此部分"类目说明"初稿由项目组程兆铭撰写，著者参与了对初稿的讨论与修改）。

1."12 语言文字"大类体系结构说明

本大类包括语言文字理论、汉语、常用外国语以及外语类工具书四部分内容。依据语种类别，单设"汉语"外，常用外国语分为"英语""日语""法语""德语""韩语"等。结合出国留学热潮，设"留学指南"为二级类目。结合读者需求和出版实际，重点对"汉语""英语"进行四级类目细分。

2."12 语言文字"大类分类要点

（1）凡属总论语言、文字的本质、结构及发展规律等理论、各种语言学说的相关理论、语言理论与方法论、语言与其他学科的关系、语言学派、学说及其研究等归入"12.01 语言文字理论"。例如：

《普通语言学概要》，分类号为"12.01"

《理论符号学导论》，分类号为"12.01"

《现代西方语言哲学比较研究》，分类号为"12.01"

《修辞学通论》，分类号为"12.01"

《二十一世纪国外语言学的现状与展望》，分类号为"12.01"

（2）关于汉语类图书的分类

①凡属汉语的语音、语义、语用、文字、词汇、词义、语法、写作、修辞、翻译、词典学及语文教学等理论与研究的图书归入"12.02.01 汉语语言学"。例如：

《汉语语音史》，分类号为"12.02.01"

《实用现代汉语修辞》，分类号为"12.02.01"

《鲁迅传统汉语翻译文体论》，分类号为"12.02.01"

②总论古代、近代和现代汉语及发展，古代、近代汉语学习教材、资料等归入"12.02.02 汉语学习研究"相应各下位类。例如：

《中国语言的演变》，分类号为"12.02.02"

《近代汉语读本》，分类号为"12.02.02.01"

《古代汉语研究导引：中国语言文学类》，分类号为"12.02.02.01"

《当代汉语言比较研究》，分类号为"12.02.02.02"

③凡属综合性实用写作的图书归入"12.02.03 实用写作",有关专门写作的图书入有关各类,如法律文书写作归入"03.09法律文书",新闻写作归入"09.04.02传媒实务";诗歌写作归入"16.01 文学理论"。例如:

《实用应用文写作》,分类号为"12.02.03"

《实用商务英语写作大全一本通》,分类号为"12.05.08"

《实用法律写作》,林燕军等编著,分类号为"03.09"

《通讯员习作点评》,陈力丹著,分类号为"09.04.02"

《现代新体诗的写作技巧》,分类号为"16.01"

④有关演讲与口才如说话艺术、讲演术、辩论术、朗诵等方面的理论、方法技巧、教程和练习资料等方面的图书归入"12.02.04 演讲与口才";有关专门行业的语言技巧、训练等,如外交谈判学、新闻采访语言技巧、广播电视播音技巧等图书归入相关各类。例如:

《口才技巧实用全书》,分类号为"12.02.04"

《鬼谷说服术》,分类号为"12.02.04"

《朗诵与台词》,分类号为"12.02.04"

《戏的念词与诗的朗诵》,分类号为"17.10"

《首脑外交:中美领导人谈判的话语分析1969—1972》,分类号为"02.07"

⑤有关现代汉语方言学、汉语方言的调查、研究、比较、分析等方面的图书归入"12.02.05方言";方言属汉语,不应与"12.03中国少数民族语言文字"中的图书相混淆。例如:

《老北京·方言土语》,分类号为"12.02.05"

《方言调查字表》,分类号为"12.02.05"

《方言与中国文化》,分类号为"12.02.05"

《七彩方言——方言与文化趣谈》,分类号为"12.02.05"

《鄂伦春语研究》,分类号为"12.03"

⑥凡有关对外汉语教学含教学理论、教学法、教学工作、教学计划、教学大纲以及相关的读物、教材、课本等图书均归入"12.02.06 外国人学汉语"。例如:

《对外汉语教学语法》,分类号为"12.02.06"

《博雅汉语（附光盘）》，分类号为"12.02.06"

《对外汉语教学心理学》，分类号为"12.02.06"

《北大版对外汉语教材·短期培训系列——跟我学汉语》，分类号为"12.02.06"

（3）关于英语类图书的分类

①有关英语的语音、语法、写作、修辞、翻译、语义、词汇、词义等理论性研究图书归入"12.05.01 英语研究"。例如：

《英语学习策略理论研究》，分类号为"12.05.01"

《英语修辞鉴赏与写作》，分类号为"12.05.01"

《现代英语句法与语义》，分类号为"12.05.01"

②大学英语教材及其配套用书、大学英语四六级考试用书以及其他大学英语考试均归入"12.05.02 大学英语"；凡各类面向社会的英语专项考试用书归入"12.05.06 英语专项考试用书"，如"公共英语考试""口译、翻译考试""职称英语考试"等。例如：

《新视野大学英语（同步辅导）》，分类号为"12.05.02.02"

《大学英语四级考试一本通》，分类号为"12.05.02.03"

《全国公共英语等级考试（PETS）三级专项技能全解》，分类号为"12.05.06"

《全国职称英语等级考试30天突破》，分类号为"12.05.06"

③有关当下流行的诸如新概念英语、疯狂英语、薄冰英语等畅销英语学习用书入"12.05.03 热门英语"；为满足各种日常使用需要的口语、英语听力等用书入"12.05.04 实用英语"。例：

《新概念英语》，分类号为"12.05.03"

《疯狂英语：新闻英语逐字攻克》，分类号为"12.05.03"

《薄冰新编初中英语语法》，分类号为"12.05.03"

《365天英语口语大全：日常口语》，分类号为"12.05.04"

《英语听力高手》，分类号为"12.05.04"

④计算机英语、工程英语、医学英语等各专业英语归入"12.05.05专业英语"；针对商务英语考试的口语、词汇及培训资料等用书归入"12.05.08商务英语"。例：

《机械工程专业英语》，分类号为"12.05.05"

《国际工程实务英语》，分类号为"12.05.05"

《商务英语情景口语100主题》，分类号为"12.05.08"

⑤有关TOFEL、GRE、GMAT等留学英语的教材和辅导资料用书归入"12.05.07 留学英语"。例如：

《TOEFL词汇词根+联想记忆法》，分类号为"12.05.07"

《17天搞定GRE单词》，分类号为"12.05.07"

《GRE&GMAT阅读难句教程》，分类号为"12.05.07"

⑥以学习英语、提高英语语言阅读写作能力为主要目的的全英文和英汉对照读物归入"12.05.09 英语读物"；以英语或中英文著述的某一专门学科图书入相关各类。例如：

《散文佳作108篇》（英汉·汉英对照），分类号为"12.05.09"

《清华儿童英语分级读物——机灵狗故事乐园》，分类号为"15.05"

《中国哲学简史》（英汉），分类号为"07.02"

（4）关于语言类字典、词典的分类

①凡以学习语言文字为使用目的的字典入"12 语言文字"有关各类：其中使用一种语言的归入该语言类目；汉语与中国少数民族语言文字对照的归入"12.03 中国少数民族语言文字"；汉语与单一外语对照的归入有关外语类目；两种和两种以上外语对照的，均归入"12.12 外语工具书"。例如：

《七国语辞典》，分类号为"12.12"

《蒙汉词典》，分类号为"12.03"

《新华字典》，分类号为"12.02.07"

《现代汉语词典》，分类号为"12.02.07"

《柯林斯中阶意英·英意词典》，分类号为"12.12"

②专门学科的词典，不论是一种语言的或者多种语言的，均依其内容归入有关学科类目。内容涵盖哲学、社会科学和自然科学的综合性词典，归入"27.02 综合性辞典"。例如：

《汉俄情报学辞典》，分类号为"09.05.03"

《英汉、汉英民族学术语》，分类号为"11.05"

《当代百科知识大词典》，分类号为"27.02"

6.3.4.4　营销分类标引的补充细则

图书营销分类标引的补充细则是指各出版发行企业根据自身的特定需要，在允许的范围内制定的分类标引规则，特别是在"图书营销分类法行业标准"使用本的制定过程中做出的补充规定。如可以针对某一类图书的标引规则进行特别说明，对分类标引采用的方式和方法进行详细分析，等等。

6.4　出版发行企业实施"图书营销分类法行业标准"的基本原则与一般步骤

"图书营销分类法行业标准"作为通用性、基础性的图书营销分类法，适用于各出版发行企业的图书营销分类工作。虽然各出版发行企业的标准实施工作重点不一样，但在基本原则和一般步骤上面有很多的共同点，探讨出版发行企业实施"图书营销分类法行业标准"的基本原则和一般步骤，可以为出版发行企业的标准实施工作提供指导。

6.4.1　基本原则

对于准备实施"图书营销分类法行业标准"的出版发行企业来说，在标准实施中应该遵循一定的原则，才能保证实施工作的顺利进行和取得成效。著者认为出版发行企业在实施工作中应该遵循以下基本原则：

1.领导重视

"图书营销分类法行业标准"的实施涉及出版发行企业的众多部门和员

工，如就书店来说，负责此项工作的核心部门是卖场管理部门和信息管理部门，并与采购部门、物流部门及其他管理部门的工作有一定联系，因此"图书营销分类法行业标准"的实施是一项系统工程，需要协调好实施过程中的各种关系；同时，实施"图书营销分类法行业标准"还需要一定资金的投入（如重新调整制作分类标牌）、内部工作流程的调整（如增设专门的分类管理岗位）、人力成本的付出（如相关岗位的增设和进行培训）等。要想达到实施的良好效果，就需要出版发行企业的领导层的高度重视和支持，以协调好实施过程中的各种关系，保证实施工作所需要的资金、人力、物力，创造实施标准的良好内部环境。

2.注重实效

出版发行企业实施"图书营销分类法行业标准"，不是为了分类而分类，而是要切实做到有实效，这体现在两个方面：一方面是通过实施标准，提高图书营销分类工作的质量，构建科学合理的分类体系，使卖场分类陈列和分类检索更贴近读者的消费心理和消费习惯，更好地服务读者；另一方面是通过实施标准，明确本企业的重点经营类别，并确立相应的营销战略与策略，以促进图书销售。总之，要达到社会效益与经济效益的统一。而要做到真正有实效，必须处理好科学性与实用性的关系，坚持标准实施的科学性不是意味着只能机械地套用标准，而突出实用性也不是意味着可以随便打乱标准；而是要结合本企业的实际，把分类真正与各项业务结合起来，在全面深入地掌握标准的分类体系和分类思想，以及遵守标准的类目体系和类目代码的前提下，灵活地选择符合本企业经营需要和营销战略的类目，构建分类体系，并根据不同类别的特点采取不同的营销战术，使分类管理取得最佳的社会效益和经济效益。

3.循序渐进

出版发行企业经营的图书品种和数量众多，不少大型书城经营品种超过20万种，图书数量超过100万册，加上标准的实施涉及企业的多个部门、多个业务环节，换用新的营销分类法对原有的存量图书商品的分类标引和分类陈列影响很大。因此标准的实施是一个长期而复杂的过程，在实施的过程中会碰到许多困难和问题，很难在短期内一步到位。出版发行企业尤其是大型出版发行企业在实施过程中必须有长远的规划和打算，在实施过程中要循序渐进，可以先易后难，局部试点再全面推开，对一些企业原有分类体系中与标准分类体系相近的类目，进行微调后先行实施，对一些企业原有分类体系中与标准分类体系相差较大的类目，则要进行认真研究，考虑如何实现原有存量商品的分类数据转换和陈列调整。

4.行业协作

从行业整体发展的角度，标准的实施是出版发行行业内的系统性工程，需要上下游企业的战略合作与沟通。而从企业实施标准的角度，上下游企业也承担着各自不同的角色，有着各自的优势，因此，要想在本企业内取得标准实施的良好效果，也需要与相关的上游或下游企业良好合作关系。如对于出版社来说，要想更准确地对所出版的图书进行营销分类定位，需要了解书店的分类体系，使自己的分类标引更符合书店的陈列分类需要；对于书店来说，对图书的内容方面的把握显然比不上出版社，因此，在营销分类中也要与出版社保持沟通和合作，在此基础上，实现社店营销分类工作对接与信息共享。

5.持续改进

质量管理是企业管理的基础，同样也适用于"图书营销分类法行业标准"的实施工作，出版发行企业在实施标准的过程中要坚持质量管理，建立完善的质量评价体系和评价机制，及时评估实施效果，针对实施过程中的不足之处，持续加以改进，不断提高实施标准的水平。

6.发展提高

图书营销分类的一个突出特点是随着时代和社会的变化而不断发展，对于标准制定者来说，必须根据客观环境的变化而不断对标准进行修订和完善。而对于标准的实施者即广大出版发行企业来说，在实施标准的过程中也必须坚持发展性原则：一方面，在实施标准的过程中，与标准制定方保持密切联系，关注和了解标准的最新修改动态，并相应地修改自身的分类体系；另一方面，在标准实施过程中，会遇到跟本企业实际情况相联系的一些困难和疑问，如何解决这些困难，同样也是标准的制定方非常关注的，对于标准的修订具有重要的参考意义，因此出版发行企业可以向标准管理方提供标准实施的反馈意见，积极参与标准的修订工作。总之，标准的制定者和使用者在发展性原则的基础上，加强沟通和合作，就能将"图书营销分类法行业标准"不断地推向新的高度。

6.4.2　一般步骤

"图书营销分类法行业标准"在出版发行企业中的实施是一个系统而且复杂的工程,出版发行企业应按照一定的步骤来实施。下面探讨的是出版发行企业实施"图书营销分类法行业标准"的一般步骤,具体的步骤则由各个出版发行企业在实际工作中根据实际情况来设定,可以有所调整。

实施步骤的确定,考虑了一般标准实施的步骤,在内容上则考虑到了出版发行企业图书营销分类工作的主要构成和新旧营销分类法的转换问题。

1.实施准备

(1)成立标准实施领导小组。企业需要在本单位内建立一个负责协调"图书营销分类法行业标准"实施工作的领导小组。领导小组由企业高层领导和相关部门的负责人组成,领导小组负责确定实施工作要达到的目标,进行总体部署,进行资源调配、协调实施工作和检查评估实施效果。

(2)各部门明确任务,科学分工。①就出版社来说,可以由编辑部门和发行部门共同负责对图书进行营销分类标引,由信息管理部门负责对营销分类标引的数据化和管理。②就书店来说,可以由采购、物流、营销、信息管理等部门共同研究确定标准使用本;信息管理部负责改造业务信息系统,负责存量商品的批量分类转换,以及分类数据的处理及动态维护;卖场管理部门负责按照新的营销分类法组织商品上架陈列、重设分类导购标识、编制目录、建立分类检索系统。

(3)组织员工学习"图书营销分类法行业标准",让员工深入了解和掌握"图书营销分类法行业标准"的类目体系结构、类目设置等方面的特点,掌握"图书营销分类法行业标准"使用方法。学习的方式有多种,如可以参加行业主管部门组织的培训,或者邀请专家对本企业员工进行集中培训。

(4)制定实施计划。按照总体部署和任务分工,标准实施的主要相关部门应制定详细的实施计划,确定实施的时间、步骤、工作量、进度、设备和材料、经费等。

2.构建本企业的营销分类法体系

出版发行企业以"图书营销分类法行业标准"为指导,构建适合本企业的营销分类法体系，是整个标准实施过程的关键。这个过程实际上就是把科学性与灵活性结合起来，将"图书营销分类法行业标准"转化为企业内部使用的营销分类法企业标准的过程，也就是制定"图书营销分类法行业标准"使用本的过程。在这个过程中，企业应在"图书营销分类法行业标准"的基础上，根据本单位所经营的图书的品种结构以及本企业的营销战略定位，确定本企业的营销分类大纲；然后根据每一大类的图书的数量，以"图书营销分类法行业标准"分类主表为基础，结合企业经营特色和重点，确定一级类目以下每一个类目细分的深度（级别），然后确定各个级别类目的构成。

3.开展营销分类业务和进行营销分类管理

在构建本企业的营销分类法体系后，出版发行企业可以根据自身的分类法体系来开展图书营销分类业务和进行相应的图书营销管理，具体内容包括如下几个方面：

（1）更新信息系统内部分类设置。出版社将管理信息系统中图书商品类别设置和营销分类数据按照新图书营销分类法类目体系一调整；书店管理信息系统对存量商品分类信息按照新的营销分类体系进行对应转换，新增商品的分类标引严格按照新的营销分类体系录入。

（2）出版社应用新的分类法，对图书进行营销分类标引，编制本社图书营销分类目录，建立分类检索系统。除此之外，出版社还应积极关注本社图书在书店的营销分类，配合书店进行营销分类管理。

（3）书店应用新的营销分类法，对图书进行营销分类标引，组织图书上架陈列，制作分类导购标识，建立分类检索系统，并在此基础上，确定相应的营销战略与战术。

4.总结与评价

在"图书营销分类法行业标准"实施过程中，应及时进行评估和总结。按照实施计划，做好分步评估；整个项目实施结束后，应进行总结和评估。评估方式有多种，可采取现场读者访谈、读者调查问卷、数据分析、专家评估等。通过总结与评价，找出实施过程中存在的问题，并加以改进，从而提高实施效果。

6.5 "图书营销分类法行业标准"在出版社图书营销分类标引工作中的应用

从我国目前图书营销分类的现状来说，出版环节的营销分类标引工作还没有引起足够的重视，图书商品进入销售环节后，各大书店不得不自己投入人力物力完成营销分类标引，这造成巨大的重复性的浪费，也造成分类标引不一致，影响了分类信息的共享。要改变这种现状，必须确定一个基本的共识，即出版社应该对自己的图书进行营销分类标引，并将标引结果印刷在图书上，这样能大大减轻书店在营销分类标引工作上的负担，为书店之间的营销分类对接打下基础。"图书营销分类法行业标准"的编制成功，为在出版环节统一分类标引提供了可能，下面就对出版社如何应用"图书营销分类法行业标准"进行分类标引进行探讨。

6.5.1 出版社在图书营销分类标引上的有益尝试——"上架建议"

目前不少出版社已经在图书营销分类标引方面进行了有益的尝试，许多出版社都在自己出版的图书封底印上了诸如"上架建议""上架指导""销售分类""分类建议"之类的文字（以下统称"上架建议"），以著者购买的图书为例，《纵览美国图书出版与发行》（中国经济出版社）封底上有"上架建议：营销/出版"；《品类杀手：零售革命及其对消费文化的影响》（商务印书馆）封底上有"上架指导：零售"；《标准化综论》（中国标准出版社）封底上有"销售分类建议：标准/教材"；《狙击史话》（东方出版社）封底上有"建议上架：军事类"。

"上架建议"的实质就是出版社的图书营销分类标引，它属于分类标引方式中的在版标引，我们首先应该充分肯定"上架建议"的意义，它的主要作用是成为书店营销分类对接的基础，出版社通过"上架建议"，表明自己对于图书营销分类和上架陈列的意见，可以减少图书被书店归错类的概率；书店利用"上架建议"，可以方便地掌握图书的营销分类定位和了解出版社对于上架陈列的看法，从而节省大量的工作时间，减少无效陈列，把更多的精力用于陈列架位的优化、维护以及多样化的营销策略与战术运用上来。另外，读者通过"上架建议"，也能增进对图书内容和特点的了解。对整个图书出版产业来说，"上架建议"也为营销信息的分类统计、上下游的信息沟通打下了基础，对于产业发展有显著的推动作用。

6.5.2　目前出版社"上架建议"存在的问题

不过，"上架建议"毕竟属于新生事物，我们在看到"上架建议"所起到的作用的同时，也要看到它目前存在的不足之处。

1.目前的"上架建议"有许多是出版社一厢情愿的"自言自语"

出版社与书店是图书营销的两个不同的环节，对于图书营销分类的理解不一定完全一致，出版社要想通过"上架建议"来实现书店营销分类对接，其前提应是对书店的营销分类有充分的了解，所建议的分类应符合书店营销分类的实际，否则就是一厢情愿的"自言自语"，很难得到书店的共鸣。

目前这种"自言自语"式的"上架建议"还是比较多的，如有的图书"上架建议"列出的类太多，有的甚至建议一本书可同时入四个大类，让书店工作人员来做选择题；还有的先入为主。著者曾看到过一本新出版图书的"上架建议"是"畅销书"，这样的上架建议，恐怕书店不会轻易接受；有的图书"上架建议"里的类则在书店陈列分类中根本找不到。

2."上架建议"标引随意性比较大，亟待建立规范

由于目前"上架建议"的标引规则都由各出版社自行确定的，造成标引的随意比较大，没有统一的标引规则，给书店造成理解上的困难。

（1）标引的深度不一样。有的出版社的"上架建议"属于整体标引，只

标出图书整体的内容主题的分类，有的出版社的"上架建议"带有分析标引的特点，不仅标出整体的内容主题的分类，还标出个别局部的主题，如"标准/教材"。

（2）标引的专指度不一样。有的出版社"上架建议"只标引到图书所属的基本大类，如"经济""管理""历史"等，属于分类标引中的上位标引，有的则标引到与图书内容主题对应的小类，属于专指标引。

（3）标引标识形式不一样。有的出版社是直接标引图书所指向的类目，如"零售""人力资源管理"；有的则还标上类目的层级关系，如"经济/市场营销/零售"。

（4）标引标识中相同符号的含义不一样。如"/"在有的"上架建议"里是表示并列的关系，如"营销/出版"；有的是表示补充说明的关系，如"标准/教材"；有的是表示层级隶属的关系，如"文学/小说/长篇小说"。

3."上架建议"只有文字，没有编码，很难实现共享

由于目前图书的"上架建议"不像CIP分类号一样有统一的分类法作为标引依据，因此全都采用了文字表达的方法，而没有采取简明的类号表达，这造成了数据化的困难，也很难实现不同出版社之间以及书店之间的信息共享。

上述种种问题说明，需要对出版社的"上架建议"进行规范化和完善，才能更好地发挥它的作用。

6.5.3　规范和完善"上架建议"的建议

鉴于目前"上架建议"在出版社具有的一定实践基础，出版社实施"图书营销分类法行业标准"可以从"上架建议"入手，应用标准进行规范化的"上架建议"标引，为社店之间的营销分类对接打下良好的基础。

1.统一"上架建议"的名称，明确其定位与作用

目前出版社的"上架建议"的名称还没有统一，有"上架建议""建议上架""上架指导""销售分类""分类建议"等多个叫法，从规范化的角度

来说，需要确定一个统一的名称。著者认为，"上架建议"是比较好的选择，因为它能较好地表达其内容的性质与作用，也表现了出版社与书店进行营销分类合作与对接的意图。

除了统一"上架建议"的名称，还应该明确其定位与作用，出版社在标引"上架建议"时应明确，"上架建议"不是代替书店进行营销分类标引，而是在对自己的图书产品进行营销分类定位的同时，为书店的营销分类标引提供基础和参考，在标引时要充分考虑书店的营销分类实际。

2.应用"图书营销分类法行业标准"，实现"上架建议"数据化和共享

要想实现"上架建议"的数据化和在行业范围内的共享，就必须以统一的图书营销分类法作为标引依据。"图书营销分类法行业标准"的编制发布，为实现"上架建议"数据化和共享提供了基础。出版社可以通过实施"图书营销分类法行业标准"，利用它来进行"上架建议"标引；同时，要与书店加强沟通和合作，提高"上架建议"被书店采纳的概率。如果出版社能做到对每一本书都进行"上架建议"标引，在图书出版的源头就形成一个"上架建议"的数据库，并向书店及时发送"上架建议"的数据，这样就能在行业范围内形成"上架建议"的流通与共享。

3.制定统一的"上架建议"标引规则和标识形式

有了统一的"图书营销分类法行业标准"作为"上架建议"的标引依据还不够，为了达到标引的一致性，需要制定相应的标引规则，这不仅包括对标引方式的选择，还包括标引的基本规则、一般规则和特殊规则。标引规则的统一，需要各出版社之间加强沟通与交流，并加强和书店的协商。

"上架建议"最终采用的标引标识形式也应统一，在统一标识形式时，既要考虑标引的简洁性，还要考虑书店营销分类的实际情况，尤其是要让书店一线营业人员方便地理解与掌握。著者认为，与在版编目（CIP）中仅标出《中图法》的分类号不一样，"上架建议"的标引标识采用类号与类名同时出现的形式比较好，例如，《口才技巧实用全书》一书被归入"12.02.04演讲与口才"，则标识为"上架建议：12.02.04演讲与口才"。这是因为"图书营销分类法行业标准"的普及度远远不及《中图法》，如果仅标出分类号，则不了解"图书营销分类法行业标准"的营业人员和读者都很难判断其具体

所指的类是什么含义；如果同时标出类名，则不仅方便一线营业人员理解与掌握，对于读者来说，也能方便地从类名上来理解图书的内容与特点。在一些特殊的情况下，还需要在标识中采用一些特殊的标记符号，如采用深标引、互见标引等标引方式时，需要列出多个类名与类号，这些不同类名与类号之间的关系如何体现，都需要研究制定出一定的规则，用统一的标记符号来体现不同类名与类号之间的关系，如某本图书同时适合入两个类，则可考虑用"·"隔开，表示并列的关系。

4.规范"上架建议"的标引工作程序和加强质量管理

分类标引工作是一种复杂的技术工作，需要在科学的工作程序指导下进行，如一般的文献分类标引工作程序是由"查重→主题分析→转换标识→标引记录→审核"[①]这五个前后衔接的基本步骤构成的，"上架建议"的制定也应遵循科学的标引工作程序，尤其是应在一般文献分类标引工作程序的基础上增加"了解掌握书店分类体系"的环节。因为出版社如果不了解掌握书店分类体系，则"上架建议"与书店实际需求脱节的可能性就会大大增加。为了保证"上架建议"的质量，还必须对"上架建议"的标引工作进行质量管理，这包括提高相关标引人员的素质，加强相关的培训与学习，完善分类标引的审核和评价制度。

5.规范"上架建议"标识的印制

"上架建议"属于在版标引，为了达到标引成果在行业范围内的共享和共用，与图书CIP数据以及书号条码的印制都有一定的规范一样，"上架建议"在图书产品上的印制应有一定的规范，包括位置、字体、大小等。这项工作也需要各出版社之间以及出版社与书店进行沟通协商。

---

① 戴维民.信息组织[M].北京：高等教育出版社，2004：198-200.

6.6 书店实施"图书营销分类法行业标准"的基本模式与内容

书店是图书营销分类工作的主要承担者，特别是面向读者的图书商品零售分类管理，在书店经营中具有举足轻重的地位，因此，"图书营销分类法行业标准"在书店中的应用是整个标准实施工作的重中之重。

6.6.1 书店实施"图书营销分类法行业标准"的两种基本模式

6.6.1.1 "图书分类"模式

由于"图书营销分类法行业标准"从其内容的属性来说，首先是一种专业性的文献分类法，标准本身也并不包括关于图书产品营销分类管理方面的内容。因此，书店在实施"图书营销分类法行业标准"时，可以把"图书营销分类法行业标准"作为一种图书分类法，将它应用于一般图书营销分类工作的主要内容——组织图书上架陈列和建立分类检索系统上。这种应用模式把主要目标集中于做好图书的营销分类工作上，通过实施标准，把卖场的图书分类体系和分类检索系统中的分类语言统一到行业标准上来（见图6-2），因此称这种模式为"图书分类"模式。

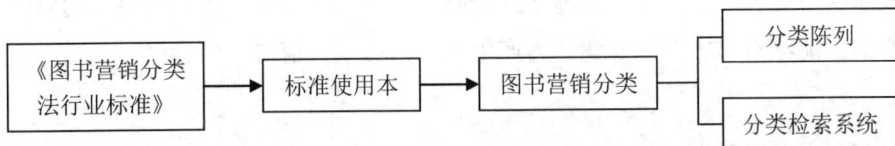

图6-2 书店实施"图书营销分类法行业标准"的"图书分类"模式

"图书分类"应用模式对实施的要求不高，涉及的部门较少，对一些规模较小的书店来说比较可行，其实际的效果主要是体现在为读者提供基本的浏览和检索图书商品的服务。

6.6.1.2 "品类管理"模式

图书营销分类区别于一般图书分类的重要特点，是它的目标不仅仅是要实现图书的有序整理，而且要促进图书的销售。如果仅仅是停留在一般图书分类的实施模式，则与一般图书馆的分类工作差别不大，很难实现营销上的战略目的。要想真正取得营销上的实际效果，必须把标准实施与营销管理密切结合起来，把分类融入营销管理中去。

在本书第4章，引入了一种先进的精细化的图书商品零售管理解决方案——品类管理，并就其对于图书营销分类工作的指导意义进行了探讨，认为品类管理为如何将营销分类法行业标准与图书营销管理相结合提供了基本思路和途径。因此，在这里提出一种基于品类管理思想和流程的"图书营销分类法行业标准"应用模式，简称"品类管理"模式。

这个模式以品类管理的思想为指导，将标准的实施应用整合到品类管理的基本流程中，图6-3是著者结合品类管理的一般流程而提出书店以"品类管理"模式实施"图书营销分类法行业标准"的流程图。

从以上流程图可以看出，"品类管理"模式不仅包含了"图书分类"模式的全部内容，而且能最大限度地把分类与营销结合起来，把分类工作融入营销管理的细节之中，在服务读者的同时，能给书店带来可观的经济效益，是一种可持续的标准实施模式。

"品类管理"实施模式对实施工作的要求较高，因为它涉及的部门众多，要运用的营销战略与战术十分复杂，还需要出版社和书店之间建立战略合作关系。但著者认为，这种实施模式能够创造比"图书分类"模式更多的营销价值，能够对书店的核心竞争力产生积极的影响，值得书店尝试。

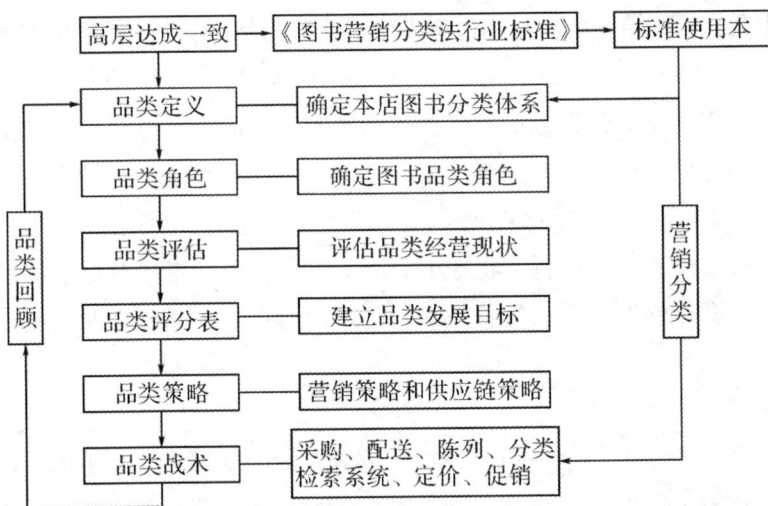

图6-3 书店实施"图书营销分类法行业标准"的"品类管理"模式

6.6.2 "品类管理"实施模式的基础

要想成功地以品类管理为基础实施"图书营销分类法行业标准",必须具备一定的基础。程莉、郑越提出了品类管理成功的六要素,如图6-4所示。

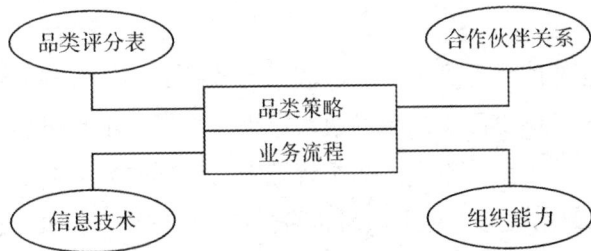

图6-4 品类管理成功实施的6要素①

① 程莉,郑越.品类管理实战[M].修订版.北京:电子工业出版社,2008:4.

程莉、郑越认为，在品类管理成功实施的六个要素中，品类策略和业务流程是实施的必要条件，是完成品类管理的必需过程，但只有品类管理策略和业务流程是不能保证品类管理的成功实施的。品类评分表、合作伙伴关系、信息技术和组织能力是成功执行品类管理的保障性要素。[①]在"图书营销分类法行业标准"的"品类管理"实施模式中，这六个要素同样重要，关于品类管理策略和业务流程，将在下一小节重点讨论，本小节探讨的是品类评分表、合作伙伴关系、信息技术和组织能力这四个基础性的保障要素的含义。

1.合作伙伴关系

品类管理是建立在供应商与零售商的战略伙伴关系的基础上的，供应商与零售商的合作程度影响着品类管理的合作深度。在图书营销的品类管理中，出版社和书店也应该建立战略性的合作伙伴关系，这样才能保持标准实施的最大效益的实现。

2.组织能力

图书品类管理涉及产品选择、产品分类、货架陈列、促销策略、促销战术等多种营销管理的内容，因此需要跨部门的配合，包括卖场管理部门、采购部、信息管理部门、储运部等。各部门的配合程度对品类管理实施会产生较大的影响，建议各书店设立品类管理委员会和品类管理项目组，品类管理委员会由高层领导和各相关部门的负责人构成（包括邀请出版社的高层负责人参加），品类管理项目组设品类经理一职，品类管理项目组的成员由来自各相关部门的代表构成，以增强品类管理的组织能力。

3.信息技术

品类管理是以品类为单位、以数据为基础的科学管理方法。在图书营销品类管理中，图书品类的单品数量巨大，大的基本品类中有几千单品并不稀奇，因此数据量非常大。品类管理中要用到的数据包括实点销售数据（POS）、市场数据、竞争对手数据和购物者研究数据。数据分析要细化到每个级别的品类，面对大量的数据，如果没有一个好的信息系统进行整合，没

---

① 程莉，郑越.品类管理实战[M].修订版.北京：电子工业出版社，2008：4.

有适合的分析软件的支持，仅靠人工进行分析是非常困难的。从目前我国书店应用的信息系统来说，也能容纳支持品类管理所需要的大量数据，但其大部分应用软件都是为日常营运和管理所设计的，缺乏对这些数据进行信息采集和分析的功能，这将制约品类管理的实施。所以，必须对书店的现有信息系统进行相应的改造，为满足品类管理需要而专门设计具有数据分析和决策支持功能的软件系统。

4.品类评分表

在书店实施品类管理之前，需要对本店的经营和每个图书品类的现状进行评估；在实施品类管理的过程中，品类评分表又是一种重要的评估工具；在实施品类管理后，还需要通过品类评分表对实施的效果进行评估。因此，品类评分表是一种重要的保障性要素，书店在品类管理中要充分利用这一重要的管理工具。

6.6.3 "品类管理"实施模式的主要步骤和内容

"品类管理"实施模式的主要步骤以品类管理的一般流程为基础，把"图书营销分类法行业标准"的实施融入品类管理的相应环节之中。需要说明的是，一般品类管理流程中有"品类计划实施"这一环节，笔者则认为，在图书品类管理实施中，前面的7个步骤已经包括了实施的具体工作，所以不再把"计划实施"列为单独的步骤。

1.高层领导就品类管理和"图书营销分类法行业标准"实施达成一致，完成必要的组织机构和信息技术准备

高层达成一致是品类管理的前提，也是出版发行企业实施标准的基本原则之一。在此阶段，书店高层领导应就实施品类管理和"图书营销分类法行业标准"达成一致性认识，同时还包括与出版社建立战略合作关系的认可。另外，为实施品类管理和"图书营销分类法行业标准"做好必要的组织和技术准备。

2.应用"图书营销分类法行业标准",结合自身营销管理需要,制定"图书营销分类法行业标准"使用本,完成品类定义

从这一步骤开始,涉及"图书营销分类法行业标准"的应用,书店应在"图书营销分类法行业标准"的基础上,结合自身的营销管理的需要(包括营销定位、目标读者需求分析等),制定"图书营销分类法行业标准"使用本。在标准使用本的基础上,结合某一个时期的营销环境和营销战略,充分考虑读者的消费心理和购书习惯,规划好要经营图书的品类结构或对目前的图书的品类结构进行再规划,即确定要经营哪一类图书,该类图书应该进行怎样的品类划分。

3.确定每个图书品类的品类角色

在完成品类定义后,书店需要对每个图书品类的品类角色进行确定,具体包括以自身为导向的品类角色、以顾客为导向的品类角色和跨品类角色。不难理解,同一个图书品类在不同的书店可以具有不同的品类角色。

4.进行品类评估

品类评估的主要内容是在数据统计的基础上客观全面地评价书店各个品类的经营状况,并分析与竞争对手的差距,还要关注各个品类在一段时间内的发展趋势,以及对出版社的品类供货能力和财务状况等进行评估。

5.制定品类评分表

品类评分表是一种重要的品类管理工具,在品类管理实施过程中应用品类评分表的主要目的是品类评估的基础上,对每个图书品类的现状进行分析,并确定图书品类的发展目标,品类评分表要有具体的指标,包括读者增长率、读者满意度、市场份额、销售增长、利润增长、库存周转等各个方面。

6.确定品类策略

品类策略就是为了达到品类评分表中确定的目标而要采取的方式或方法,它既包括营销策略,也包括供应链的相关策略。不难看出,图书品类管理的品类策略不仅涉及书店自身,还需要出版社的积极参与,出版社和书店共同合作,才能为读者提供高质量的营销服务。

7.采取品类战术

品类战术是指为了实现品类策略要达到的目标而采用的具体操作方法,

图书品类管理中的品类战术包括图书的产品选择、陈列、定价和促销四个方面。在"品类管理"实施模式中，把对图书营销进行分类标引以及组织上架陈列和建立分类检索的营销分类业务内容都归入此一环节，因此这一环节是"品类管理"模式中最关键的环节，需要采购、物流配送、信息管理、营销管理等部门的密切配合，还需要出版社的参与，其基本内容包括以下几个方面：

（1）图书采购部门根据品类定义，有选择地采购相应的图书品种。要注意同属于某一品类的图书产品品种要严格控制，因为同一品类的图书品种是可以相互替代的，过多的相同品种会浪费陈列空间，从而降低按销售面积计算的品类效益贡献率，如一个书店同时进货二十个版本的《红楼梦》原著是不可取的，在面对同属于一个品类的图书品种时，应认真考虑本店的经营特点和目标读者群的情况，选择最适合本店经营的品种。

（2）物流配送部门把采购部门采购回来的图书及时地送到卖场管理部门，并随时响应卖场管理部门提出的补货、退货方面的需求。

（3）参考出版社在图书标明的"上架建议"，卖场管理部门结合自身的"图书营销分类法行业标准"使用本对图书进行营销分类标引（连锁书店可在配送前就统一进行分类标引），组织图书商品的分类陈列，建立分类检索系统，进行规范化、精细化的分类陈列管理。

（4）营销管理部门根据品类策略，与出版社合作，针对不同品类的角色采取高效的定价和促销措施。需要指出的是，分类陈列也能体现一定的促销功能，如架位的安排、陈列位置和陈列方式的选择、陈列类名的设计等，因此这个过程是与分类陈列管理相结合的。

（5）信息管理部门在此过程中全程配合其他部门的工作，及时地处理和分析相关数据。

8.回顾与总结

在实施品类管理和"图书营销分类法行业标准"一段时间后，应该及时对实施工作进行回顾与总结，评估实施的效果，针对实施工作中的问题，提出改善措施，在后续的实施工作中加以改进，不断提高品类管理和标准实施工作的水平。

7 结 语

7.1 本书研究的特点

本书是著者在参与"出版营销分类法标准编制"和"出版物营销分类法标准实施指南"项目研究的基础上撰写的，与项目研究工作相比，本书研究工作具有以下基本特点：

（1）在研究内容上重点对"图书营销分类法行业标准"的编制与实施进行研究，即选择项目研究中的一个子课题进行研究。之所以选择"图书营销分类法行业标准"作为主要研究内容，原因主要有以下几点：①图书是所有出版物中历史最悠久和最具代表性的一种；②图书的营销分类也是出版物营销分类工作中最有代表性的，因为图书产品数量多、商品分类管理工作复杂而又繁重，因此对图书营销分类法标准的需求最为迫切；③在所有的出版物中，著者最熟悉的是图书，平时爱读书、购书，还从事过图书编辑与发行工作，对图书的出版环节、流程比较熟悉，选择图书也有利于在研究中结合个人的知识背景与工作经验。

（2）把研究重点放在理论研究上。"出版物营销分类法标准编制"与"出版物营销分类法标准实施指南"项目研究是典型的应用型研究项目，其主要任务是编制与实施相关的标准并加以组织推广。理论研究虽然也是项目研究的基础，但毕竟在项目研究中它是处于"后台"性质的，标准文本的制定、相关说明性文字材料的编写、标准在某个具体企业的实施工作，才是项目研究的重中之重。在参与项目研究的过程中，著者既对相关的理论问题有所思考，也尽量把相关的原理和方法用于指导自己的项目研究工作，但使用标准文本却很难体现这些理论问题思考的内容和过程。要把这些理论思考内容和过程加以系统化、全面化，必须以论文的形式加以阐明，这也是著者要撰写本书的根本原因。基于本书主要侧重于理论研究的考虑，著者在书中也没有过多地回顾标准中每一个类目体系构建的详细过程（事实上标准中的每一个类目体系的构建都凝聚了初稿设计者、项目组集体讨论以及征求意见单位的智慧，是集体智慧的结晶），而是侧重于就标准编制和实施中的一般性问题进行理论分析，著者认为这既是对标准编制和实施工作的一个总结和回顾，对于标准的发展来说也具有重要的意义。因为任何一种分类法或者标准发展，都必须总结其编制和实施过程中的基本理论问题，以便于不同的研究者之间交流探讨，共同提高其质量。

7.2 进一步研究的设想

本书对我国"图书营销分类法行业标准"的编制与实施的基本理论和实践问题进行了研究，同时如果把本书的研究放到整个图书营销分类法研究以及图书营销分类的工作背景中去，则还有进一步研究的必要。著者打算今后在以下几个方面进一步加强研究。

7.2.1 图书营销分类法理论研究的拓展

图书营销分类法的理论研究在我国仍处于薄弱状态，与图书馆分类法研究的热度相比显得比较冷清，而缺乏图书营销分类法理论研究的指导，具体的分类法设计难以取得较大突破。因此著者打算进一步从理论研究角度探索图书营销分类法，包括对我国图书营销分类法的发展历史进行进一步详细梳理，丰富相关的材料；对国外图书营销分类法理论研究成果加强整理，以及探讨网络环境对图书营销分类法发展的影响，等等。

7.2.2　完善发展"图书营销分类法行业标准"的研究

"图书营销分类法行业标准"作为我国"图书营销分类法行业标准"编制的阶段性成果，由于是第一次编制，因此客观上会存在一定的不完善之处。与目前已经相当完善的一般通用性分类法相比，它还处于分类法的初级发展阶段，在分类法体系的完备性以及兼容性等方面还存在着不足。为了更好地适用我国出版发行企业的营销分类工作需要和达到成为真正的通用性分类法的发展目标，有研究如何继续完善发展"图书营销分类法行业标准"的必要，这也是"图书营销分类法行业标准"修订工作的重要内容。

著者建议从以下几个方面继续完善发展《图书分类法行业标准》，并愿意参与具体的研究工作。

（1）编制专业分类表。目前的"图书营销分类法行业标准"对于综合性出版发行企业使用来说使用比较方便，专业性出版发行企业要使用"图书营销分类法行业标准"，则需要制定比较详细的特殊分类细则。为了提高"图书营销分类法行业标准"对不同类型的出版发行企业尤其是专业性出版发行企业的分类工作的适应性，可以考虑借鉴《中图法》制定专业分类表的经验，制定适合重要专业领域出版发行企业使用的专业分类表，提高"图书营销分类法行业标准"对专业性出版发行企业的适用性。

（2）编制索引。"图书营销分类法行业标准"目前没有编制索引，为了让用户更方便地使用，应该考虑编制索引。

（3）编制配套的主题词表。"分类—主题"一体化是当今文献分类法的发展趋势，"图书营销分类法行业标准"也要考虑如何实现"分类—主题"一体化的问题，这对于提高"图书营销分类法行业标准"在检索系统中的应用是相当重要的，因为现在的主流检索系统都不是单纯的分类检索系统，而是以关键词、标题词、作者名等多种途径作为多种检索入口的集成式检索系统。在熟悉和掌握"图书营销分类法行业标准"之前，一般读者也不会通过"图书营销分类法行业标准"中的分类号和类名来检索图书，因此通过编制配套的主题词表，可以提高其在检索系统中的应用价值。在绪论中介绍过俞欣提出的CCT模式分类法就带有"分类—主题"一体化的特点。著者认为，为"图书营销分类法行业标准"编制配套的主题词表可以以《中国分类主题词表》为基础，并全面考虑图书营销分类的实际情况而研制。

7.2.3 加强"图书营销分类法行业标准"实施、应用的研究

"图书营销分类法行业标准"作为具有通用性图书营销分类法特点的分类法，其实施、应用的前景十分广阔，但要加强"图书营销分类法行业标准"的实施、应用，还有很多的工作要做。

（1）加快研究制定统一的图书营销分类标引规则。正如张琪玉所指出的："要把文献分类标准化工作搞好，仅仅有一部标准的分类法还不行，还必须要有一个标准的分类标引规则作出明确、具体的规定，用它来进行导向和控制。我们必须制定文献分类法标准和文献分类标引规则标准。这两个标准是紧密关联，可以合一，但不可缺一的。"[①]目前"图书营销分类法行业标准"还没有完成配套的标引规则的制定工作（已经完成了"类目说明"部分，但对出版社和书店如何具体进行分类标引，还需要许多研究工作要做，著者在第6章探讨的分类标引规则，只是著者从个人研究的角度的设想，不代表课题组最终的研究成果），引导和规范出版发行开展具体的营销分类业务的作用还有待于加强，此项工作的紧迫性十分突出。

---

① 俞君立.中国文献分类法百年展望与发展[M].武汉：武汉大学出版社，2002：60-61.

（2）利用信息技术支持标准的实施和应用。计算机技术和网络技术的广泛应用为当今标准的实施提供了强大的支持，文献分类法本身也出现了计算机化和网络化的发展趋势。在"图书营销分类法行业标准"的实施工作中也应该探索利用先进的信息技术的支撑来提高实施的速度和效率，著者认为可以从以下几个方面入手来研究：

①开发和应用标准实施数据库和工具软件。传统的标准实施方法是通过有关人员消化纸型标准的内容，并依靠人工操作和控制的方式来实现标准中的有关要求。这种方法要求有关人员随时准备查询标准文本，深刻领会和灵活应用标准的有关内容，工作量和难度比较大。而通过开发和应用标准实施数据库和工具软件来实施标准，则可以大大提高标准实施的效率和效果。金烈元等提出了采用电子技术实施标准的方法（见图7-1），其中关于设计标准实施工具软件和标准实施数据库的方法很值得"图书营销分类法行业标准"的实施工作借鉴。著者认为"图书营销分类法行业标准"实施设计工具软件的主要任务就是要借鉴《中图法》电子版的设计经验，尽快将标准的实质性内容——通用性图书营销分类法转换成电子版，使纸质分类法标准向电子版的分类法标准转变，为用户提供方便；而设计"图书营销分类法行业标准"实施资源数据库可以考虑将类目说明和类目标引规则作为其中的主要内容，在数据库还可以增加分类标引结果储存和交换的功能，机会成熟的时候发展专门的网站，用于同出版发行企业之间的分类工作交流和分类数据交换。

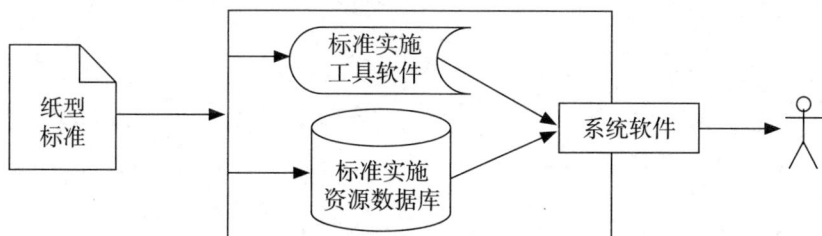

图7-1 采用电子技术实施标准的方法[1]

---

[1] 金烈元.标准的实施与监督[M].北京：航空工业出版社，2005：52.

②探索以"图书营销分类法行业标准"为基础的图书营销分类的自动分类技术。在网络化、数字化时代，信息大爆炸，图书的数量激增，大量的图书需要营销分类，依靠人工进行分类工作效率低下，且具有滞后性，影响了信息沟通的及时性，满足不了网络时代图书营销的需要，因此，实现图书营销分类的自动化，能够大大提高图书营销分类的速度和效率。"图书营销分类法行业标准"的实施过程也是图书营销分类开展的过程，要提高标准实施的效率，图书营销分类自动分类技术具有重要的价值。统一的"图书营销分类法行业标准"的编制为研究者设计相应的图书营销分类自动技术提供了方便，这项工作需要各个学科力量的参与，还需要充分吸收目前研究界在其他领域（如图书馆）图书自动分类技术研究上取得的成果，并结合出版发行企业的管理实际。

"分类是一种高级秩序思维技能，它需要用自然主义者的眼光去看待关系，用逻辑学家的要求去理解结构秩序，用数学家的心态去追求一致的可预测结果，用语言学家的兴致去明白无误地表达意义。"①分类的难度如此之大，研究分类法问题其难度也不会小，它是一个涉及多个学科的复杂命题，著者今后会继续努力，在这个广阔的天地里不断探索。

---

① 施国良.网络信息分类：原理与应用[M].北京：科学出版社，2008：133-134.

附录："图书营销分类法行业标准"的主表和复分表示例①

（一）主表"19 生活休闲"大类类目表

类目代码	类目名称	类目说明
19	生活休闲	
19.01	饮食	
19.01.01	食谱、菜谱	各类烹饪法、食谱、菜谱入此； 可按菜系细分
19.01.02	饮料	茶谱、咖啡、各种酒、各式饮料等入此
19.01.03	营养、食疗	针对一般读者编写的有关食品卫生、饮食营养、保健食品、药膳等方面的著作入此
19.01.04	饮食文化	美食学、饮食文化等入此
19.02	健身、保健	
19.02.01	健身运动	具有健身功能，适合一般群众特别是老年人、女性开展的体育运动入此，如太极、气功、瑜伽、普拉提、器械健身等； 参见"18.03体育运动"
19.02.01.01	太极	太极拳、太极剑入此

① 复制于《图书、音像制品、电子出版物营销分类法》行业标准编写过程稿，供参考。

续　表

类目代码	类目名称	类目说明
19.02.01.02	气功	养生功能的气功、武术气功、气功理论等入此
19.02.01.03	瑜伽	健身瑜伽、瑜伽理论等入此。塑形瑜伽及养颜瑜伽入"19.03.01美容、美发、美体"
19.02.01.04	其他健身运动	舍宾、器械健身、健身操等其他健身运动入此
19.02.02	保健	心理健康、特定人群保健、家庭卫生保健、综合性养生等入； 可按年龄、性别再细分，如"老年保健""女性保健"
19.03	美容服饰	
19.03.01	美容、美发、美体	生活美容、化妆护肤、护发、发型设计、塑形养颜瑜伽、健美操、普拉提、塑形瘦身等入此； 参见"19.02.01.03 瑜伽"
19.03.02	服饰	服饰搭配、服饰设计、服装剪裁、毛衣编织、服饰文化等入此。 参见"17.07.07其他工艺美术"
19.04	家居生活	
19.04.01	住房选购与装修	住房选择、住房装修、住房美化、住房设施维护、住房安全等入此
19.04.02	家用车辆	摩托车、汽车、自行车等家用交通工具的选购、使用、保养、维修等入此； 参见"26.03交通工具"
19.04.03	家用电器	家用电器选购、使用、保养、维修等入此
19.04.04	家政管理	家政学、家务管理、家庭服务等入此
19.05	婚恋、育儿	
19.05.01	婚恋与性	婚姻道德、恋爱道德、性道德、性卫生、性生理等入此
19.05.02	孕产知识	生育道德、胎儿心理学、胎教与优生、孕产妇保健等入此
19.05.03	育儿知识	儿童心理学、婴幼儿教育、亲子教育、婴幼儿保健与卫生等入此
19.06	娱乐休闲	参见"18.04 文体活动"
19.06.01	棋牌	国际象棋、中国象棋、围棋、其他棋类、扑克、桥牌、麻将等入此

类目代码	类目名称	类目说明
19.06.02	收藏鉴赏	集邮、钱币、磁卡、瓷器、玉石等私人收藏、鉴赏入此
19.06.03	钓鱼	
19.06.04	游戏、户外活动	活动性游戏（如拔河、跳绳、跳皮筋、踢毽子、放风筝）、智力游戏（如益智图、七巧板、魔方、积木、猜谜）、狩猎运动、电子游戏机活动、信鸽、斗蟋蟀、斗鸡等其他文体活动、户外活动入此
19.06.05	影像生活	摄影入门、摄影普及读物、影视写真等入此； 参见"17.06.02摄影"
19.06.06	手工制作	刺绣、陶艺、编织、无线电、插花、模型制作等手工艺入此
19.06.07	卜算测试	星座、血型、解梦、相术、占卜、塔罗等入此
19.07	花卉、宠物	家庭花卉种植、家庭观赏树木种植、家庭宠物饲养等入此； 参见"22.04.03观赏园艺、园林""22.06畜牧、兽医"
19.08	旅游	徒步旅行、野营、利用各种交通工具旅游、名胜古迹、民俗风情、旅行、游记、旅游指南、旅游工具书等入此。旅游经济入"05.04.06旅游经济"； 参见"10.07.02世界地理"
19.08.01	中国旅游	可依"中国行政区划复分表"复分
19.08.02	外国旅游	可依"世界国家和地区复分表"复分
19.08.03	主题旅游	
19.08.03.01	自助旅游	
19.08.03.02	其他主题旅游	海岛旅游、自驾旅游、仿古旅游、潜海旅游、登山旅游、探险旅游、蜜月旅游等入此
19.08.04	旅游指南	
19.08.04.01	旅游常识	
19.08.04.02	旅游健康	旅游卫生、旅游心理、旅游疾病预防等入此； 参见"21.01.02预防医学、卫生学"
19.08.04.03	旅游地图	参见"10.08地图"

（二）总论复分表

类目代码	类目名称	类目说明
01	理论	原理、方法论、方针、学派与学说、政策及其阐述、术语规范及交流、与其他学科的关系等
02	概况	概况、介绍、动态、预测、展望、趋势、生产总结、先进经验等
03	组织	国际组织、政府相关机构、党派组织、社会团体、研究机构、学术团体、学会、协会、企业等
04	会议	学术会议、专业会议、展览会、博览会等
05	管理	各种组织的管理理论、管理技术、管理实务等
06	教材	幼儿园、学前班及中小学的课本，大中专教材
07	教辅	中小学、大中专课程学习辅导
08	考试	中小学、大中专重要考试辅导，技能培训、资格认证、招聘录用考试辅导
09	普及	面向非专业读者的通俗读物、鉴赏、指导等
10	丛书	指专科性的丛书。综合性丛书入主表"27.03 综合性丛书"，综合性古籍丛书入"27.04综合性古籍丛书"
11	文集	指专科性的文集。综合性的文集如主表"27.07 综合性文集、杂著"
12	工具书	指专科性的百科全书（类书）、辞典、手册、名录、指南、一览表、年表、年鉴、产品目录、产品样本、产品说明书、表解、图解、图册、谱录、数据、公式、统计资料等。综合性百科全书、类书入主表"27.01 综合性百科全书、类书"，综合性辞典入主表"27.02 综合性辞典"，综合性年鉴入主表"27.05 综合性年鉴"
13	标准规范	标准、规范、标准实施指南等
14	外文影印版	国内出版的外文影印版图书
15	外文原版	进口原版外文图书、音像制品、电子出版物

参考文献

（一）著 作

[1]爱弥尔·涂尔干，马塞尔·莫斯.原始分类[M].汲喆，译.上海：上海人民出版社，2005.

[2]仓理新.书籍传播与社会发展[M].北京：首都师范大学出版社，2007.

[3]曹树金，罗春荣.信息组织的分类法与主题法[M].北京：北京图书馆出版社，2000.

[4]陈洪澜.知识分类与知识资源认识论[M].北京：人民出版社，2008.

[5]陈渭，赵祖明.标准化战略与实施：企业标准体系200问[M].北京：中国标准出版社，2004.

[6]程莉，郑越.品类管理实战[M].修订版.北京：电子工业出版社，2008.

[7]方厚枢.中国当代出版史料文丛[M].北京：中国书籍出版社，2007.

[8]方卿.图书营销学[M].太原：山西经济出版社，1998.

[9]戴维民.信息组织[M].北京：高等教育出版社，2004.

[10]傅祚华.图书书名页标准解说[M].北京：中国标准出版社，2007.

[11]何绍华.现代标准化与质量管理[M].北京：科学技术文献出版社，2002.

[12]洪生伟.标准化工程[M].北京：中国标准出版社，2008.

[13]黄先蓉.出版学研究进展[M].武汉：武汉大学出版社，2006.

[14]井狩春男.这书要卖100万：畅销书法则100招[M]. 邱振瑞，译.桂林：

广西师范大学出版社，2005.

[15]克里斯·安德森.长尾理论[M].乔江涛，译.北京：中信出版社，2006.

[16]李学京.标准化综论[M].北京：中国标准出版社，2008.

[17]李春田.标准化概论[M].4版.北京：中国人民大学出版社，2005.

[18]李晓明，闫宏飞，王继民.搜索引擎：原理、技术和系统[M].北京：科学出版社，2007.

[19]林穗芳.中外编辑出版研究[M].武汉：华中师范大学出版社，1998.

[20]林应麟.福建书业史：建本发展轨迹考[M].厦门：鹭江出版社，2004.

[21]刘碧松，房庆主编.电子商务标准化指南[M].北京：中国标准出版社，2004.

[22]刘峥颢.标准及标准化[M].北京：中国计量出版社，2005.

[23]罗伯特·斯佩克特.品类杀手：零售革命及其对消费文化的影响[M].吕一林，高鸿雁，等译.北京：商务印书馆，2006.

[24]罗紫初.图书发行教程[M].沈阳：辽宁教育出版社，1995.

[25]缪咏禾.中国出版通史·明代卷[M].北京：中国书籍出版社，2008.

[26]彭斐章，乔好勤，陈传夫.目录学[M].武汉：武汉大学出版社，1986.

[27]全国出版专业职业资格考试办公室.出版专业基础知识（中级）[M].2版.上海：上海辞书出版社，2004.

[28]司莉.KOS在网络信息组织中的应用与发展[M].武汉：武汉大学出版社，2007.

[29]施国良.网络信息分类：原理与应用[M].北京：科学出版社，2008.

[30]孙冰炎.图书分类学[M].北京：高等教育出版社，1992.

[31]谭华军.知识分类：以文献分类为中心[M].南京：东南大学出版社，2004.

[32]唐凯.走出书店经营怪圈[M].北京：北京大学出版社，2009.

[33]吴昌合.图书分类[M].合肥：安徽大学出版社，2002.

[34]王建强.中国书店实用陈列表大全 [M].北京：中国书籍出版社，2003.

[35]王建强.中国出版物营销分类方法[M].北京：中国书籍出版社，2005.

[36]王子舟.图书馆学基础教程[M].武汉：武汉大学出版社，2003.

[37]吴佩勋.零售管理[M].2版.上海：上海人民出版社，2009.

[38]吴平.图书学新论[M].太原：山西经济出版社，1998.

[39]肖东发.中国图书出版印刷史论[M].北京：北京大学出版社，2001.

[40]肖希明.图书馆学研究新进展[M].武汉：武汉大学出版社，2007.

[41]新华社新闻研究所.传媒运行模式变革：2003新华社新闻学术年会论文选[M].北京：新华出版社，2004.

[42]新闻出版署科技发展司，新闻出版署图书出版管理司，中国标准出版社.作者编辑常用标准及规范[M].北京：中国标准出版社，2003.

[43]小林一博.出版大崩溃[M].上海：上海三联出版社，2004.

[44]徐冲.做书店[M].桂林：广西师范大学出版社，2007.

[45]姚名达.中国目录学史[M].上海：上海古籍出版社，2002.

[46]俞君立，陈树年.文献分类学[M].武汉：武汉大学出版社，2001.

[47]俞君立.中国文献分类法百年发展与展望[M].武汉：武汉大学出版社，2002.

[48]张平，马骁.标准化与知识产权战略[M].北京：知识产权出版社，2005.

[49]张琪玉.情报语言学基础[M].增订二版.武汉：武汉大学出版社，1997.

[50]张琪玉.情报检索语言实用教程[M].武汉：武汉大学出版社，2004.

[51]赵林度.供应链与物流管理：理论与实务[M].北京：机械工业出版社，2003.

[52]中图法编委会.中国图书馆分类法[M].4版.北京：北京图书馆出版社，1999.

[53]中国标准化研究院.国内外标准化现状及发展趋势研究[M].北京：中国标准出版社，2007.

[54]中国标准化研究院.标准化若干重大理论问题研究[M].北京：中国标准出版社，2008.

[55]周宁.信息组织[M].武汉：武汉大学出版社，2005.

[56]周庆山.文献传播学[M].北京：书目文献出版社，1997.

（二）论 文

[1]蔡京生.新闻出版业标准化战略构想与实施[J].出版发行研究，2006（12）.

[2]陈洁，司莉.社会分类法（Folksonomy）特点及其应用研究[J].图书与情报，2008（3）.

[3]程莉.细节的魔方：品类管理操作流程详解[J].零售商，2004（1）.

[4]崔景昌，刘德洪.自由分类法的社会性及其利用[J].图书情报工作，2007（2）.

[5]郝宏丽.一位编辑眼中的图书分类[J].出版参考，2006（3）.

[6]贺芳.社会分类法（Folksonomy）研究综述[J].网络财富，2009（6）.

[7]黎秀芬. 化工版科技图书有了分类上架导向标[J]. 出版参考，2004（1）.

[8]林晓芳.图书分类:流通信息对接绕不过的一道坎[J].出版参考，2006（3）.

[9]刘爱华，葛振华.知识经济与图书分类[J].图书馆建设，1999（3）.

[10]孟宪学，杨从科，李雪.我国信息分类法的历史回顾与发展趋势分析[J].国家图书馆学刊，2007（3）.

[11]倪娜.营销学产品分类研究综述[J].外国经济与管理，2006（9）.

[12]倪瑜琥，霍佳震.超市品类管理及其研究现状[J].上海，2002（5）.

[13]潘明青.书业标准化探索:《图书流通信息交换规则》的制定、实施与思考[J]. 出版发行研究，2006（12）.

[14]宋杨.图书分类艺术[J].出版经济，2004（6）.

[15]孙继芬，李萍.传统图书分类亟待革新[J].出版参考，2003（5）.

[16]舒童.图书分类与书店经营的冲突[J].出版参考，2006（3）.

[17]晓喻.驭繁就简，方便实用:《中国书店实用陈列表大全》评介[J].出版发行研究，2004（3）.

[18]徐建国.图书营销管理分类[J].出版发行研究，2000（12）.

[19]徐丽芳，方卿.美国书店卖场图书分类研究[J].出版发行研究，2005（10）.

[20]晏绍庆，马娜，邵启雍.关于我国标准化战略若干问题的思考.中国标准化，2007（7）.

[21]夏维朝.现代商业的品类管理与品类核算[J].商业研究，2005（18）.

[22]姚维保.网上书店分类系统设计的现状与发展趋势分析 [J].图书情报知识，2005（4）.

[23]俞君立.我国研究外国文献分类法的三次热潮及其思考[J].高校图书馆工作，2002（6）.

[24]俞欣.近五年我国书店图书分类研究进展[J].出版发行研究，2006（2）.

[25]俞欣.我国书店图书分类法使用现状与CCT模式的提出[J].出版发行研究，2007（4）.

[26]汪遵瑛.从品类管理探索营销管理的新理念[J].商场现代化，2001（7）.

[27]王虎，屈娅玲.基于数据挖掘一对一营销分类系统设计与实现[J].计算机系统应用，2005（9）.

[28]王凯.文献分类工作的现状与发展[J].国家图书馆学刊，2005（4）.

[29]王建强.重视门店分类 提升书店经营水平[J].出版发行研究，2004（1）.

[30]王清.品类管理:超市的"魔方规则"[J].工商管理，2005（6）.

[31]王卓.将消费者带入品类管理中[J].投资与营销，2002（10/11）.

[32]吴永贵.当前书店图书分类特点分析[J].大学出版，2001（1）.

[33]吴子瑛.零售业品类管理的发展战术及业务计划[J].特区经济，2005（2）.

[34]夏兴通."上架建议"分析与建议[J].出版广角，2009（9）.

[35]翟红霞，王聪.标准化在我国经济建设中的重要作用[J].信息技术与标准化，2008（1/2）.

[36]张红霞，张松洁.品类管理：零售业成功的零售管理方式[J].江苏商论，1999（7）.

[37]张书卿.美国出版业标准化管理体制与运行机制[J].出版发行研究，2006（12）.

[38]张艳琦. 我国信息分类编码标准化的现状及发展趋势[J]. 世界标准信息，2008（6）.

[39]张琪玉. 我国情报检索语言在进步中：两部新分类法的特点[J]. 出版发行研究，2007（4）.

[40]张琼.进一步加强连锁超市品类管理[J].商业时代·理论，2005（14）.

[41]赵成鸿.谈ISBN及统一书号中图书分类号存在的问题[J]. 邯郸医专学报，1994（1）.

[42]赵军平.中国图书分类的历史演变与发展趋向[J].北京广播电视大学学报，1998（3）.

[43]周荣庭，郑彬.分众分类：网络时代的新型信息分类法[J].现代图书情报技术，2006（3）.

[44]周衍平，陈会英，嵇景涛.试论消费品分类及其营销策略[J].商业研究，1998（11）.

[45]朱诠.中国出版业标准化概况[J]. 出版发行研究，2006（12）.

[46]Christian Dussart.Category Management：Strengths，limits and Developments[J]. *European Management Journal*，1998（16）.

[47]Denice Adkins，Jenny E. Bossaler.Fiction access points across computer-mediated book information sources: A comparison of online bookstores，reader advisory databases and public library catalogs[J].*Library & Information Science Research*，2007（29）.

[48]Gnoli C.Is there a role for traditional knowledge organization systems in the digital age?[J].*The Barrington Report on Advanced Knowledge Organization and Retrieval*，2004（1）.

[49]Sanjay K Dhar，Stephen J Hoch，Nanda Kumar.Effective category management depends on the role of the category[J] .*Journal of Retailing*，2001（77）.

（三）学位论文

[1]周鹏.标准化、网络效应以及企业组织的演进[D].大连：东北财经大

学，2004.

[2]史豪.农业标准化理论与实践研究[D].武汉：华中农业大学，2004.

[3]黄璇.我国传统零售书业营销分类研究[D].武汉：武汉大学，2005.

[4]徐曼.《中文新闻信息分类标准》研究[D].武汉：武汉大学，2005.

[5]郑小燕.《图书、音像制品、电子出版物营销分类法》编制研究[D].武汉：武汉大学，2009.

（四）研究报告

[1]互联网实验室. 新全球主义：中国高科技标准战略研究报告[EB/OL].http://tech.sina.com.cn/focus/04_itstandard_forum/index.shtml.

[2]苏迈德，姚向葵，谭自湘.标准就是力量？中国国家标准化战略中的技术、机构和政治[R].全美亚洲研究所特别报告，2006（6）.

（五）标　准

[1]《中文新闻信息分类与代码》（GB/T 20093–2006）[S].北京：中国标准出版社，2004.

[2]《图书、音像制品、电子出版物营销分类法》（CY/T 51—2008）[S].北京：中国标准出版社，2009.

[3]出版物发行标准体系表（CY/Z 13—2006）.